CHRONOLOGIE DE L'HISTOIRE DU MONDE

Chronologie de l'histoire du monde

LE GRAND LIVRE DU MOIS

ISBN : 2-7028-4619-X

PREMIÈRE PARTIE

Les origines

v. 15 milliards d'années av. J.-C. vers 3300 av. J.-C.

Date	**La Terre**	**La Vie**
v. 15 milliards d'années av. J.-C.	**Une énorme explosion, baptisée Big Bang, marque la naissance de l'Univers.** C'est du moins l'hypothèse la plus communément admise de nos jours, puisque nous sommes incapables d'observer audelà d'une distance de 15 milliards d'années-lumière.	
v. 5 milliards d'années av. J.-C.	**Naissance du Soleil et du système solaire.**	
v. 4,6 milliards d'années av. J.-C.	**Formation de la Terre.**	
v. 4 milliards d'années av. J.-C.		**Apparition de la matière vivante sous la forme d'organismes unicellulaires.**
v. 3,5 milliards d'années av. J.-C.	D'abord liquide et gazeuse, notre planète se refroidit, ce qui va permettre la formation des océans et des continents.	
v. 1 milliard d'années av. J.-C.	L'ère géologique baptisée « Précambrien » a commencé avec la naissance de la Terre, mais il faut attendre plus de 3 milliards d'années avant d'assister à la constitution des « boucliers » qui ont subsisté jusqu'à nos jours : en Scandinavie, au Canada, au Brésil, en Sibérie ou encore en Australie.	

Date	La Terre	La Vie
v. 800 millions d'années av. J.-C.		Apparition des animaux pluricellulaires.
v. 540 millions d'années av. J.-C.	**Début de l'ère primaire ou paléozoïque.** Le continent du Gondwana réunit alors l'Amérique du Sud, l'Afrique, Madagascar, l'Inde, l'Australie et l'Antarctique. La Laurasie, quant à elle, rassemble l'Amérique du Nord et la majeure partie de l'Eurasie actuelle. C'est l'époque de formation des massifs anciens tels que les Vosges, le Massif armoricain ou le Massif central.	
v. 400 millions d'années av. J.-C.		Les premières plantes, les premiers invertébrés, puis les premiers vertébrés sortent de l'eau pour conquérir la terre ferme.
v. 300 millions d'années av. J.-C.		Apparition des reptiles, dont l'acquisition la plus notable est l'œuf, destiné à protéger l'embryon.
v. 245 millions d'années av. J.-C.	**Début de l'ère secondaire ou mésozoïque.** Ses grandes périodes (trias, jurassique et crétacé) correspondent à l'invasion d'une grande partie de l'Europe par la mer et au dépôts de sédiments sur des centaines de mètres d'épaisseur. Le Bassin parisien et le Bassin aquitain datent de cette époque.	

Date	La Terre	La Vie
v. 200 millions d'années av. J.-C.		**Apparition des mammifères, également nommés reptiles mammaliens, qui sont alors tous ovipares.**
v. 150 millions d'années av. J.-C.		Au jurassique supérieur vit l'archéoptéryx, animal intermédiaire entre les dinosaures arboricoles et les oiseaux modernes.
v. 130 millions d'années av. J.-C.	La Laurasie et le Gondwana, qui avaient depuis longtemps commencé à se fracturer, se morcellent. L'océan Atlantique sépare l'Amérique du Nord de l'Eurasie (à raison de quelques centimètres par an), tandis que le Gondwana donne naissance à plusieurs continents et à des îles innombrables.	Alors que de nombreux lézards modernes existent déjà (geckos, iguanes), on assiste à l'apparition des premiers serpents.
v. 110 millions d'années av. J.-C.		Apparition des plantes à fleurs ou angiospermes. Elles vont favoriser le développement de nombreux insectes tels que les abeilles.
v. 100 millions d'années av. J.-C.		Certains mammifères développent la gestation dans le placenta et donc la viviparité.
v. 70 millions d'années av. J.-C.		**Apparition des primates, les ancêtres directs de l'homme.**
v. 65 millions d'années av. J.-C.	Début de l'ère tertiaire ou cénozoïque. Du point de vue géologique, l'événement capital est le soulèvement des massifs anciens et	Extinction totale des grands reptiles. Après avoir longtemps régné sur la planète, les dinosaures cèdent la place aux mammifères.

DATE	LA TERRE	LA VIE
	le plissement des couches sédimentaires déposées par les océans durant l'ère secondaire : Himalaya, Rocheuses, Alpes, Jura, Pyrénées.	
v. 50 millions d'années av. J.-C.		Apparition des cétacés, descendants de mammifères terrestres.
v. 20 millions d'années av. J.-C.		Développement d'immenses prairies de graminées qui favorisent les mammifères herbivores, parmi lesquels les ancêtres du cheval et des autres ongulés actuels.
v. 8 millions d'années av. J.-C.		**Les premiers hominidés vivent en Afrique de l'Est.**
v. 5 millions d'années av. J.-C.		La faune et le flore ressemblent désormais beaucoup à celles d'aujourd'hui : la plupart des familles actuelles sont déjà bien développées.
v. 3,5 millions d'années av. J.-C.		Un hominidé bipède laisse des empreintes de pas dans le nord de la Tanzanie.
v. 3,2 millions d'années av. J.-C.		Lucy, une jeune *Australopithecus afarensis* mesurant entre 1 mètre et 1,20 mètre, et pesant entre 20 et 25 kilos, meurt en Ethiopie. Ses ossements seront découverts en 1974 par l'équipe Coppens-Johanson-Taieb, et elle deviendra presque aussitôt le symbole des origines de l'humanité.

Date	La Terre	La Vie
v. 3 millions d'années av. J.-C.		En Afrique de l'Est, *Homo habilis* est le premier primate que l'on puisse considérer comme un homme. Sa capacité crânienne peut atteindre 800 cm^3. Avec l'apparition de l'homme débute la préhistoire et plus précisément le paléolithique ou âge de la pierre taillée.
v. 2,3 millions d'années av. J.-C.		Premiers outils en pierre.
v. 2 millions d'années av. J.-C.	Début de l'ère quaternaire (regroupée avec l'ère tertiaire dans le cénozoïque), qui se poursuit jusqu'à nos jours. Elle se caractérise par une succession de glaciations, qui entraînent des variations importantes du niveau des océans et conditionnent l'évolution des populations humaines.	Le genre *Homo* est présent en Chine, à Java et en Europe.
v. 1,8 million d'années av. J.-C.		La capacité crânienne d'*Homo erectus* atteint 1 300 cm^3.
v. 1,7 million d'années av. J.-C.		Premiers outils en os.
v. 1 million d'années av. J.-C.	Glaciation de Donau.	

Date	**La Terre**	**La Vie**
v. 600 000 av. J.-C.	Glaciation de Günz.	
v. 500 000 av. J.-C.		Premières traces de domestication du feu, mais celle-ci remonte sans doute à une époque plus lointaine.
v. 400 000 av. J.-C.	Glaciation de Mindel.	
v. 300 000 av. J.-C.		L'homme de Néandertal (*Homo sapiens neandertalensis*) se répand de l'Asie centrale jusqu'à la péninsule européenne. Ses arcades sourcilières très saillantes et son faciès « simiesque » lui vaudront d'être victime des préjugés des premiers paléontologues. On connaît aujourd'hui le soin avec lequel il enterrait ses morts (utilisation d'ocre rouge) et l'habileté qu'il montrait dans la fabrication d'outils.
v. 250 000 av. J.-C.	Glaciation de Riss. Une calotte recouvre toute l'Europe centrale, et le glacier alpin descend jusqu'à Lyon et Nice. La chute des températures moyennes favorise des espèces comme le mammouth, le renne, le bison, l'auroch ou le rhinocéros laineux.	
v. 100 000 av. J.-C.		**Apparition en Afrique d'*Homo sapiens sapiens*, c'est-à-dire de l'homme moderne.**

Date	La Terre	La Vie
v. 80 000 av. J.-C.	Début de la glaciation de Würm, la dernière de l'ère quaternaire en Europe. A la même époque, la glaciation du Wisconsin va former un pont de glace entre la Sibérie orientale et l'Alaska, et permettre ainsi le peuplement de l'Amérique.	
v. 50 000 av. J.-C.		Des chasseurs originaires d'Asie centrale franchissent le détroit de Béring. Leurs descendants vont peupler l'ensemble du continent américain en moins de 30 000 ans, depuis l'Arctique jusqu'à la Patagonie.
v. 40 000 av. J.-C.		Début du peuplement de l'Australie et de l'Océanie. Mais les îles Fidji, par exemple, ne seront abordées par les hommes que vers 1000 ap. J.-C. L'homme de Cro-Magnon, le représentant le plus célèbre d'*Homo sapiens sapiens*, se caractérise par sa haute taille et son cerveau très développé (jusqu'à 2 000 cm^3). Il doit son nom à un lieu-dit de Dordogne.
v. 30 000 av. J.-C.		Disparition de l'homme de Néandertal en Europe. Contrairement à ce que l'on a longtemps cru, cette disparition n'est sans doute pas le résultat d'une victoire totale de l'homme de Cro-Magnon, mais plutôt d'un métissage. L'art se développe dans de nombreuses régions du monde : peintures pariétales, statuettes, objets utilitaires à décor figuratif.

Date	La Terre	La Vie
		La grotte Chauvet, découverte en 1994 dans la vallée de l'Ardèche, est le plus ancien sanctuaire connu de l'histoire humaine. Elle abrite un fabuleux total de 440 peintures et gravures.
v. 15000 av. J.-C.		Peintures de la grotte de Lascaux, en Dordogne.
v. 13000 av. J.-C.	Intense activité volcanique dans le Massif central.	
v. 12000 av. J.-C.		Peintures de la grotte d'Altamira, dans la province espagnole de Santander.
v. 10000 av. J.-C.	**Après une alternance de phases froides et tempérées, début d'une période de réchauffement qui se poursuit jusqu'à nos jours. Elle coïncide avec l'essor de l'agriculture et de l'élevage.**	L'orge et le blé sont cultivés en Syrie.
v. 9000 av. J.-C.		Domestication de la chèvre et du mouton. Le chien est déjà utilisé pour la garde des troupeaux. **Début du néolithique ou âge de la pierre polie. Cette période, ne se caractérise pas seulement par un progrès technique de la taille des pierres, mais par une véritable révolution des modes de vie : agriculture, élevage, poterie. Ce processus mondial débute dans les vallées fertiles du Moyen-Orient.** La première agglomération de paysans sédentaires est sans doute celle de Jéricho, en Palestine.

DATE	LA TERRE	LA VIE
v. 6000 av. J.-C.		Domestication du bœuf et du porc. La culture du riz est pratiquée en Chine.
v. 5500 av. J.-C.		Métallurgie du cuivre.
v. 5000 av. J.-C.	La mer recouvre le Pas-de-Calais et fait de la Grande-Bretagne une île.	Domestication du lama dans les régions andines. Des villages sont construits dans tout le bassin méditerranéen.
v. 4000 av. J.-C.		Début de l'architecture mégalithique dans l'actuelle Bretagne : cairns, dolmens, menhirs, tumuli.
v. 3500 av. J.-C.		Début de la métallurgie du bronze au Moyen-Orient. Vers la même époque se produit une série d'innovations remarquables : la domestication du cheval, la culture du maïs au Mexique, l'invention de l'araire, de la roue et du bateau à voile en Mésopotamie.
v. 3300 av. J.-C.		**Invention de l'écriture.** Les Sumériens, plus précisément les intendants des temples de la ville d'Ourouk, mettent au point un système d'idéogrammes afin de comptabiliser les biens dont ils disposent. Peu à peu, ces dessins représentant des objets vont désigner des termes voisins, avant de prendre une valeur phonétique. Ainsi se formera l'écriture cunéiforme, largement employée par les Mésopotamiens, puis par d'autres civilisations orientales jusqu'au

Date	La Terre	La Vie
		Ier millénaire avant notre ère. Le moment où un peuple commence à laisser des témoignages écrits marque le passage de la préhistoire à l'Histoire.

DEUXIÈME PARTIE

L'Antiquité

vers 3300 av. J.-C. - 476 ap. J.-C.

DATE	FRANCE	EUROPE
Fin du IVe millénaire, début du IIIe av. J.-C.	Les objets retrouvés à Chassey-le-Camp, en Saône-et-Loire, ont permis de définir un faciès culturel de référence qui subsistera pendant plusieurs siècles, le chasséen.	
v. 3200 av. J.-C.		
v. 3150 av. J.-C.		
v. 3000 av. J.-C.		Des envahisseurs colonisent les Cyclades et y introduisent l'usage du métal.

MONDE	ARTS ET SCIENCES	DATE
		Fin du IVe millénaire, début du IIIe av. J.-C.
En Egypte, le roi-Scorpion est le seul pharaon connu de la période prédynastique. Importation de Mésopotamie ou apparition spontanée de l'écriture hiéroglyphique en Egypte. Elle adopte très tôt les caractères qu'elle conservera pendant plusieurs millénaires : combinaison de pictogrammes et de phonogrammes, utilisation du papyrus.		v. 3200 av. J.-C.
Le pharaon Narmer-Ménès, fondateur de la Ire dynastie, réunit la Haute et la Basse-Egypte. On lui attribue la fondation de Memphis, au sud de l'actuelle ville du Caire.		v. 3150 av. J.-C.
	Les Sumériens utilisent la numération décimale. Vers la même époque, la géométrie naît en Egypte. Les peintures rupestres du Tassili des Ajjer, dont certaines remontent au VIe millénaire, témoignent de l'occupation humaine du Sahara jusqu'à cette époque. Ensuite, l'aridité succédant à une période plus humide, les populations seront peu à peu contraintes à l'exil.	v. 3000 av. J.-C.

DATE	FRANCE	EUROPE
v. 2800 av. J.-C.		
v. 2700 av. J.-C.	Le faciès culturel Seine-Oise-Marne (SOM) se distingue par des sépultures collectives, des vases en forme de «pots de fleur», des haches et des pointes de flèche en silex. Au cours du IIe millénaire, cette civilisation se répandra jusqu'à l'Alsace, la Franche-Comté et la Bretagne, devenant ainsi le modèle dominant dans la France du Nord.	
v. 2700-v. 2600 av. J.-C.		
v. 2600 av. J.-C.		La civilisation crétoise prend son essor : le minoen ancien se caractérise par la céramique peinte et les objets de cuivre.
v. 2500 av. J.-C.		

MONDE	ARTS ET SCIENCES	DATE
La fondation de la IIIe dynastie coïncide avec le début de l'Ancien Empire. Le pharaon le plus important est Djoser, qui encourage l'architecture monumentale en pierre.	Imhotep, l'architecte de Djoser, édifie la première pyramide à Saqqarah.	v. 2800 av. J.-C.
En Mésopotamie, règne légendaire de Gilgamesh, roi d'Ourouk.		v. 2700 av. J.-C
	Edification de l'ensemble monumental de Gizeh : le Sphinx et les trois pyramides de Kheops, Khephren et Mykerinus. A cette époque se développent les techniques de momification des défunts.	v. 2700-v. 2600 av. J.-C.
Début de la IVe dynastie en Egypte. Trois de ses pharaons demeureront célèbres grâce à leurs tombeaux : Kheops, Khephren et Mykerinus.		v. 2600 av. J.-C.
En Inde, naissance de la civilisation de l'Indus et fondation de villes fortifiées telles que Harappa et Mohenjo-Daro.	Certains historiens font remonter jusqu'à cette époque des techniques aussi diverses que la balance, la fabrication de la soie ou l'acupuncture (ces deux dernières en Chine).	v. 2500 av. J.-C.

DATE	FRANCE	EUROPE
v. 2400 av. J.-C.		En Grande-Bretagne, première étape de la construction du site mégalithique de Stonehenge, qui est probablement lié à l'observation astronomique. Les travaux s'achèveront vers 1700 av. J.-C.
v. 2300 av. J.-C.	Apparition des Campaniformes, ainsi nommés parce qu'ils utilisent des récipients de céramique en forme de cloche. Ils cohabitent avec les populations déjà installées.	
2160 av. J.-C.		
v. 2100 av. J.-C.		
Fin du IIIe millénaire av. J.-C.	Fin du IIIe millénaire av. J.-C. Débuts de la métallurgie du cuivre dans les Cévennes. Elle se répand dans le sud de la France. Le faciès culturel de référence est celui de Fontbouisse (Gard), qui entretient des relations avec d'autres sites du Languedoc, tel Ferrières (Hérault).	
IIe millénaire av. J.-C.	Avènement de l'âge du bronze. Des routes commerciales permettent d'acheminer le minerai de cuivre produit dans les Alpes, en Grande-Bretagne ou en Espagne,	

Monde	Arts et Sciences	Date
		v. 2400 av. J.-C.
En Mésopotamie, Sargon Ier fonde l'Empire akkadien.	La ville fortifiée de Troie, qui existe depuis environ 700 ans, s'enrichit de ce que Heinrich Schliemann baptisera au XIXe siècle le « trésor de Priam » : bijoux somptueux, objets d'or, de bronze et de cuivre.	v. 2300 av. J.-C.
Les princes de Thèbes réunifient l'Egypte, fondent la XIe dynastie et inaugurent le Moyen Empire.		2160 av. J.-C.
	Construction dans la ville d'Our, en Mésopotamie, de la première ziggourat, édifice religieux symbolisant la rencontre du ciel et de la terre.	v. 2100 av. J.-C.
		Fin du IIIe millénaire av. J.-C.
		IIe millénaire av. J.-C.

DATE	FRANCE	EUROPE
	ainsi que l'étain de Bretagne. Mais les territoires correspondant à la France actuelle vivent toujours au néolithique : ils n'entreront dans l'histoire que dans la seconde moitié du Ier millénaire.	
v. 2000 av. J.-C.		Construction des premiers palais crétois.
v. 1950 av. J.-C.		Arrivée en Grèce des premiers Indo-Européens, les Ioniens.
v. 1900 av. J.-C.		
v. 1800 av. J.-C.	Les Ligures, peuple dont l'origine est encore très controversée, occupent une grande partie de l'Europe occidentale. En France, ils vivent sur la côte méditerranéenne, sur le versant occidental des Alpes et en Corse. Ils enterrent leurs morts sous leurs maisons de bois. Leur présence est attestée pendant tout le IIe millénaire.	
v. 1770 av. J.-C.		
v. 1750 av. J.-C.		

Monde	**Arts et Sciences**	**Date**
Des tribus semi-nomades originaires du désert commencent à s'installer dans le pays de Canaan. Telle est l'origine des Hébreux et de leurs patriarches Abraham, Isaac et Jacob.	*Les Aventures de Sinouhé*, premier roman égyptien, raconte la fuite d'un personnage qui a surpris un secret d'Etat. Cette œuvre évoque le pharaon Sésostris Ier, de la XIIe dynastie, qui construisit les premiers édifices de l'ensemble architectural de Karnak.	v. 2000 av. J.-C.
		v. 1950 av. J.-C.
Fondation de Jérusalem.		v. 1900 av. J.-C.
	Les Egyptiens commencent à calculer des surfaces et des volumes.	v. 1800 av. J.-C.
En Chine, la dynastie des Shang succède à celle des Xia, qui relève essentiellement de la légende.		v. 1770 av. J.-C.
Le Babylonien Hammourabi conquiert les autres royaumes de		v. 1750 av. J.-C.

Date	France	Europe
v. 1700 av. J.-C.		
v. 1600 av. J.-C.		
1580 av. J.-C.		
v. 1580 av. J.-C.		A leur tour, les Achéens envahissent la Grèce par le Nord. Ils vont conquérir le Péloponnèse et la Crète, et imposer la langue grecque dans tout le monde égéen.

Monde	Arts et Sciences	Date
Mésopotamie et promulgue le code qui porte son nom.		
	Sous la dynastie des Shang, l'écriture se répand en Chine, de même que la métallurgie du bronze, qui produit les premiers objets d'art à vocation rituelle.	v. 1700 av. J.-C.
Les Aryens, peuple indo-européen originaire d'Asie centrale, envahissent le nord de l'Inde. De cette époque date le début de la rédaction en sanskrit des grands textes de la religion védique, dont le *Rigveda*.	Reconstruction des palais crétois détruits pour une raison inconnue (sans doute un tremblement de terre). Par la complexité de son plan, le palais de Cnossos donnera naissance à la légende du Labyrinthe et du Minotaure. Les Egyptiens acquièrent une grande maîtrise des connaissances médicales et pharmacologiques. Leurs homologues babyloniens pratiqueront bientôt des dissections sur les cadavres afin d'étudier les principaux organes vitaux.	v. 1600 av. J.-C.
En Egypte, fondation de la XVIIIe dynastie et inauguration du Nouvel Empire. Le pharaon Ahmosis expulse les Hyksos, peuple oriental qui dominait la vallée du Nil depuis près de deux siècles, et réunifie l'Egypte. C'est le début d'une période particulièrement brillante et bien connue des historiens.		v. 1580 av. J.-C.
		v. 1580 av. J.-C.

Date	France	Europe
v. 1550 av. J.-C.		
v. 1500 av. J.-C.		Le linéaire B succède au linéaire A. Cette écriture syllabique, formée de 90 signes, est présente sur de nombreuses tablettes d'argile découvertes à Cnossos, en Crète, et à Mycènes, dans le Péloponnèse. Elle a représenté l'une des plus grandes énigmes de l'histoire antique avant d'être déchiffrée par les Britanniques Michael Ventris et John Chadwick en 1953.
xve siècle av. J.-C.		**Apogée de la civilisation mycénienne.** Elle a pour centre l'ancienne cité de Mycènes et entretient des liens étroits avec la Crète. Atrée, Agamemnon, Ménélas, Clytemnestre et ses autres princes légendaires seront les héros d'Homère.
v. 1450 av. J.-C.		
XIVe siècle av. J.-C.	La Corse, occupée jusqu'alors par des populations d'origine ligure et ibère, est envahie par les Torréens, ainsi nommés parce qu'ils construisent des tours fortifiées.	

MONDE	ARTS ET SCIENCES	DATE
	Sous le règne du pharaon Aménophis Ier, l'Egyptien Amanemhat met au point la première clepsydre, horloge à eau destinée à remplacer le cadran solaire pendant la nuit.	v. 1550 av. J.-C.
	Des fresques remarquables ornent les murs des palais crétois, telle la célèbre *Parisienne*, chef-d'œuvre de la peinture minoenne.	v. 1500 av. J.-C.
		XVe siècle av. J.-C.
Le pharaon Thoutmosis III mène dix-sept campagnes militaires afin d'établir l'hégémonie égyptienne sur une grande partie du Proche-Orient : Crète, Phénicie, Assyrie, Babylone.		v. 1450 av. J.-C.
		XIVe siècle av. J.-C.

Date	France	Europe
v. 1400 av. J.-C.		
1372 av. J.-C.		
1346 av. J.-C.		
1301 av. J.-C.		

Monde	Arts et Sciences	Date
	L'art mycénien produit aussi bien des sculptures monumentales – comme la porte aux Lionnes de l'acropole de Mycènes – que des objets délicats, comme les fameux masques funéraires en or exhumés par Schliemann.	v. 1400 av. J.-C.
Avènement du pharaon Aménophis IV, époux de la reine Néfertiti. Adoptant le nom d'Akhenaton, il engage une réforme religieuse dont le point central est l'instauration d'un culte monothéiste : le dieu Aton est le disque solaire. Cette hérésie ne lui survivra pas.		1372 av. J.-C.
	Mort de Toutankhamon. Ce pharaon n'a joué qu'un rôle secondaire dans l'histoire du Nouvel Empire, mais il doit son renom au fabuleux trésor déposé dans son tombeau, au cœur de la Vallée des Rois – et découvert en 1922 par l'égyptologue britannique Howard Carter.	1346 av. J.-C.
Avènement de Ramsès II, considéré par de nombreux égyptologues comme le plus grand de tous les pharaons. Restaurateur de l'armée, il affronte au Moyen-Orient la puissance hittite, tantôt sur les champs de bataille, tantôt sur le terrain diplomatique. Sa représentation sur un char de combat à la bataille de Kadesh deviendra un des thèmes favoris de l'art égyptien.	**Le règne de Ramsès II voit la création d'une longue série de chefs-d'œuvre : temples d'Abou-Simbel en Nubie, salle hypostyle du grand temple d'Amon-Rê à Karnak, temple funéraire de Thèbes, Ramesseum de Tanis.**	1301 av. J.-C.

Date	France	Europe
v. 1300 av. J.-C.		
v. 1250 av. J.-C.		
v. 1200 av. J.-C.		Troisième grande invasion de la Grèce : les Doriens vont ravager de fond en comble la civilisation mycénienne et plonger le pays dans ce qu'on a appelé le « Moyen Age grec ».
v. 1127 av. J.-C.		
v. 1100 av. J.-C.		Fuyant les invasions doriennes, de nombreux habitants de la Grèce commencent à émigrer sur la côte d'Asie mineure, où ils fondent des cités promises à un brillant avenir. Mais les Doriens à leur tour traverseront la mer Egée pour s'installer dans les îles et sur le rivage anatolien.
v. 1085 av. J.-C.		

MONDE	ARTS ET SCIENCES	DATE
Construction de Troie VII sur les ruines de Troie VI. Il est possible qu'il s'agisse de la ville de Priam et d'Hector dont Homère racontera le siège dans l'*Iliade.* Celle-ci sera prise par les Achéens à la fin du XIIIe siècle.		v. 1300 av. J.-C.
Les Hébreux conduits par Moïse fuient l'Egypte : c'est l'Exode de la Bible.		v. 1250 av. J.-C.
		v. 1200 av. J.-C.
Avènement de Nabuchodonosor Ier. Sa victoire sur le roi d'Elam restaure la puissance babylonienne.		v. 1127 av. J.-C.
Emergence de l'alphabet phénicien, dont les 22 lettres seront adaptées par les Hébreux et par les Grecs.	Les Grecs acquièrent la maîtrise de la métallurgie du fer, qui va détrôner le bronze. C'est le début de l'âge du fer, qui couvre le premier millénaire av. J.-C.	v. 1100 av. J.-C.
Le pharaon Smendès fonde la XXIe dynastie. C'est le début d'une longue période de décadence, la Basse Epoque, caractérisée par la division du pays en deux royaumes		v. 1085 av. J.-C.

DATE	FRANCE	EUROPE
v. 1050 av. J.-C.		
v. 1000 av. J.-C.		Délos, île des Cyclades, adopte Apollon et Artémis. Elle deviendra le centre du culte rendu à Apollon dans l'ensemble du monde grec.
v. 970 av. J.-C.		
v. 900 av. J.-C.		L'écriture se répand dans le monde grec.

MONDE	ARTS ET SCIENCES	DATE
(l'un correspondant au Delta, l'autre à la région de Thèbes), puis par l'installation de dynasties étrangères.		
Le roi Wu Wang, qui domine le Nord-Ouest de la Chine, fonde la dynastie des Zhou, qui règnera jusqu'en 221 av. J.-C.	Premières céramiques proto-géométriques en Grèce. Le style géométrique demeurera prépondérant jusqu'au milieu du VIIIe siècle av. J.-C.	v. 1050 av. J.-C.
David unifie le royaume d'Israël et fait de Jérusalem sa capitale. Débuts de la civilisation olmèque, peuple mexicain assez bien connu grâce aux vestiges archéologiques du centre sacrificiel de La Venta, dans l'actuel Etat de Tabasco. Les Olmèques sont sans doute les inventeurs de l'écriture et du calendrier.		v. 1000 av. J.-C.
Avènement de Salomon, fils de David et Bethsabée. Le roi des Hébreux établit d'étroites relations avec le roi de Tyr Hiram et fait construire le premier temple de Yahvé à Jérusalem (v. 969-v. 962).		v. 970 av. J.-C.
Après plusieurs siècles de transmission orale, début de la rédaction de l'Ancien Testament. Celle-ci se prolongera pendant tout le Ier millénaire : on sait par exemple que la Torah de la tradition juive (autrement dit les cinq livres du Pentateuque des chrétiens) ne sera achevée qu'au IVe siècle av. J.-C. Les Phéniciens, qui occupent les		v. 900 av. J.-C.

DATE	FRANCE	EUROPE
IXe siècle av. J.-C.		Fondation de Sparte.
v. 883 av. J.-C.		
v. 850 av. J.-C.		
v. 820 av. J.-C.		
v. 800 av. J.-C.	Les premiers Celtes, peuple originaire du sud de l'Allemagne, pénètrent dans l'est de la France. Au cours du Ier millénaire, ces nouveaux venus (appelés Galates par les Grecs et *Galli* par les Romains) se mêleront aux peuples déjà installés : Ibères d'Aquitaine ou Ligures de la côte méditerranéenne. Le résultat de ce brassage sera les Gaulois.	**Emergence d'un nouveau type d'organisation sociale en Grèce : la cité. Celle-ci passera par plusieurs stades – monarchie, oligarchie, tyrannie – avant d'aboutir à l'invention de la démocratie.**

Monde	Arts et Sciences	Date
côtes de la Syrie, établissent des contacts commerciaux avec les Athéniens et les Crétois. Ils fondent au IXe siècle les villes de Carthage et d'Utique sur le littoral africain, ainsi que Nora, sur la côte méridionale de la Sardaigne.		
		IXe siècle av. J.-C.
	Avènement du roi d'Assyrie, Assurnazirpal II, immortalisé par un bas-relief du palais de Nimroud qui le représente sur un char, chassant le lion à l'arc. A partir de cette époque, la qualité des observations astronomiques permet de dater avec une grande précision les faits marquants de l'histoire assyrienne.	v. 883 av. J.-C.
	Les Assyriens mettent au point la poulie.	v. 850 av. J.-C.
Date légendaire de la fondation de Carthage par la Phénicienne Didon.		v. 820 av. J.-C.
La culture de Chavin de Huantar, qui porte le nom d'un centre cérémoniel remarquable pour ses grandes pyramides, se répand dans les territoires andins correspondant à l'actuel Pérou.	**Composition de l'*Iliade* et de l'*Odyssée*.** Si ces deux chefs-d'œuvre furent incontestablement les textes canoniques de la civilisation grecque et les ouvrages les plus influents de toute la littérature universelle avec la Bible, en revanche, on a fort peu de certitudes à propos de leur auteur. Sept cités grecques au moins se disputent l'honneur d'avoir vu naître	v. 800 av. J.-C.

Date	France	Europe
v. 776 av. J.-C.		**Premiers jeux Olympiques, organisés en l'honneur de Zeus.** Certains historiens estiment qu'ils remontent à une date antérieure, mais c'est du moins la première fois que le nom du vainqueur de la course du stade (192 mètres) est inscrit dans la pierre à Olympie. Les épreuves se diversifieront par la suite, et cet évènement attirera des foules immenses à la faveur d'une trêve entre toutes les cités.
753 av. J.-C.		**Fondation de Rome.** La légende l'attribue à Romulus, élevé par une louve avec son frère jumeau Remus, et qui tua ce dernier après avoir délimité le territoire de la ville. Les historiens, quant à eux, ont établi qu'à cette époque les sept collines abritaient des villages de bergers dépendant de la ville voisine d'Albe. Cette date mythique est le point de départ du calendrier romain, qui devait être utilisé pendant un millénaire : bien avant de placer la fondation de Rome en 753 av. J.-C., les hommes ont daté

Monde	Arts et Sciences	Date
	Homère, et certains auteurs se demandent même si le poète aveugle n'est pas un personnage symbolique dans lequel se résumerait une lignée d'aèdes. Une chose est sûre, en tout cas : dans un génial anachronisme, c'est le monde grec du IXe siècle qui est dépeint à la faveur d'événements survenus quatre cents ans auparavant.	
		v. 776 av. J.-C.
		753 av. J.-C.

DATE	FRANCE	EUROPE
		la naissance du Christ de l'an de Rome 753…
v. 750 av. J.-C.	La France sort progressivement de l'âge du bronze pour entrer dans celui du fer. Ce métal est utilisé – entre autres – pour la fabrication d'épées.	**Début de la colonisation grecque en Italie du Sud et en Sicile, régions qui prendront le nom de Grande Grèce.** Ainsi, la cité de Syracuse est fondée en 734 av. J.-C. par le Corinthien Archias. **Installation des Etrusques en Toscane.** Ce peuple d'origine mystérieuse (autochtones, Indo-Européens ou conquérants venus d'Asie mineure) crée d'emblée une civilisation brillante dont les premiers chefs-d'œuvre datent de la fin du VIIIe siècle av. J.-C. Il conquiert vraisemblablement le Latium, ce qui explique la présence de rois étrusques à Rome au siècle suivant.
738 av. J.-C.		
v. 730 av. J.-C.		
v. 700 av. J.-C.		
v. 673 av. J.-C.		A Rome, le roi semi-légendaire Tullus Hostilius succède à Romulus et

MONDE	ARTS ET SCIENCES	DATE
	Hésiode, l'autre père fondateur de la littérature grecque, écrit la *Théogonie* et *les Travaux et les Jours,* dans lesquels il transcrit son expérience de paysan béotien. Les astronomes babyloniens calculent à l'avance les éclipses de Lune et de Soleil.	v. 750 av. J.-C.
Avènement de Midas, roi des Phrygiens, dans le sud de l'actuelle Turquie. Ses relations avec les Grecs lui ont valu de devenir le héros d'un récit mythologique dans lequel Apollon le coiffe d'oreilles d'âne.		738 av. J.-C.
Venus des steppes d'Asie centrale, les Scythes franchissent le Caucase et déferlent sur le Moyen-Orient.		v. 730 av. J.-C.
Début de la rédaction des *Upanishads,* textes sacrés de l'hindouisme.	Apparition d'un nouveau style orientalisant dans la céramique grecque.	v. 700 av. J.-C.
		v. 673 av. J.-C.

DATE	FRANCE	EUROPE
		à Numa Pompilius. Ses champions, les Horaces, l'emporteront sur ceux d'Albe, les Curiaces.
669 av. J.-C.		
v. 660 av. J.-C.		Fondation de Byzance par des colons grecs originaires de Mégare, près d'Athènes.
v. 640 av. J.-C.		Le roi des Romains, Ancus Martius effectue de grands travaux : création du port d'Ostie, réalisation d'un pont sur le Tibre et d'un aqueduc.
631 av. J.-C.		
628 av. J.-C.		
621 av. J.-C.		Dracon dote la cité d'Athènes d'un droit public écrit qui remplace le

MONDE	ARTS ET SCIENCES	DATE
Début du règne d'Assourbanipal, qui marque l'apogée de la puissance assyrienne. Si le roi ne quitte guère sa capitale, Ninive, ses armées remportent des victoires retentissantes sur l'Egypte, Babylone, l'Elam et Suse. Mais le royaume sera bientôt détruit par une coalition de Scythes, de Mèdes et de Babyloniens.		669 av. J.-C.
		v. 660 av. J.-C.
		v. 640 av. J.-C.
Des colons doriens fondent Cyrène sur la côte libyenne. La Méditerranée est en passe de devenir un « lac grec ».		631 av. J.-C.
Naissance de Zarathoustra (Zoroastre), réformateur de la religion perse. Il s'efforcera de substituer au dualisme traditionnel (Bien/Mal) une sorte de monothéisme en proclamant la prépondérance d'Ahura-Mazda sur les autres divinités.		628 av. J.-C.
		621 av. J.-C.

Date	France	Europe
		droit coutumier antérieur. Si la sévérité des peines est devenue légendaire, comme l'atteste l'adjectif « draconien », ce code de lois offrit certaines garanties contre l'arbitraire aristocratique et permit de tempérer les vendettas familiales.
v. 600 av. J.-C.	**Des navigateurs de Phocée, cité d'Asie mineure, fondent un comptoir à Massilia, la future Marseille.** Leur but est de contrôler la route de l'étain extrait en Espagne et en Grande-Bretagne. La vigne et l'olivier accompagneront vite la colonisation grecque. Nice et Antibes ont la même origine.	
594 av. J.-C.		L'archontat de Solon marque une nouvelle étape dans l'émergence de la démocratie athénienne. Il abolit les dettes des paysans pauvres, répartit les citoyens en quatre classes selon leur fortune, et instaure un tribunal populaire. Son œuvre durable lui vaudra d'être considéré comme un des Sept Sages de la Grèce.
v. 587 av. J.-C.		
585 av. J.-C.		

MONDE	ARTS ET SCIENCES	DATE
	Les poésies de Sappho sont à peu près contemporaines des fables d'Esope, de l'essor de la céramique à figures noires et de l'édification du plus ancien temple monumental de Grèce : l'Héraïon (temple d'Héra) d'Olympie.	v. 600 av. J.-C.
		594 av. J.-C.
Après la destruction de Jérusalem par Nabuchodonosor et la captivité des Juifs à Babylone, le prophète Jérémie se réfugie en Egypte. Ses oracles aideront son peuple à préserver leur cohésion malgré l'épreuve de la première diaspora.		v. 587 av. J.-C.
	En prévoyant l'éclipse de Soleil survenue cette année-là, Thalès de	585 av. J.-C.

DATE	FRANCE	EUROPE
579 av. J.-C.		A Rome, mort de Tarquin l'Ancien, le premier des trois rois étrusques. Il a doté la ville d'un égout, le *Cloaqua maxima.*
v. 570 av. J.-C.		
560 av. J.-C.		Pisistrate établit la tyrannie à Athènes et gouverne en despote éclairé jusqu'en 527. Il aide les petits paysans à planter des vignes et des oliveraies, développe le commerce et fait construire une série d'édifices somptueux qui donne à sa cité la prééminence sur toutes ses rivales.
v. 560 av. J.-C.		

MONDE	ARTS ET SCIENCES	DATE
	Milet devient célèbre dans le monde grec. On pense qu'il s'était initié aux mathématiques à la faveur de ses voyages à Babylone et en Egypte.	
		579 av. J.-C.
Naissance de Lao-Tseu (Laozi). Ce personnage en partie légendaire est l'auteur du *Tao-tö-king*, livre fondateur du taoïsme. Les principes de « chemin qui mène au ciel » exerceront une influence dominante sur la spiritualité chinoise.		v. 570 av. J.-C.
Selon la tradition, naissance de Siddharta Gautama dans une famille de guerriers de Kapilavastu, au pied de l'Himalaya. Après avoir eu la révélation de la souffrance universelle et tenté diverses expériences ascétiques pour surmonter la misère de la condition humaine, il reçoit l'illumination en 523 sous un figuier banyan. Il devient alors le Bouddha (l'Illuminé). Il vit jusqu'à l'âge de quatre-vingts ans et s'entoure de disciples qui fonderont après sa mort une religion destinée à se répandre dans une grande partie de l'Asie.		560 av. J.-C.
	Des architectes crétois commencent à édifier le gigantesque temple	v. 560 av. J.-C.

Date	France	Europe
v. 556 av. J.-C.		
551 av. J.-C.		
v. 550 av. J.-C.		
v. 545 av. J.-C.	Fuyant les Perses qui s'imposent en Asie mineure, des Phocéens s'établissent en Corse à Alalia, la future Aléria.	
v. 530 av. J.-C.		

MONDE	ARTS ET SCIENCES	DATE
	d'Artémis à Ephèse. Les travaux dureront plus d'un siècle.	
Avènement de Cyrus II le Grand, fondateur du grand Empire perse achéménide. Il conquiert Babylone et le royaume lydien de Crésus, et autorise les Juifs à rentrer à Jérusalem.		v. 556 av. J.-C.
Naissance de Confucius. Contemporain de Lao-Tseu et du Bouddha (les deux autres maîtres à penser de la Chine traditionnelle), Kongfuzi n'est pas le fondateur d'une religion, mais le théoricien d'une morale fondée sur l'harmonie sociale et le culte des ancêtres.		551 av. J.-C.
	Lors des fêtes religieuses organisées à Athènes en l'honneur de Dionysos, un concours de tragédie peut être considéré comme l'acte de naissance du théâtre.	v. 550 av. J.-C.
	Naissance d'Héraclite d'Ephèse, l'un des plus grands penseurs présocratiques. Sa philosophie repose sur la notion d'écoulement : « On ne se baigne pas deux fois dans le même fleuve. »	
		v. 545 av. J.-C.
	Tandis que le potier et peintre Exekias porte à leur plus haut niveau de perfection les vases à figures	v. 530 av. J.-C.

DATE	FRANCE	EUROPE
513 av. J.-C.		
509 av. J.-C.		**Le peuple romain se révolte contre son septième et dernier roi, Tarquin le Superbe.** Derrière les faits légendaires se cache sans doute un affaiblissement de la puissance étrusque, qui permet à Rome de recouvrer l'indépendance. **Cette date marque la naissance de la République, qui durera près de cinq siècles.**
508 av. J.-C.		**Après l'échec des fils de Pisistrate, Hippias et Hipparque, Clisthène établit la démocratie à Athènes.** Le pouvoir appartient à l'assemblée du peuple, l'ecclésia, encadrée par le conseil des Cinq-Cents. Pour éviter le danger d'un retour à la tyrannie, il instaure l'ostracisme : cette mesure permet d'exiler tout homme présentant une menace pour les institutions.

MONDE	ARTS ET SCIENCES	DATE
	noires, on voit apparaître le style des céramiques à figures rouges. Né à Lemnos, Pythagore émigre à Crotone, en Italie du Sud. Il y enseignera les mathématiques et la philosophie, en particulier la théorie de la métempsychose ou transmigration des âmes.	
Fondation de Persépolis, capitale de l'Empire perse achéménide. Darios Ier, successeur de Cyrus le Grand, règne alors sur d'immenses territoires qui s'étendent de l'Indus au Danube et à l'Egypte.		513 av. J.-C.
		509 av. J.-C.
		508 av. J.-C.

Date	France	Europe
v. 500 av. J.-C.	Sépulture sous tumulus de Vix à Châtillon-sur-Seine, en Bourgogne. Cette tombe a permis de découvrir, outre la dépouille d'une femme, un trésor contenant des objets d'art grecs, étrusques et gaulois. Les Celtes occupent les territoires situés entre la Seine et la Garonne. Bien que l'écriture soit encore très peu utilisée, on peut considérer qu'à cette époque la France commence à sortir du néolithique pour entrer dans l'Histoire.	
499 av. J.-C.		
498 av. J.-C.		
494 av. J.-C.		A Rome, création des tribuns de la plèbe pour défendre les droits du peuple face aux patriciens.
490 av. J.-C.		**Début des guerres médiques. Les Perses envahissent la Grèce afin de châtier Athènes, coupable d'avoir soutenu les cités d'Asie mineure révoltées contre Darios Ier. Les hoplites de Miltiade l'emportent à Marathon et rejettent les Perses à la mer.**

Monde	Arts et Sciences	Date
Apparition de l'Empire d'Aksoum, qui va s'étendre sur la majeure partie de l'Ethiopie, envoyer des expéditions jusqu'en Arabie et conquérir le royaume de Méroé (actuel Soudan).	La Louve du Capitole, qui évoque l'allaitement légendaire de Romulus et Rémus par leur mère adoptive, marque l'apogée de la sculpture étrusque.	v. 500 av. J.-C.
Révolte des villes grecques d'Asie mineure contre les Perses. Ce soulèvement et la répression qui s'ensuit sont à l'origine des guerres médiques.		499 av. J.-C.
	Le poète thébain Pindare devient célèbre à l'âge de vingt ans avec sa première grande ode.	498 av. J.-C.
		494 av. J.-C.
		490 av. J.-C.

DATE	FRANCE	EUROPE
486 av. J.-C.		
481 av. J.-C.		
480 av. J.-C.		**Deuxième guerre médique. Xerxès, le successeur de Darios, vainc les 300 Spartiates de Léonidas dans le défilé des Thermopyles et saccage Athènes. Mais la flotte athénienne, construite et commandée par Thémistocle, remporte la bataille de Salamine.**
479 av. J.-C.		Les fantassins grecs, commandés par le Spartiate Pausanias, défont une nouvelle fois les Perses à Platées.
477 av. J.-C.		Création de la ligue de Délos, destinée à coordonner la résistance grecque face à l'Empire perse. Elle est très vite dominée par la puissance athénienne.
v. 475 av. J.-C.	Début de la civilisation de La Tène. Ce village situé au bord du lac de Neuchâtel, en Suisse, a donné son nom au deuxième âge du fer en Europe occidentale. Cette période coïncide pour une grande partie du territoire français avec l'épanouissement de la religion et de l'art celtiques.	

MONDE	ARTS ET SCIENCES	DATE
	Après la tragédie, la comédie est introduite aux Dionysies.	486 av. J.-C.
En Chine, début de la période des « Royaumes combattants ». Elle se caractérise par la constitution de grands Etats dont les souverains s'émancipent peu à peu de la suzeraineté des empereurs Zhou.		481 av. J.-C.
		480 av. J.-C.
		479 av. J.-C.
		477 av. J.-C.
		v. 475 av. J.-C.

DATE	FRANCE	EUROPE
v. 474 av. J.-C.		
472 av. J.-C.		
468 av. J.-C.		
460 av. J.-C.		
v. 460 av. J.-C.		
v. 450 av. J.-C.	Développement d'une ville assez importante à Ensérune. Les Ibères qui la peuplent entretiennent des rapports étroits avec les Celtes, mais aussi avec le monde grec.	

Monde	Arts et Sciences	Date
	L'*Aurige* de Delphes, œuvre maîtresse de la sculpture grecque, marque les débuts du classicisme.	v. 474 av. J.-C.
	Ancien combattant de Marathon et de Salamine, l'Athénien Eschyle fait jouer *les Perses*, véritable modèle de la tragédie grecque.	472 av. J.-C.
	Début de l'édification du temple de Zeus à Olympie.	468 av. J.-C.
	Naissance d'Hippocrate, le plus grand médecin de l'Antiquité. Les médecins d'aujourd'hui lui rendent encore hommage en prêtant le serment qui porte son nom.	460 av. J.-C.
	Le *Discobole*, statue en bronze de Myron.	v. 460 av. J.-C.
Composition du *Cantique des cantiques*, livre biblique symbolisant l'amour unissant Yahvé au peuple d'Israël. Si l'on en croit une inscription du temple de Cronos à Carthage, le navigateur phénicien Hannon aurait mené une expédition en Afrique jusqu'à l'actuel Cameroun. Mais ce voyage est sans doute légendaire. Début de la civilisation de Nok, dans l'actuel Nigéria, qui rayonnera pendant sept siècles. On a retrouvé sur ce site les plus anciennes céramiques d'Afrique noire.		v. 450 av. J.-C.

DATE	FRANCE	EUROPE
448 av. J.-C.		Le traité de Callias met fin à un demi-siècle de guerres médiques et fait de la mer Egée un « lac athénien ».
447 av. J.-C.		
446 av. J.-C.		
443 av. J.-C.		**Après avoir dominé la vie politique à Athènes pendant près de vingt ans, Périclès devient stratège. Réélu tous les ans jusqu'à sa mort, en 429, il incarne l'apogée politique et culturelle de sa cité. Par extension, on a qualifié le ve siècle av. J.-C. de « siècle de Périclès ».**
431 av. J.-C.		**Début de la guerre du Péloponnèse.** Périclès, qui rêvait d'unifier la Grèce, est contraint de se lancer dans une lutte pour l'hégémonie. Les cités se divisent en deux camps : les unes choisissent Athènes, puissance maritime et

Monde	**Arts et Sciences**	**Date**
		448 av. J.-C.
	Périclès charge le sculpteur Phidias de superviser la construction du Parthénon sur l'Acropole d'Athènes. Elevé en moins de quinze ans, ce temple dédié à Athéna, divinité protectrice de la cité, illustre à merveille l'âge d'or de la civilisation athénienne.	447 av. J.-C.
	Hérodote, le premier historien du monde occidental, s'installe à Athènes, où il se lie d'amitié avec Périclès et Sophocle. Ses *Histoires* ou *Enquêtes* constituent une source majeure pour l'étude des guerres médiques et du monde connu à cette époque.	446 av. J.-C.
		443 av. J.-C.
		431 av. J.-C.

DATE	FRANCE	EUROPE
		démocratique ; les autres se rangent derrière Sparte, puissance terrestre et aristocratique. Elles sortiront toutes perdantes de ce conflit fratricide.
425 av. J.-C.		
422 av. J.-C.		
415 av. J.-C.		
404 av. J.-C.		**Après une série de désastres, Athènes doit capituler. La guerre du Péloponnèse s'achève par la victoire (éphémère) de Sparte et par l'effondrement de l'Empire athénien.**
401 av. J.-C.		
v. 400 av. J.-C.	Des bandes gauloises franchissent les Alpes et saccagent l'Italie du Nord. Une dizaine d'années plus tard, les hommes d'un dénommé	

Monde	**Arts et Sciences**	**Date**
	Représentation d'*Œdipe roi*, la plus célèbre des sept tragédies de Sophocle qui soit parvenue jusqu'à nous avec *Antigone* et *Electre*.	425 av. J.-C.
	Les Nuées, comédie d'Aristophane.	422 av. J.-C.
	Les Troyennes, tragédie d'Euripide.	415 av. J.-C.
L'Egypte, réduite depuis plus d'un siècle au statut de simple satrapie de l'Empire achéménide, recouvre son indépendance. Avec le soutien des Grecs, Amyrtée, roi de Saïs, met fin à la domination perse et fonde la XXVIIIe dynastie.		404 av. J.-C.
Retraite des Dix Mille. Après la mort de Cyrus le Jeune, empereur achéménide tué par son frère, une troupe de mercenaires grecs traverse tout l'Empire perse pour regagner la Grèce. Cette expédition épique a été relatée par un de ses chefs, Xénophon, dans *l'Anabase*.		401 av. J.-C.
		v. 400 av. J.-C.

DATE	FRANCE	EUROPE
	Brenn ou Brennus pilleront Rome, à l'exception du Capitole, sauvé par les cris d'alarme de ses oies. C'est à ce chef de guerre plus ou moins mythique qu'on attribue la formule fameuse : *Vae victis!* (Malheur aux vaincus!).	
399 av. J.-C.		
396 av. J.-C.		Les Romains s'emparent de la cité étrusque de Véies et entament ainsi la conquête de la péninsule italienne.
v. 395 av. J.-C.		
387 av. J.-C.		
384 av. J.-C.		

MONDE	ARTS ET SCIENCES	DATE
	Mort de Socrate, condamné à boire la ciguë pour « avoir honoré d'autres dieux que ceux de la cité et tenté de corrompre la jeunesse ». Le maître à penser le plus influent de la philosophie occidentale avait transmis son enseignement de manière orale à de jeunes disciples, au nombre desquels se trouvait Platon.	399 av. J.-C.
		396 av. J.-C.
	Mort de Thucydide, auteur de l'*Histoire de la guerre du Péloponnèse.*	v. 395 av. J.-C.
	Après avoir tenté de mettre en pratique en Sicile les idées de son maître Socrate, Platon revient à Athènes pour fonder l'Académie et rédiger les célèbres dialogues dans lesquels il retranscrit le discours socratique.	387 av. J.-C.
	Naissance d'Aristote en Macédoine. Il viendra suivre l'enseignement de Platon à l'Académie	384 av. J.-C.

DATE	FRANCE	EUROPE
371 av. J.-C.		Au terme de trois décennies d'hégémonie spartiate, la victoire d'Epaminondas à Leuctres donne l'avantage aux Thébains pour une décennie.
v. 371 av. J.-C.		
358 av. J.-C.		
356 av. J.-C.		Avènement de Philippe II de Macédoine. Il va profiter des dissensions entre les cités pour imposer un protectorat macédonien sur la Grèce.
353 av. J.-C.		
351 av. J.-C.		Dans sa *Première Philippique*, l'orateur Démosthène met en garde les Athéniens contre les ambitions de Philippe II. Il va incarner la résistance des cités grecques face à l'expansionnisme macédonien.

Monde	Arts et Sciences	Date
	d'Athènes avant de devenir le précepteur du jeune Alexandre et d'écrire une œuvre monumentale qui fera de lui le plus grand philosophe grec avec Platon.	
		371 av. J.-C.
Naissance de Mencius ou Mengzi, disciple de Confucius qui prône la piété filiale et l'équité impériale.		v. 371 av. J.-C.
	Construction à Epidaure du plus beau théâtre de Grèce (capacité de 15 000 spectateurs).	358 av. J.-C.
La jour de la naissance d'Alexandre (selon la légende), un dément du nom d'Erostrate incendie le temple d'Artémis à Ephèse afin de parvenir à l'immortalité.		356 av. J.-C.
	A la mort de Mausole, le satrape perse de Carie, sa sœur et épouse Artémise lui fait élever un somptueux monument funéraire : le Mausolée d'Halicarnasse.	353 av. J.-C.
		351 av. J.-C.

DATE	FRANCE	EUROPE
v. 350 av. J.-C.		
341 av. J.-C.		
338 av. J.-C.		Après une série de victoires déterminantes, Philippe II de Macédoine défait les troupes d'Athènes et de Thèbes à Chéronée. Les cités grecques perdent définitivement leur indépendance et sont contraintes d'adhérer à la ligue de Corinthe, dirigée par Philippe.
336 av. J.-C.		Alors qu'il s'apprêtait à envahir l'Asie, Philippe est assassiné. Son fils, Alexandre III le Grand, âgé de vingt ans, lui succède à la tête du royaume de Macédoine et de la ligue de Corinthe.
334 av. J.-C.		
333 av. J.-C.		
331 av. J.-C.		

MONDE	ARTS ET SCIENCES	DATE
Premiers établissements durables sur le site de Teotihuacan, au nord de l'actuelle Mexico.		v. 350 av. J.-C.
L'Egypte tombe de nouveau aux mains des Perses, mais leur domination ne durera que dix ans.		341 av. J.-C.
		338 av. J.-C.
		336 av. J.-C.
Alexandre débarque en Asie mineure et remporte la victoire du Granique.		334 av. J.-C.
Après avoir tranché le nœud gordien, Alexandre défait les troupes perses à Issos.		333 av. J.-C.
Alexandre fonde la ville d'Alexandrie en Egypte, puis revient en Perse, où il écrase l'armée de Darios III à Gaugamèles. Il va s'emparer de Babylone, de Suse et de Parsa (Persépolis).		331 av. J.-C.

Date	France	Europe
v. 330 av. J.-C.	Expédition de Pythéas, navigateur grec né à Marseille. Il atteint sans doute les îles Féroé et le Danemark.	
326 av. J.-C.		
324 av. J.-C.		
323 av. J.-C.		
321 av. J.-C.		L'armée romaine est humiliée par les Samnites dans le défilé des fourches Caudines.
320 av. J.-C.		

MONDE	ARTS ET SCIENCES	DATE
		v. 330 av. J.-C.
Après avoir conquis l'intégralité de l'Empire achéménide, Alexandre arrive dans le bassin de l'Indus, où il vainc le roi indien Poros.		326 av. J.-C.
Noces de Suse. Champion du monde grec au début de son expédition, Alexandre se métamorphose en monarque absolu : il tente de mêler Macédoniens et Perses grâce à la célébration de nombreux mariages mixtes.		324 av. J.-C.
Mort d'Alexandre à Babylone, à l'âge de trente-deux ans. Cette date marque traditionnellement la fin de la période classique de l'histoire grecque, et le début de l'époque hellénistique, qui se prolonge jusqu'à la conquête romaine.		323 av. J.-C.
Les lieutenants d'Alexandre, les diadoques, se partagent son Empire. Antipatros prend la Macédoine, Séleucos la Babylonie, Antigone l'Asie Mineure, Ptolémée l'Egypte. Ainsi vont naître de nouvelles dynasties : Lagides (héritiers de Ptolémée), Séleucides et Antigonides.		321 av. J.-C.
En Inde, le roi Chandragupta fonde la dynastie des Maurya. Il contraindra le diadoque Séleucos à lui abandonner l'Afghanistan.		320 av. J.-C.

DATE	FRANCE	EUROPE
312 av. J.-C.		Début des travaux de la via Appia (voir Appienne), route reliant Rome à Brindisi.
306 av. J.-C.		
301 av. J.-C.		
v. 300 av. J.-C.	De nouveaux Celtes venus de l'Est commencent à s'installer entre le Rhin et la Seine : ce sont ces peuples que Jules César nommera les Belges. En Auvergne, frappe des premières pièces de monnaie celtiques.	
IIIe siècle av. J.-C.		
v. 280 av. J.-C.		

Monde	Arts et Sciences	Date
	Zénon de Cition s'installe à Athènes, où il fonde le Portique, c'est-à-dire l'école stoïcienne.	312 av. J.-C.
	Le philosophe Epicure ouvre une école à Athènes : le Jardin.	306 av. J.-C.
Fondation d'Antioche (actuelle Turquie), la capitale des Séleucides.		301 av. J.-C.
Les Mayas, qui pratiquent l'agriculture depuis 2000 av. J.-C., construisent leurs premières pyramides. Menacés par les incursions des nomades huns, les Chinois commencent à édifier des fortifications au nord du pays.		v. 300 av. J.-C.
	Le Grec Euclide, sans doute installé à Alexandrie, fait la synthèse des connaissances mathématiques de son temps dans ses *Eléments de géométrie.* A Pergame, les premières feuilles de parchemin (peau de mouton) sont utilisées comme support à l'écriture.	IIIe siècle av. J.-C.
	Ptolémée II Philadelphe fait bâtir le phare d'Alexandrie, tour de 130 mètres de haut dont les signaux lumineux sont visibles à 50 kilomètres en mer. La capitale égyptienne des Ptolémées va devenir le centre le plus brillant de la civilisation grecque avec son musée et sa célèbre bibliothèque. Construction du Colosse de	v. 280 av. J.-C.

DATE	FRANCE	EUROPE
279 av. J.-C.		Les Galates (Celtes originaires de la vallée du Danube) envahissent le nord de la Grèce et pillent le sanctuaire de Delphes. Cette date marque l'extension maximale des Celtes : leurs territoires vont ensuite se réduire comme peau de chagrin sous la double poussée des Romains au sud et des Germains à l'est. A terme, ils ne pourront préserver l'originalité de leur civilisation que dans les régions les plus occidentales de l'Europe : Galice, Bretagne, Irlande, Galles, Ecosse.
v. 272 av. J.-C.		Au terme de dix ans d'affrontements, et malgré l'appui de Pyrrhus, roi d'Epire, qui remporte des victoires sans lendemain, Tarente tombe aux mains des Romains. Ceux-ci dominent désormais toute la péninsule italienne.
269 av. J.-C.		

Monde	Arts et Sciences	Date
	Rhodes, statue monumentale en bronze considérée par les Anciens comme une des Sept Merveilles du monde (de même que le phare d'Alexandrie). Il sera détruit par un tremblement de terre en 227.	
		279 av. J.-C.
		v. 272 av. J.-C.
Avènement d'Asoka, le plus grand souverain de la dynastie des Maurya. Son royaume s'étend sur la quasi-totalité de l'Inde actuelle et sur la Bactriane (Afghanistan). Sous son règne, le troisième concile bouddhiste de Pataliputra décide d'envoyer des missions vers Ceylan et le Sud-Est asiatique.		269 av. J.-C.

DATE	FRANCE	EUROPE
264-241 av. J.-C.		**Première guerre punique. En poursuivant leur expansion vers le sud, les Romains se heurtent aux Carthaginois en Sicile.** Après une série de batailles terrestres et navales, le conflit s'achève par la victoire romaine des îles Egates en 241.
v. 250 av. J.-C.	Les *Quarisii* ou *Parisii*, peuple celte originaire de Germanie, se fixent dans la vallée de la Seine, en un lieu dénommé *Lucoticia* (Lutèce).	
v. 245 av. J.-C.		
v. 240 av. J.-C.		Construction de la via Aurelia, destinée à relier Rome à Pise, avant de se poursuivre jusqu'en Gaule.
221 av. J.-C.		
v. 218 av. J.-C.	Durant la deuxième guerre punique, des milliers de Gaulois s'engagent comme mercenaires dans l'armée d'Hannibal.	

Monde	Arts et Sciences	Date
		264-241 av. J.-C.
En Iran, émergence du royaume des Parthes. Un chef de tribu nommé Arsace s'émancipe de la tutelle des Séleucides et fonde la dynastie des Arsacides.		v. 250 av. J.-C.
	Eratosthène, nommé par Ptolémée III Evergète à la direction de la bibliothèque d'Alexandrie, calcule la circonférence de la Terre et détermine les nombres premiers.	v. 245 av. J.-C.
Au lendemain de la première guerre punique, révolte des mercenaires grecs à la solde de Carthage. Ces événements constitueront la trame historique du roman de Flaubert, *Salammbô.*		v. 240 av. J.-C.
En Chine, le prince de Qin se fait proclamer Premier Empereur. Il ordonne la construction de la Grande Muraille et établit un gouvernement bureaucratique centralisé.		221 av. J.-C.
		v. 218 av. J.-C.

Date	France	Europe
218-201 av. J.-C.		Deuxième guerre punique. Les Carthaginois avaient entamé la reconquête en Espagne. En 218, Hannibal franchit les Alpes. Il remporte la bataille du lac Trasimène en 217 et celle de Cannes l'année suivante. Mais les Romains vont l'isoler dans l'extrême sud de la péninsule et remporter de nombreux succès en Espagne. En 202, Scipion l'Africain débarque au nord de Carthage et défait Hannibal à Zama. La puissance carthaginoise s'effondre, tandis que Rome contrôle la partie occidentale du Bassin méditerranéen.
212 av. J.-C.		
210 av. J.-C.		
206 av. J.-C.		
204 av. J.-C.		Le culte de Cybèle, la « Grande Mère » des Phrygiens, est pratiqué à Rome. C'est le début d'une véritable fascination des Romains à l'égard des religions orientales.

MONDE	ARTS ET SCIENCES	DATE
		218-201 av. J.-C.
	La prise de Syracuse par les Romains leur permet de s'initier aux splendeurs de l'art grec. Mais l'un de leurs soldats tue le plus illustre défenseur de la cité sicilienne : Archimède, ancien élève d'Euclide, mécanicien de génie et découvreur d'un des grands principes de l'hydrostatique (*Eurêka !* J'ai trouvé !).	212 av. J.-C.
	Premières représentations à Rome des comédies de Plaute.	210 av. J.-C.
Liu Bang fonde la dynastie des Han qui règnera sur la Chine pendant plus de quatre siècles.		206 av. J.-C.
		204 av. J.-C.

Date	France	Europe
v. 200 av. J.-C.	Apogée des *oppida*, sites fortifiés de type celtique pouvant s'étendre sur plus de 2 000 hectares, en Provence et dans le Languedoc. Gergovie et Alésia seront construites sur le même modèle.	
IIe siècle av. J.-C.		
197 av. J.-C.		Philippe V de Macédoine est vaincu par les légions romaines de Flaminius à Cynoscéphales. Cinq ans plus tard, Caton l'Ancien l'emporte sur Antiochos III de Syrie aux Thermopyles. La Grèce passe sous domination romaine.
196 av. J.-C.		

Monde	Arts et Sciences	Date
Dans le désert du Sahara, qui ne cesse de gagner sur les zones de végétation, le dromadaire remplace le cheval comme instrument de transport. Dans le nord du Pérou, apparition de la culture Moche, remarquable pour ses décors de poteries représentant des scènes de la vie quotidienne. Au sud du pays, la culture Nazca est célèbre pour ses gigantesques dessins d'animaux tracés sur le sol – et qui n'ont pu être repérés que par des photos aériennes.		v. 200 av. J.-C.
La secte des Esséniens rédige les premiers manuscrits de la mer Morte – textes écrits en araméen ou en hébreu, qui fournissent un précieux éclairage sur l'histoire du judaïsme et sur les origines du christianisme.		IIe siècle av. J.-C.
		197 av. J.-C.
	Un décret du pharaon Ptolémée V est gravé sur une stèle en trois langues – hiéroglyphique, grec et démotique. C'est la fameuse pierre de Rosette, qui sera découverte en 1799 et qui permettra à Champollion de déchiffrer l'écriture égyptienne.	196 av. J.-C.

DATE	FRANCE	EUROPE
v. 190 av. J.-C.		
186 av. J.-C.		A Rome, le scandale des Bacchanales, orgies organisées en l'honneur du dieu Dionysos-Bacchus, débouche sur l'inculpation de plusieurs sénateurs et sur des condamnations à mort.
184 av. J.-C.		Elu censeur, Caton l'Ancien lutte contre le luxe et l'orientalisation des mœurs. Il incarne le patriotisme romain et les vertus austères de la République.
180 av. J.-C.		
168 av. J.-C.		Paul Emile écrase l'armée macédonienne de Persée à Pydna. La Macédoine deviendra province romaine vingt ans plus tard, en même temps que la Thessalie et l'Epire.
167 av. J.-C.		

Monde	Arts et Sciences	Date
	La *Victoire de Samothrace*, chef-d'œuvre de l'art hellénistique, est sculptée dans le marbre, dans le but d'orner la proue d'une galère.	v. 190 av. J.-C.
		186 av. J.-C.
		184 av. J.-C.
	Début des gigantesques travaux qui vont faire de Pergame un des plus grands foyers artistiques de la période hellénistique : théâtre, autel dédié à Zeus et à Athéna, bibliothèque de 200 000 volumes créée en 160 pour rivaliser avec celle d'Alexandrie.	180 av. J.-C.
		168 av. J.-C.
En Judée, révolte des Maccabées contre la politique d'hellénisation du Séleucide Antiochos IV, qui aurait obligé les Juifs à renoncer à la loi mosaïque et au monothéisme.		167 av. J.-C.

Date	France	Europe
166 av. J.-C.		
v. 160 av. J.-C.		
149-146 av. J.-C.		
146 av. J.-C.		La révolte des Grecs contre la domination romaine se solde par le pillage de Corinthe. La Grèce est réduite au statut de simple province d'Achaïe.
140 av. J.-C.		

Monde	Arts et Sciences	Date
La guerre des Maccabées aboutira à la reconnaissance de l'indépendance juive en 142 av. J.-C.		
	Térence écrit la première de ses comédies à l'âge de dix-neuf ans. Il mourra en 159.	166 av. J.-C.
Ménandre, le roi grec de Bactriane, envahit l'Inde du Nord et se convertit au bouddhisme après ses entretiens avec le moine Nagasena. De cette rencontre va naître un syncrétisme artistique indo-hellénistique.		v. 160 av. J.-C.
Troisième guerre punique. Après avoir visité Carthage, Caton l'Ancien met en garde ses compatriotes contre le redressement de l'ennemi traditionnel : *Delenda est Carthago* (« Carthage doit être détruite »). La guerre se déroule entièrement en Afrique du Nord et s'achève par la victoire totale de Scipion Emilien. La ville est rasée de fond en comble, et son territoire réduit au statut de province romaine.		149-146 av. J.-C.
		146 av. J.-C.
Avènement de l'empereur Wudi, dont le règne est l'un des plus brillants de l'histoire chinoise. Il organise le recrutement des fonc-	Statue en marbre d'Aphrodite connue sous l'appellation de *Vénus de Milo.*	140 av. J.-C.

DATE	FRANCE	EUROPE
134 av. J.-C.		
133-121 av. J.-C.		Les Gracques dominent la politique intérieure romaine. Tribuns du peuple, Tiberius Gracchus et son frère Caius s'efforcent de restaurer une classe de petits paysans, avant d'être assassinés.
129 av. J.-C.		
125 av. J.-C.	**Pour protéger Marseille contre ses voisins (Voconces, Salyens, Allobroges et Arvernes), mais aussi pour relier l'Italie à ses provinces d'Espagne, Rome entame la conquête de la Gaule méridionale.** La création de la Provincia donnera naissance à la Provence.	
122 av. J.-C.	Le consul Sextius Calvinus fonde un poste fortifié à *Aquae Sextiae* (Aix-en-Provence).	

Monde	Arts et Sciences	Date
tionnaires par concours, créant ainsi la caste des mandarins. A sa mort, en 87, il aura incorporé à l'empire la Corée, le Tonkin, Canton et toutes les régions méridionales de la Chine actuelle – sans oublier le contrôle de la route de la Soie en Asie centrale.		
Le grand-prêtre des juifs, Hyrcan Ier fonde la dynastie des Asmonéens, qui règnera jusqu'en 37 av. J.-C.		134 av. J.-C.
		133-121 av. J.-C.
Quatre ans après la mort d'Attale III, qui avait légué à Rome le royaume de Pergame, création de la province d'Asie.		129 av. J.-C.
		125 av. J.-C.
		122 av. J.-C.

DATE	FRANCE	EUROPE
118 av. J.-C.	Fondation de la colonie romaine de *Narbo Martius* sur les ruines de l'oppidum d'Ensérune. Tandis que Narbonne devient un port de mer important grâce à l'Aude, l'ensemble des possessions romaines prend le nom de Narbonnaise.	
112-105 av. J.-C.		
105 av. J.-C.	Des tribus germaniques – Cimbres, Teutons et Tigurins – s'engouffrent dans la vallée du Rhône et défont les légions romaines près d'Orange. Elle seront vaincues trois ans plus tard par Marius près d'Aix-en-Provence.	
100 av. J.-C.		Marius, le vainqueur de Jugurtha et des Teutons, viole à deux reprises les lois de la République : après avoir transformé ses légions en armée de métier, il se fait élire consul pour la cinquième année consécutive. Jusqu'à sa mort, en 86, il mènera de front une brillante carrière militaire et une carrière politique fondée sur la violence et la démagogie.
v. 100 av. J.-C.		

Monde	Arts et Sciences	Date
		118 av. J.-C.
Guerre de Rome contre le roi de Numidie, Jugurtha. Cet adversaire redoutable ne sera éliminé qu'à la suite d'une trahison.		112-105 av. J.-C.
		105 av. J.-C.
		100 av. J.-C.
	Premières constructions monumentales à Petra, la capitale des Nabatéens (aujourd'hui en Jordanie).	v. 100 av. J.-C.

DATE	FRANCE	EUROPE
91-88 av. J.-C.		La Guerre sociale a pour origine le désir des alliés italiques d'obtenir les mêmes droits que les Romains. Sulla (ou Sylla) écrase la rébellion, mais accorde la citoyenneté aux peuples de la péninsule, qui prend alors le nom d'Italie.
v. 90 av. J.-C.		
88 av. J.-C.		
85 av. J.-C.		
82-79 av. J.-C.		Dictature de Sulla, qui engage une profonde réforme des institutions. On a pu dire que cette période constituait une première tentative pour remplacer la République par un régime impérial. Mais la vigueur des oppositions conduit Sulla à abdiquer et pousse Pompée au premier plan.

Monde	Arts et Sciences	Date
		91-88 av. J.-C.
	A Pompéi, apparition d'un nouveau style de décors muraux caractérisé par les peintures en trompe-l'œil et le raffinement des mosaïques (maison des Mystères, maison du Faune).	v. 90 av. J.-C.
Mithridate VI Eupator, roi du Pont, défie la puissance romaine en s'emparant de la province d'Asie, où il est accueilli en libérateur par les Grecs. La guerre se porte alors dans les Balkans.		88 av. J.-C.
Après avoir repris Athènes l'année précédente, Sulla contraint Mithridate à renoncer à toutes ses conquêtes. Celui-ci demeurera néanmoins une menace pour Rome jusqu'à la victoire définitive de Pompée en 66 av. J.-C.		85 av. J.-C.
		82-79 av. J.-C.

DATE	FRANCE	EUROPE
73 av. J.-C.		Révolte des esclaves dirigées par le Thrace Spartacus. Elle sera écrasée en 71 par Crassus.
63 av. J.-C.		La conjuration de Catilina pour s'emparer du pouvoir à Rome avorte grâce à l'action du consul Cicéron, mais met en relief les faiblesses de la République.
60 av. J.-C.		Un accord secret est conclu entre Jules César (Caius Julius Caesar), Crassus et Pompée. C'est le premier triumvirat, qui favorise l'année suivante l'élection de César au consulat.
58 av. J.-C.	Désireux de soumettre les ennemis les plus redoutables de Rome, César se lance dans la conquête de la Gaule en prenant pour prétexte l'appel à l'aide des Eduens (habitants de la région d'Autun) menacés par les Helvètes. Au cours des années suivantes, il va sillonner le pays et remporter de nombreuses victoires : sur les Belges en 57, sur les Vénètes du Morbihan en 56, sur les Eburons de la vallée de la Meuse en 53. Il traverse même la Manche pour soumettre les riverains de la Tamise en 54.	
55 av. J.-C.		
52 av. J.-C.	**Insurrection générale des peuples gaulois, qui forment une coalition**	Un an après la mort de Crassus, Pompée devient consul unique et

MONDE	ARTS ET SCIENCES	DATE
		73 av. J.-C.
Après avoir vaincu Mithridate et créé la province romaine de Syrie, Pompée prend Jérusalem et occupe la Judée.	*Les Catilinaires* de Cicéron. Ces quatre discours prononcés pour condamner la conjuration de Catilina sont considérés comme des sommets de l'art oratoire.	63 av. J.-C.
		60 av. J.-C.
		58 av. J.-C.
	Mort du poète latin Lucrèce, auteur de *De natura rerum* (De la nature des choses), dans lequel il expose les théories d'Epicure.	55 av. J.-C.
		52 av. J.-C.

DATE	FRANCE	EUROPE
	dirigée par le chef arverne Vercingétorix. Après avoir échoué devant Gergovie en juin, César prend l'oppidum d'Alésia en septembre. Vercingétorix sera conduit en détention à Rome et exécuté en 46.	cherche à supplanter la puissance de César.
51 av. J.-C.		
50 av. J.-C.	Une fois les derniers foyers de résistance réduits, en particulier dans la vallée du Lot, la Gaule est définitivement pacifiée. C'est le début de la période gallo-romaine, qui ne concernait jusqu'alors que la province de Narbonnaise ; elle va durer plus de cinq siècles.	
49 av. J.-C.		*Alea jacta est!* (Le sort en est jeté !). **César franchit le Rubicon et marche sur Rome à la tête de ses légions. L'année suivante, il écrase Pompée à Pharsale et devient le seul maître de la République et du monde méditerranéen.**
47 av. J.-C.		

Monde	Arts et Sciences	Date
	Les *Commentarii de bello Gallico* (Commentaires sur la Guerre des Gaules) de Jules César constituent une source précieuse pour l'histoire de la Gaule pré-romaine et de la conquête.	51 av. J.-C.
		50 av. J.-C.
		49 av. J.-C.
César débarque en Egypte et remet sur le trône la reine Cléopâtre VII, dont il devient l'amant.	Au cours du siège d'Alexandrie soutenu par César, un incendie ravage la bibliothèque, détruisant une partie du patrimoine intellectuel de l'Antiquité.	47 av. J.-C.

Date	France	Europe
46 av. J.-C.		
44 av. J.-C.		**Jules César est assassiné par Cassius et Brutus alors qu'il s'apprêtait à instituer un régime monarchique.**
43 av. J.-C.	Une colonie romaine est fondée à Lugdunum (Lyon), qui va devenir la capitale des Gaules.	Formation du second triumvirat : Antoine, principal lieutenant de César ; Octave, dit Octavien, petit-neveu et fils adoptif de César ; et Aemilius Lepidus. Mais les rivalités l'emportent vite, et une nouvelle guerre civile se déclenche.
37 av. J.-C.		
31 av. J.-C.		La guerre civile s'achève par la bataille navale d'Actium, au cours de laquelle Octavien l'emporte sur Antoine et Cléopâtre.
30 av. J.-C.	Fondation d'une colonie romaine à Forum Julii (Fréjus).	
29 av. J.-C.		

Monde	Arts et Sciences	Date
	Jules César réforme le calendrier : il donne son nom au mois de juillet, fixe l'année commune à 365 jours et introduit les années bissextiles. Le calendrier julien sera en vigueur jusqu'en 1582.	46 av. J.-C.
		44 av. J.-C.
		43 av. J.-C.
Soutenu par Rome, Hérode Ier le Grand s'empare de Jérusalem et devient roi des Juifs. Il fera reconstruire le temple de Salomon : les vestiges de ce second édifice forment l'actuel Mur des lamentations.		37 av. J.-C.
		31 av. J.-C.
Après le suicide de Cléopâtre, l'Egypte devient une province romaine.		30 av. J.-C.
	Après avoir consacré dix ans aux *Georgiques*, Virgile – sans doute le plus grand poète latin – se lance dans une épopée homé-	29 av. J.-C.

DATE	FRANCE	EUROPE
27 av. J.-C.	Auguste donne à la Gaule son découpage à peu près définitif. A la Narbonnaise s'ajoutent l'Aquitaine, qui remonte jusqu'à la Loire, la Lyonnaise, qui s'étend jusqu'à la Bretagne, et la Belgique, avec Reims pour capitale.	**Octavien devient *imperator* sous le nom d'Auguste. C'est la fin de la République romaine et le début de l'Empire, qui durera jusqu'en 476 ap. J.-C.**
v. 20 av. J.-C.		
16 av. J.-C.	Colonies romaines à Avignon, Carpentras et Toulouse. A Nîmes, début du chantier de la Maison carrée, bientôt suivi de la construction des Arènes.	
8 av. J.-C.		
2 av. J.-C.		
v. 1 av. J.-C.		

MONDE	ARTS ET SCIENCES	DATE
	rique sur les origines de Rome, *l'Enéide.*	
	Tite-Live commence à rédiger sa monumentale *Histoire de Rome.*	27 av. J.-C.
Le Romain Cornelius Balbus Minor mène campagne sur les confins du Sahara et conquiert les oasis du Fezzan, au sud-ouest de l'actuelle Libye.		v. 20 av. J.-C.
		16 av. J.-C.
	Mort du poète latin Horace, qui dans ses *Odes,* a résumé en deux mots la philosophie épicurienne : *Carpe diem* (Cueille le jour).	8 av. J.-C.
	Ovide publie *l'Art d'aimer,* ouvrage grivois qui fera scandale, et entame la rédaction des *Métamorphoses.*	2 av. J.-C.
Des recensements quasi contemporains permettent d'estimer le nombre de citoyens romains répartis dans tout l'Empire à plus de 4 millions et la population chinoise à plus de 57 millions.		v. 1 av. J.-C.

Date	France	Europe
1		
v. 7		
8		A Rome, la préfecture de l'annone est créée dans le but de distribuer gratuitement des céréales à 200 000 assistés. Aux yeux des historiens classiques, « le pain et les jeux » symbolisent l'amorce de la décadence.
14		**Auguste (Caius Julius Caesar Octavianus Augustus), le premier empereur romain, meurt à l'âge de 76 ans. Son beau-fils Tibère prend sa place : le principe de succession par filiation devient ainsi la norme, mais il ne sera pas toujours respecté.**

Monde	Arts et Sciences	Date
Le 1er janvier de l'an 1 marque le début de l'ère chrétienne. Il s'agit d'une simple convention, car la date de naissance de Jésus-Christ a toujours été l'objet de vives controverses : les différents auteurs la situent entre 8 av. J.-C. et 5 ap. J.-C. Depuis le Moyen Age, notre calendrier se fonde sur les calculs du moine scythe, Denys le Petit, qui proposa le 25 décembre de l'an de Rome 753. Pour plus de commodité, les chronologistes ont adopté la date du 1er janvier de l'an de Rome 754. Il faut noter l'absence d'année 0 : on passe directement du vendredi 31 décembre de l'an 1 av. J.-C. au samedi 1er janvier de l'an 1 ap. J.-C.		1
	Le Grec Strabon achève sa *Géographie*, formidable description du monde connu dans l'Antiquité.	v. 7
		8
		14

Date	France	Europe
v. 20		
21	La révolte de l'aristocratie gauloise menée par l'Eduen Sacrovir est réprimée par les légions romaines.	
v. 25	Construction de l'arc de triomphe d'Orange, monument à trois passages à peu près contemporain du théâtre antique.	
26		
v. 27		
30		
v. 35		

MONDE	ARTS ET SCIENCES	DATE
Utilisant le renversement des vents de mousson, le navigateur grec Hippalos effectue un aller et retour entre la mer Rouge et l'Indus.		v. 20
		21
		v. 25
Ponce-Pilate (Pontius Pilatus) est nommé procurateur de Judée.		26
Prédication de Jean-Baptiste, chef d'une secte juive. C'est lui qui baptise le Christ sur les bords du Jourdain. Il sera décapité l'année suivante.		v. 27
Crucifixion de Jésus le vendredi 7 avril sur le mont du Golgotha, à la suite d'une entente entre le tétrarque de Galilée (ou roi des juifs) Hérode Antipas et le procurateur romain Ponce-Pilate. Ce supplice va donner au fondateur d'une secte juive parmi tant d'autres une dimension nouvelle : le Fils de Dieu, mort sur la Croix pour l'amour des hommes, ressuscité le dimanche 9 avril, engendre par son sacrifice une religion à vocation universelle.		30
Paul, Juif de la diaspora et de langue grecque, se convertit à l'enseignement de Jésus sur le chemin		v. 35

DATE	**FRANCE**	**EUROPE**
37		Caligula succède à Tibère. Souffrant d'une maladie mentale, il multipliera les erreurs et sera assassiné après quatre ans de règne.
41		Soutenu par l'armée, Claude devient empereur après l'assassinat de Caligula. L'Histoire a retenu le nom de ses redoutables épouses : Messaline, puis Agrippine, qui l'empoisonna en 54.
43		**Sous le règne de Claude, la Grande-Bretagne est rapidement conquise et intégrée à l'Empire.**
44		
47	Début du creusement du canal reliant la Meuse au Rhin.	A Rome, obligation est faite au maître de soigner l'esclave malade.
50		Fondation de Cologne, sur le Rhin.
v. 50		

MONDE	ARTS ET SCIENCES	DATE
de Damas. Par son apport théologique et ses voyages apostoliques en Asie Mineure, en Macédoine et en Grèce, il sera le « second fondateur » du christianisme.		
		37
		41
		43
La Maurétanie est divisée en deux provinces romaines : Maurétanie césarienne (régions d'Alger et d'Oran) et Maurétanie tingitane (Maroc).		44
		47
		50
	Le mathématicien Héron d'Alexandrie invente divers automates mus par le vent, l'eau ou la vapeur, ainsi qu'un appareil d'enregistrement automatique des distances parcourues en voiture.	v. 50

Date	**France**	**Europe**
64		Hanté par le remords d'avoir fait assassiner sa mère Agrippine, Néron est sans doute l'instigateur du grand incendie de Rome. Il en accuse les chrétiens, qui subissent les premières persécutions.
64 ou 67		Martyre des apôtres Pierre et Paul à Rome.
65		
v. 65		
66		
67		Après avoir donné un récital de chant aux jeux Olympiques, Néron inaugure le percement de l'isthme de Corinthe. Le canal de 6 kilomètres de long, destiné à éviter aux navires le détour du Péloponnèse, ne sera achevé qu'en 1893.

Monde	Arts et Sciences	Date
		64
		64 ou 67
	Après l'échec d'une conspiration contre Néron, dont il a été le précepteur, Sénèque se suicide. Il laisse derrière lui l'une des œuvres fondamentales de la philosophie stoïcienne (*Lettres à Lucilius*).	65
Selon la légende, un « Homme d'or » apparu en rêve à l'empereur Mingdi, de la dynastie des Hans postérieurs, serait à l'origine de l'introduction du bouddhisme en Chine. Les historiens, plus réalistes, font mention d'une transmission orale de textes bouddhiques dès le début du Ier siècle.		v. 65
Les Juifs se révoltent contre la domination romaine.	Comme Sénèque, et pour des raisons semblables, l'épicurien Pétrone, auteur du *Satyricon*, est contraint de se suicider.	66
		67

DATE	FRANCE	EUROPE
68	La rébellion contre Néron dirigée par l'Aquitain Vindex marque le dernier soubresaut de la résistance gauloise – qui, depuis la conquête par Jules César, n'a jamais représenté le moindre danger pour Rome.	Le suicide de Néron ouvre une brève période d'instabilité.
69	La domination romaine, déjà manifeste dans le domaine politique, architectural ou linguistique, est parachevée par l'extirpation du druidisme. La Triade celtique est assimilée à la Triade capitoline, formée de Jupiter, Junon et Minerve.	Avènement de l'empereur Vespasien. Avec lui, la dynastie des Flaviens succède à celle des Julio-Claudiens.
70	Institution de la *Pax romana* – la paix romaine – qui va offrir à la Gaule deux siècles d'essor économique et d'épanouissement culturel.	
70-80		
v. 70		
73		

Monde	Arts et Sciences	Date
		68
		69
Le futur empereur Titus s'empare de Jérusalem et rase le Temple de Salomon rebâti par Hérode.		70
Rédaction de l'Evangile selon saint Marc.		v. 70-80
Rédaction des deux autres Evangiles synoptiques par saint Matthieu et saint Luc.	Apogée de la céramique de La Graufesenque (Aveyron), dont les techniques ont été importées d'Italie.	v. 70
Assiégés par les légions romaines dans la forteresse de Massada, les derniers résistants juifs choisissent le suicide collectif plutôt que la reddition. Le général chinois Ban Chao repousse les Huns et reprend les oasis d'Asie centrale. Grâce au		73

DATE	FRANCE	EUROPE
v. 78		
79		Le 24 août, une éruption du Vésuve ensevelit Pompéi sous une pluie de cendres et de lapilli, étouffant de très nombreux habitants. La ville voisine d'Herculanum est noyée par des torrents de boue. Cette catastrophe a eu pour effet de préserver un des témoignages les plus saisissants de la vie quotidienne sous l'Antiquité.
v. 80		
v. 80-90	Construction de l'amphithéâtre d'Arles : les célèbres Arènes.	
82		

Monde	Arts et Sciences	Date
contrôle de la route de la soie, il va établir des relations commerciales avec l'Inde et l'Empire romain.		
Avènement de Kanishka, de la dynastie des Kushana, à la tête d'un empire qui s'étend sur l'Inde du Nord, le Pakistan, l'est de l'Afghanistan et une partie de l'Asie centrale. Ce protecteur du bouddhisme va annexer le Cachemire et échanger des ambassadeurs avec Rome.		v. 78
		79
	Premiers portraits du Fayoum, en Egypte. Ces peintures exécutées à l'encaustique ou à la détrempe sur des plaquettes de bois étaient fixées sur le visage des momies. Découvertes en 1820 par Champollion, elles émerveilleront la postérité par leur réalisme et l'intensité des regards.	v. 80
		v. 80-90
	A Rome, achèvement du Colisée. Cette ellipse de 524 m de tour,	82

DATE	FRANCE	EUROPE
83		Agricola défait les Calédoniens et étend la souveraineté romaine jusqu'à l'estuaire de la Clyde, au sud de l'Ecosse actuelle.
84		L'empereur Domitien engage la construction d'un *limes* entre Rhin et Danube pour protéger l'Empire romain des incursions germaniques. Ce système de défense assez souple atteindra près de 550 kilomètres de long.
v. 90		Les jeux athlétiques grecs sont introduits à Rome dans le but de remplacer les combats de gladiateurs. Mais la tentative échouera, le public n'étant guère séduit par « cette dégénérescence étrangère, infectée de nudisme ».
v. 90-100		
96		Assassinat de l'empereur Domitien. Nerva lui succède et fonde la dynastie des Antonins.
v. 97		Rome possède 640 fontaines, dont 39 monumentales. L'alimentation de la ville en eau n'a rien à envier à celle d'aujourd'hui.

Monde	Arts et Sciences	Date
	pouvant accueillir 100 000 spectateurs, accueillera des combats de gladiateurs, des naumachies et des supplices de chrétiens.	
		83
		84
		v. 90
Rédaction de l'Evangile selon saint Jean.		v. 90-100
		96
		v. 97

DATE	FRANCE	EUROPE
100		
v. 100		
105		
107		L'empereur Trajan conquiert la Dacie (actuelle Roumanie).
113		
115-117		
116		
v. 119		

Monde	Arts et Sciences	Date
	Premières *Satires* du Romain Juvénal, qui ridiculise ses contemporains et fustige la décadence des mœurs au nom de l'idéal républicain.	100
	Les Chinois mettent au point un procédé de fabrication du papier à base de fibres végétales, qu'ils garderont secret pendant plus de six siècles.	v. 100
	L'empereur Trajan fait édifier en Espagne le pont d'Alcantara, qui mesure plus de 120 mètres de long et surplombe les eaux du Tage d'une hauteur de 40 mètres.	105
		107
	A Rome, sur le forum de Trajan, érection de la colonne trajane pour commémorer les victoires contre les Daces.	113
	Tacite relate dans ses *Annales* l'histoire de l'Empire romain de la mort d'Auguste à la mort de Néron.	115-117
Après avoir conquis l'Arménie, l'Assyrie et la Mésopotamie sur les Parthes, Trajan atteint le golfe Persique. L'Empire romain s'étend désormais du désert d'Arabie jusqu'en Ecosse.		116
	Suétone, ancien secrétaire d'Hadrien, publie *la Vie des douze Césars.*	v. 119

DATE	FRANCE	EUROPE
122		Hadrien, successeur de Trajan, privilégie une politique de consolidation des frontières. En Grande-Bretagne, il fait édifier le mur qui porte son nom, à la latitude de l'actuelle Newcastle. Cet ensemble de fossés et de fortifications a pour but d'empêcher les incursions des Pictes et des Calédoniens.
125		
127		
v. 129		
v. 130		
132		

MONDE	ARTS ET SCIENCES	DATE
	Bouleversé par la mort d'Antinoos, son favori qui s'est noyé dans le Nil, Hadrien le range parmi les dieux et décide de lui consacrer la ville nouvelle d'Antinooupolis, en Egypte. Le culte du gracieux adolescent se répandra dans le monde grec, et ses effigies inspireront à la sculpture antique un nouveau type idéal.	122
	Mort du Grec Plutarque. Ses *Vies parallèles*, dans lesquelles il compare des hommes célèbres grecs et romains, exerceront une influence majeure jusqu'à Montaigne et au-delà.	125
	A Rome, reconstruction du Panthéon détruit par un incendie.	127
	Naissance à Pergame de Claude Galien, le futur médecin de la cour impériale à Rome. Bien que totalement fantaisistes en dehors du domaine de l'anatomie, ses traités feront autorité jusqu'au XVIIe siècle.	v. 129
Enrichis grâce à la culture de l'olivier, les colons romains d'Afrique du Nord construisent de somptueuses villas et de nombreux monuments.	**Mort d'Epictète, esclave affranchi et philosophe stoïcien. Son disciple Flavius Arrien retranscrira son enseignement dans les *Entretiens* et le *Manuel d'Epictète.***	v. 130
	Construction à Rome, sur la rive droite du Tibre, d'un énorme mausolée impérial en forme de tour : l'actuel château Saint-Ange.	132

DATE	FRANCE	EUROPE
132-135		
v. 140		L'empereur Antonin le Pieux fait doubler le mur d'Hadrien à la latitude des villes actuelles d'Edimbourg et de Glasgow : mur d'Antonin.
141		
v. 150		Apparemment, la *Pax romana* (« paix romaine ») règne sur le monde connu. Mais on relève déjà les signes avant-coureurs des grandes invasions qui vont dominer toute l'histoire du Bas-Empire : installés jusqu'alors sur les bords de la Vistule, les Goths migrent vers le Sud et vers la mer Noire, poussant devant eux de nombreux peuples qui vont se heurter aux frontières de l'Empire. Dès la mort d'Antonin, en 161, les Germains menacent la vallée du Rhin.
v. 160	L'empereur Antonin embellit Nîmes, d'où sa famille est originaire, et reconstruit Narbonne, ravagée par un incendie. A Lyon, il édifie un temple dédié à Cybèle : le culte de cette déesse phrygienne gagne de nombreux adeptes. La Gaule commence à subir les	

Monde	Arts et Sciences	Date
Nouveau soulèvement des Juifs, dirigés par Simon Bar-Kokheba (« le fils de l'étoile »). En représailles, Hadrien fait raser Jérusalem et édifie une nouvelle ville interdite aux Juifs.		132-135
		v. 140
	A la mort de l'impératrice Faustine, épouse d'Hadrien, le sénat lui consacre un temple sur le Forum romain.	141
		v. 150
Début de l'hérésie phrygienne. Montanus, ancien prêtre de Cybèle fraîchement converti au christianisme, annonce la fin du monde, l'imminence de la parousie (le retour du Christ), et prêche un ascétisme rigoureux. Sa doctrine survivra jusqu'au IXe siècle.		v. 160

DATE	FRANCE	EUROPE
	attaques des peuples germaniques sur sa frontière orientale, tandis que des pirates apparaissent sur son littoral.	
161		**Avènement de Marc-Aurèle.** Né dans une grande famille espagnole, cet empereur épris de paix devra consacrer son règne à refouler au-delà des frontières ceux que Rome appelle les Barbares : Parthes, Germains, Marcomans, Iazyges sarmates, Suèves, Lombards. Ses *Pensées* ou *Réflexions adressées à soi-même* le placent au premier rang des philosophes stoïciens, avec Sénèque et Epictète.
165		Martyre de sainte Félicité qui, selon la légende, aurait vu ses sept fils la précéder dans la mort.
166		Originaire de Chine, la peste est apportée à Rome par les soldats de l'armée d'Orient. Elle va exercer ses ravages dans tout l'Occident et faciliter les assauts des Barbares.
v. 170		
v. 173		

MONDE	ARTS ET SCIENCES	DATE
		161
		165
		166
	Mort du mathématicien, astronome et géographe grec Claude Ptolémée. Son œuvre sera rééditée au début de la Renaissance.	v. 170
	Réalisation d'une statue équestre de Marc-Aurèle en bronze doré, destinée à orner un arc de triomphe, et promise à devenir une référence pour d'innombrables générations de sculpteurs. Michel-	v. 173

DATE	FRANCE	EUROPE
177	Martyre des premiers chrétiens lyonnais. L'évêque Pothin, un nonagénaire peut-être originaire d'Asie, meurt en prison. L'esclave Blandine est livrée aux bêtes sauvages, exposée sur un gril, puis abandonnée dans un filet à un taureau. 48 autres fidèles les accompagnent dans la mort. Dès l'année suivante, Pothin est remplacé par l'évêque Irénée, futur Père de l'Eglise.	
180		En campagne sur le Danube, Marc-Aurèle meurt de la peste à Vindobona (Vienne). Son fils Commode lui succède à la tête de l'Empire.
184		
v. 190	Une route romaine franchit les Alpes par le col du Simplon et redescend jusqu'à la vallée du Rhône.	
192		

MONDE	ARTS ET SCIENCES	DATE
	Ange l'a mise en évidence sur la place du Capitole.	
		177
		180
En Chine, révolte des Turbans jaunes. Ces foules de paysans soulevés par les prophéties d'un maître taoïste seront vite dispersées, mais leur rébellion est un des symptômes du déclin de la dynastie des Han.		184
		v. 190
Dans la région de Huê, au Vietnam, les Chams fondent le royaume hindouisé du Champa, qui perdurera jusqu'au XVIIe siècle.		192

DATE	FRANCE	EUROPE
193		**Assassinat de Commode. Septime Sévère s'empare du pouvoir et fonde la dynastie des Sévères. Cette date marque traditionnellement le passage du Haut-Empire au Bas-Empire.** Cependant, certains historiens préfèrent prendre comme limite la mort d'Alexandre Sévère, le dernier empereur de cette dynastie, en 235, ou encore l'avènement de Dioclétien en 284.
197	Lyon est mise à sac durant les combats qui opposent l'empereur Septime Sévère à son rival Albinus.	
v. 200		
203		
v. 210		

MONDE	ARTS ET SCIENCES	DATE
		193
		197
	Premier témoignage d'art chrétien dans une maison qui servait de lieu de culte à Doura-Europos, sur l'Euphrate. Les fresques du baptistère représentent des scènes de l'Ancien et du Nouveau Testament. Septime-Sévère dote sa ville natale, Leptis Magna (près de l'actuelle Tripoli, en Libye), d'un forum impérial et de somptueux monuments.	v. 200
	Erection de l'arc de Septime-Sévère, l'un des monuments les mieux conservés de la Rome antique.	203
	Premier art chrétien des Catacombes, nécropoles creusées dans les couches de roche tendre du sous-sol romain. Les galeries desservent des chambres mortuaires	v. 210

DATE	FRANCE	EUROPE
212		
216		
217		

Monde	Arts et Sciences	Date
	ornées de décors géométriques et végétaux, ainsi que de scènes bibliques.	
L'empereur Caracalla promulgue la Constitution antonine, qui accorde la citoyenneté romaine à tous les habitants de l'Empire. Une décision inévitable puisque ses prédécesseurs étaient des « provinciaux » originaires d'Espagne, d'Afrique du Nord ou d'ailleurs.		212
Naissance de Mani ou Manès, le fondateur du manichéisme. Il prêchera dans l'empire perse et jusqu'en Inde une religion universelle de salut fondée sur le dualisme Bien/Mal et sur un conflit cosmique entre la lumière et les ténèbres. Ces croyances concurrenceront longtemps le christianisme et se répandront dans une bonne partie du monde : en Egypte, en Afrique du Nord et en Italie (IIIe-VIe siècles), puis au Tibet, au Turkestan et en Chine (VIIe-XIIIe siècles). Elles ressurgiront même au Moyen Age chez les bogomiles de Bulgarie et chez les cathares d'Occitanie.		216
	Les thermes de Caracalla sont les plus remarquables des établissements de bains romains. Compris dans un vaste carré de 350 mètres de côté, ils comportent deux palestres pour les exercices physiques et 1 600 baignoires réparties	217

DATE	FRANCE	EUROPE
218		Elagabal est proclamé empereur à l'âge de quatorze ans. Cet adolescent légèrement déséquilibré s'efforcera d'imposer à tout l'Empire le culte oriental du dieu Baal, avant d'être assassiné quatre ans plus tard.
220		
v. 226		
228		
230		

MONDE	ARTS ET SCIENCES	DATE
	entre le caldarium (bain chaud), le tepidarium (température moyenne) et le frigidarium (piscine froide).	
		218
Trois généraux donnent le coup de grâce à la dynastie des Han, qui régnait sur la Chine depuis plus de quatre siècles, et se partagent l'Empire. C'est le début de la période des Trois Royaumes, caractérisée par d'incessantes guerres civiles.		220
Après avoir éliminé le souverain parthe Artaban, Ardacher Ier se proclame « roi des rois » et fonde la dynastie sassanide, qui règnera sur la Perse jusqu'en 651.		v. 226
Naissance de Paul de Thèbes, le premier ermite chrétien. En se retirant dans une caverne du désert d'Egypte, ce personnage à moitié légendaire donnera naissance à une longue lignée de mystiques recherchant dans la solitude le dialogue direct avec Dieu.		228
	Le plus grand amphithéâtre d'Afrique est édifié à Thysdrus (Tunisie), une ville enrichie par ses oliveraies. Il peut accueillir 30 000 spectateurs.	230

DATE	FRANCE	EUROPE
233		Les Alamans envahissent les régions alpines.
235		**L'assassinat de Sévère Alexandre marque le début d'une époque très sombre pour l'Empire romain, qui va se prolonger jusqu'en 284. A l'extérieur, il encaisse les coups que lui portent les peuples du Nord de l'Europe et plus encore les Perses sassanides. A l'intérieur, les guerres civiles débouchent sur l'anarchie : plusieurs généraux se partagent le pouvoir et revendiquent simultanément la pourpre impériale.**
247		Rome célèbre le millième anniversaire de sa fondation alors que les frontières sont constamment violées et que des bandits de grands chemins font régner l'insécurité dans de nombreuses provinces.
250		
v. 250	L'Eglise de Rome envoie des évêques évangéliser sept villes de Gaule : Arles, Clermont, Limoges, Narbonne, Paris, Toulouse et Tours. Saint Sernin (ou Saturnin), le premier évêque de Toulouse, y subit le martyre.	

Monde	Arts et Sciences	Date
		233
		235
	Originaire d'Alexandrie, le philosophe grec Plotin fonde une école à Rome, où il pratique le dialogue socratique. Sous le nom de néoplatonisme, son enseignement exercera une très grande influence dans l'Occident médiéval.	247
L'empereur Decius déclenche la première persécution systématique des chrétiens. Il oblige ces derniers à prouver leur dévouement aux dieux officiels devant la Commission des sacrifices.		250
Les grandes civilisations précolombiennes entrent dans leur époque classique : Mayas, Zapotèques dans la vallée d'Oaxaca, culture de Teotihuacan au nord de Mexico. Des cavaliers originaires de Corée conquièrent le sud du Japon et		v. 250

Date	France	Europe
253	Attirés par les richesses de la Gaule, Francs, Alamans et Goths franchissent le Rhin et exercent leurs méfaits jusque dans la vallée de la Seine. Au cours des années suivantes, ils traverseront le pays pour aller piller l'Espagne.	
257		
258	Rome s'avérant incapable de repousser les Germains, le général gaulois Postumus est acclamé empereur des Gaules. Les territoires qu'il contrôle s'étendent du nord de l'Espagne jusqu'à la Grande-Bretagne.	
266		
268		Les Goths atteignent la Grèce et pillent des villes comme Athènes, Corinthe et Sparte.
v. 270		

MONDE	**ARTS ET SCIENCES**	**DATE**
soumettent les paysans Yayoi, venus de Chine un demi-millénaire auparavant.		
		253
L'édit de Valérien interdit aux chrétiens de se réunir sur les tombes de leurs morts.		257
		258
Tandis qu'en Occident l'empire des Gaules s'émancipe de la tutelle romaine, Zénobie, reine de Palmyre, prend le contrôle de la Syrie et d'une grande partie de l'Asie Mineure.		266
		268
Agé d'une vingtaine d'années, saint Antoine distribue sa fortune et se retire dans le désert de Thébaïde, où il devra lutter contre les		v. 270

DATE	FRANCE	EUROPE
271		Pour se protéger des envahisseurs, Rome s'entoure du mur d'Aurélien, long de 16 km et renforcé par 350 tours.
272		
v. 273		
274	Grâce à sa victoire de Châlons-sur-Marne, l'empereur Aurélien met fin à l'éphémère empire des Gaules.	
v. 275	Des bandes de paysans ruinés par les invasions, de déserteurs et d'esclaves en fuite commencent à ravager la Gaule. Malgré une politique de répression vigoureuse, les Bagaudes constitueront une menace endémique au cours des siècles suivants.	
276	Nouvelles incursions de guerriers germaniques, qui atteignent l'Aquitaine.	

MONDE	ARTS ET SCIENCES	DATE
fameuses « Tentations ». Il fondera de part et d'autre du Nil les deux premiers monastères de l'histoire du christianisme (Pispir et Arsinoé).		
		271
Craignant que Zénobie ne s'allie avec les Perses, l'empereur Aurélien lance une offensive victorieuse contre Palmyre et ramène la reine prisonnière à Rome.		272
En Perse, avènement de l'empereur sassanide Bahram Ier, qui lance des persécutions religieuses tous azimuts : il fait exécuter Mani et pourchasse chrétiens et bouddhistes.		v. 273
		274
		v. 275
		276

Date	France	Europe
284		**Avènement de Dioclétien, qui réorganise l'armée et restaure l'autorité de Rome sur son Empire.** Sur le plan intérieur, il établit le système de la tétrarchie afin d'éviter les querelles de succession : le souverain s'associe un autre empereur, portant comme lui le titre d'« Auguste », et chacun d'entre eux choisit un héritier qui prend le nom de « César ».
296		
297		La réforme fiscale de Dioclétien prévoit (déjà !) une déclaration de revenus.
298		
v. 300		
Début du IVᵉ siècle	Apparition du nom *Francia.* Il signifie alors le pays des Francs, c'est-à-dire d'un des peuples ger-	

Monde	Arts et Sciences	Date
		284
Les légions romaines reprennent l'offensive sur tous les fronts : reconquête de la *Britannia* (Angleterre), pacification des régions danubiennes et de l'Afrique du Nord. Dès l'année suivante, Galère vainc les Perses et établit un protectorat sur l'Arménie.		296
		297
	A Rome, construction des thermes de Dioclétien, prévus pour recevoir 3 000 baigneurs.	298
Des populations venues du Nord s'installent au Zimbabwe et y introduisent la métallurgie du fer. Elles créeront au siècle suivant une civilisation brillante, dont il subsiste des vestiges archéologiques.	En Egypte, l'essor de l'art copte va de pair avec les progrès du christianisme.	v. 300
		Début du IVe siècle

Date	France	Europe
	maniques installés entre la mer du Nord et la vallée du Rhin.	
304		A Rome, martyre de saint Sébastien. Cet officier chrétien percé de flèches, puis flagellé jusqu'à la mort, inspirera les plus grands peintres occidentaux.
305		A bout de forces, Dioclétien renonce au pouvoir impérial. Il estime avoir accompli sa mission en rétablissant la situation militaire et économique et en généralisant les persécutions antichrétiennes.
306		Avènement de l'empereur Constantin Ier le Grand, qui mettra plusieurs années à régler la crise ouverte par l'abdication de Dioclétien.
312		**Conversion au christianisme de Constantin.** Selon la légende, une croix surmontée des mots : « Tu vaincras par ce signe » lui serait apparue alors qu'il s'apprêtait à défaire l'armée de son rival Maxence à la bataille du pont Milvius, sur les rives du Tibre. Beaucoup d'historiens estiment au contraire qu'il fit d'abord preuve d'opportunisme, et qu'il n'embrassa la foi nouvelle qu'à la fin de son règne, voire sur son lit de mort. Quoi qu'il en soit, dès 313, il s'engage par l'édit de Milan dans une politique de tolérance.

Monde	Arts et Sciences	Date
		304
		305
		306
	Constantin décide de construire une cathédrale pour l'évêque de Rome : la basilique Saint-Jean-de-Latran, consacrée six ans plus tard, sera « la mère et la tête de toutes les églises de la Ville et du Monde ».	312

DATE	FRANCE	EUROPE
315		
316		
320		
v. 320		
324		
325		
330		Inauguration de la nouvelle capitale de Constantin, édifiée sur

Monde	**Arts et Sciences**	**Date**
	A Rome, érection de l'arc de Constantin.	315
Après la période des Trois Royaumes, la Chine de plus en plus morcelée entre dans celle des Six Dynasties, qui se prolongera jusqu'à la réunification du pays, à la fin du VIe siècle.		316
Chandragupta Ier fonde la dynastie des Gupta, qui va régner sur l'Inde du Nord jusqu'en 470.		320
La doctrine d'Arius, prêtre chrétien d'Alexandrie qui nie la divinité du Christ, se répand dans le monde romain. L'arianisme menacera l'orthodoxie jusqu'en 381 et subsistera jusqu'au VIIe siècle.		v. 320
	Dans le cadre de sa politique de christianisation de la ville impériale, Constantin engage les travaux de la première basilique Saint-Pierre de Rome, au-dessus de la tombe de l'apôtre Pierre.	324
Premier concile œcuménique à Nicée, en Bithynie (actuelle Turquie). Les 300 évêques (dont 5 seulement étaient occidentaux) réunis à l'initiative de l'empereur Constantin fixent la date de Pâques, définissent le *Credo* et condamnent l'hérésie arienne.		325
		330

DATE	FRANCE	EUROPE
		l'emplacement de la Byzance grecque : Roma Nova ou Constantinople.
v. 333	Baptême de saint Martin, âgé d'environ dix-huit ans, à Amiens. C'est vers cette époque que le jeune soldat aurait partagé son manteau avec un pauvre.	
337		**Mort de Constantin. Il laisse derrière lui une œuvre immense dont les deux aspects les plus durables sont la victoire définitive du christianisme et le droit reconnu à l'Eglise d'exercer un pouvoir temporel.**
v. 338		
v. 340		
343		L'évêque de Rome, logé au palais du Latran, devient le premier parmi ses pairs. Mais l'appellation de « pape » ne lui sera réservée qu'à partir du IXe siècle.
v. 350		

Monde	Arts et Sciences	Date
		v. 333
		337
Réalisation du plus ancien Bouddha de bronze chinois. Désormais toléré, le bouddhisme s'implante rapidement et entre en concurrence avec le taoïsme et le confucianisme.		v. 338
Le royaume d'Aksoum (Ethiopie), évangélisé par saint Frumence, conquiert Méroé (actuel Soudan).		v. 340
		343
En Mongolie, les Avars (ou Ruan-Ruan) rassemblent une puissante confédération nomade autour de leur kagan. Ils vont participer aux grandes invasions avec les Huns.		v. 350
Repoussés par les Gupta, des		

Date	France	Europe
354		Noël, célébré à Rome depuis le début du IVe siècle, se substitue à la fête païenne du solstice d'hiver.
360	A Lutèce, Julien l'Apostat est proclamé empereur d'Occident par ses soldats qui refusaient d'être envoyés sur le front d'Orient.	
361		L'empereur Julien l'Apostat abjure sa foi chrétienne (d'où son surnom) et s'efforce de restaurer la religion romaine traditionnelle. Vaine tentative : il mourra sur le front oriental en 363 sans avoir pu mener à bien son entreprise. La légende veut qu'avant d'expirer, il ait prononcé ces mots à l'adresse du Christ : « Tu as vaincu, Galiléen. »
364	Comme son prédécesseur Julien l'Apostat, Valentinien s'installe à Lutèce afin de pouvoir diriger le combat contre les envahisseurs germaniques.	
v. 370		Les Huns franchissent le Don, repoussant les Wisigoths vers l'ouest. Les grandes invasions qui résultent de ces mouvements de populations vont ravager l'Occident jusqu'à la fin du VIe siècle.

MONDE	ARTS ET SCIENCES	DATE
princes d'Inde du Sud s'installent dans l'archipel indonésien, qui va connaître un processus d'indianisation.		
		354
		360
		361
		364
		v. 370

DATE	FRANCE	EUROPE
371	Après avoir fondé les monastères de Ligugé et de Marmoutier, saint Martin est élu évêque de Tours. Il sera le grand artisan de l'évangélisation de la Gaule occidentale.	
387		
388		
390		Après le massacre de 7 000 révoltés en Thessalonique, saint Ambroise, évêque de Milan, réussit à imposer une pénitence publique à l'empereur Théodose Ier – établissant ainsi la suprématie de l'Eglise sur le pouvoir temporel.
391		Théodose proscrit la religion romaine traditionnelle et fait détruire de nombreux temples.
394		**En Grèce, les jeux Olympiques sont interdits par Théodose qui les considère comme un symbole du**

Monde	Arts et Sciences	Date
		371
	Saint Augustin est baptisé par saint Ambroise, évêque de Milan. Il regagne l'année suivante son Afrique natale, où il va devenir évêque d'Hippone (396-430) et décrire son long cheminement spirituel dans l'une des œuvres maîtresses de la littérature universelle, les *Confessions*.	387
	A Rome, l'empereur Théodose Ier fait édifier la basilique de Saint-Paul-hors-les-Murs pour abriter le tombeau de Paul.	388
		390
Né en Dalmatie, formé à Rome et en Orient, installé à Bethléem, saint Jérôme entreprend une traduction de la Bible en latin : la Vulgate deviendra le texte de référence de l'Eglise romaine.		391
	Installation de l'obélisque du temple de Louqsor dans l'hippodrome de Constantinople. Il est le	394

Date	**France**	**Europe**
		paganisme. Fondés en 776 av. J.-C., ils vont connaître une parenthèse de quinze siècles, jusqu'à leur résurrection en 1896.
395		
399		
v. 400	En Gaule, l'affaiblissement du pouvoir central entraîne l'abandon progressif des réseaux de distribution d'eau (aqueducs, fontaines, thermes).	La Grande-Bretagne romaine est envahie au nord par les Pictes, à l'ouest par les Gaëls, sur les côtes orientales par les Angles et les Saxons.
402		La cour d'Honorius quitte définitivement Rome pour s'installer à Ravenne, qui devient la capitale de l'Empire romain d'Occident.
406-415	**« Ruée » des Vandales, des Alains et des Suèves qui traversent le**	

Monde	Arts et Sciences	Date
	premier d'une série d'obélisques rapportés d'Egypte pour orner de grandes villes d'Europe comme Rome, Paris ou Londres.	
A la mort de leur père, les deux fils de Théodose procèdent au partage définitif de l'Empire : Arcadius prend l'Orient, Honorius l'Occident. Certains historiens choisissent cette date pour délimiter la fin de l'Antiquité et le début du Moyen Age, mais il est plus courant de retenir la chute du dernier empereur romain d'Occident, en 476.		395
Le moine bouddhiste chinois Fa Xian entame un périple d'une quinzaine d'années qui va le conduire en Inde du Nord, à Ceylan et à Sumatra. Le récit de voyage qu'il en ramènera est un document essentiel pour la connaissance de l'Inde ancienne, dans laquelle le bouddhisme était encore florissant.		399
		v. 400
		402
		406-415

DATE	FRANCE	EUROPE
	Rhin, bientôt suivis par les Burgondes et les Alamans. Arras, Reims, Orange, Toulouse, Bordeaux sont mises à sac. Aux désastres de la guerre s'ajoutent ceux de la famine et de la peste. Certains de ces envahisseurs s'installent en Gaule, comme les Burgondes autour du lac Léman ou les Wisigoths en Aquitaine; d'autres passent en Espagne.	
407		**Les dernières troupes romaines quittent la Grande-Bretagne.** Les Angles (qui donneront leur nom à l'Angleterre), les Saxons et les Jutes vont pouvoir prendre le contrôle des régions côtières et repousser les Celtes vers l'intérieur de l'île.
410		Après avoir ravagé la Grèce puis l'Italie du Nord, le roi wisigoth Alaric pille Rome. Il meurt au moment de s'embarquer pour la Sicile et pour l'Afrique du Nord.
v. 410	Saint Honorat, futur évêque d'Arles, fonde un monastère sur les îles de Lérins. Vers la même époque est édifié le baptistère, avec sa piscine octogonale, qui jouxte l'actuelle cathédrale Saint-Sauveur à Aix-en-Provence.	
413-426		

Monde	Arts et Sciences	Date
		407
		410
		v. 410
	Dans *la Cité de Dieu*, saint Augustin réfute la théorie païenne selon laquelle les invasions barbares seraient un châtiment des dieux irrités par la victoire du christianisme.	413-426

Date	France	Europe
v. 415	Saint Cassien, moine formé à Bethléem puis dans le désert d'Egypte, fait de Marseille un grand centre monastique grâce à la fondation de deux abbayes : Saint-Victor pour les hommes, Saint-Sauveur pour les femmes.	
418		
v. 420		Les Vandales occupent le sud de l'Espagne, qui par la suite prendra leur nom : *Vandalusia*, Andalousie.
428		
431		
432		Né en Grande-Bretagne, ordonné diacre à Auxerre, saint Patrick

Monde	Arts et Sciences	Date
		v. 415
Le concile de Carthage condamne une nouvelle hérésie : le pélagianisme, qui ne voit dans le péché originel qu'une faute sans conséquence pour les fils d'Adam et qui estime que l'homme peut choisir librement entre le bien et le mal. Cette doctrine hétérodoxe survivra longtemps sous une forme atténuée, le semi-pélagianisme.		418
		v. 420
Le roi vandale Geiséric passe d'Espagne en Afrique du Nord.		428
Le concile d'Ephèse proclame que la Vierge Marie est véritablement la mère de Dieu et qu'il y a dans le Christ une seule personne et deux natures. C'est la condamnation du nestorianisme, doctrine du patriarche de Constantinople, Nestorius, qui défend la dualité du Christ, à la fois dieu (*Logos*) et homme (Jésus).		431
		432

DATE	FRANCE	EUROPE
		débarque en Irlande. Il va fonder l'archevêché d'Armagh et évangéliser l'île.
434		Attila devient le roi des Huns de Pannonie (Hongrie). Il va guerroyer dans les Balkans avant de se tourner vers l'ouest.
436		Les Burgondes sont défaits par les légions d'Aetius. Ils donneront leur nom à la Bourgogne ; la mort de leur roi Gunther sera à l'origine de la légende germanique des Nibelungen.
439		
v. 440	Le Franc Salien Chlodion le Chevelu s'empare de Cambrai et prend le contrôle de vastes territoires s'étendant au sud jusqu'à la Somme. Certains historiens voient en lui le père de Mérovée – et par conséquent l'ancêtre de la dynastie mérovingienne.	
v. 450		

MONDE	ARTS ET SCIENCES	DATE
		434
		436
Geiséric prend Carthage et en fait la capitale de son royaume d'Afrique du Nord. Au cours des trente-huit années suivantes, il va se constituer un véritable empire en Méditerranée, conquérir la Corse, la Sardaigne, la Sicile et les Baléares, et mener des raids dévastateurs sur la péninsule italienne.		439
		v. 440
	A Ravenne, nouvelle capitale de l'Empire romain d'Occident, construction du baptistère des	v. 450

DATE	FRANCE	EUROPE
451	Attila franchit le Rhin, pille Metz et marche sur Lutèce, où la résistance est animée par sainte Geneviève. Il va alors assiéger Orléans, ce qui laisse le temps au Romain Aetius et à son allié, le roi wisigoth Théodoric Ier, de concentrer leurs troupes près de Troyes. Vaincu à la bataille dite des Champs Catalauniques, Attila se retire en Pannonie.	
452		Quelques mois après sa défaite aux Champs Catalauniques, Attila envahit l'Italie. Il détruit la ville d'Aquilée mais épargne Rome. Sa mort, en 453, entraînera la dislocation de son empire danubien et le retrait des Huns vers le sud de la Russie.
455		Geiséric, le roi vandale d'Afrique, débarque en Italie et pille Rome.
457	Childéric Ier, fils présumé de Mérovée et père de Clovis, devient roi des Francs Saliens.	
459		

MONDE	ARTS ET SCIENCES	DATE
	Orthodoxes, décoré de reliefs en stuc et de mosaïques. Dans une Egypte entièrement convertie au christianisme, l'art copte entre dans une époque florissante qui se prolongera jusqu'à la conquête arabe.	
		451
		452
		455
		457
Mort de saint Siméon le Stylite. Depuis une quarantaine d'années, cet ascète syrien vivait et priait au sommet d'une colonne, attirant de		459

Date	France	Europe
461	Naissance en Bretagne de saint Guénnolé, le fondateur légendaire de l'abbaye de Landévennec, sur la rive sud de la rade de Brest.	
v. 470		En Espagne, les Wisigoths l'emportent sur les Suèves, qui se replient en Galice. C'est le début de la monarchie wisigothique, qui va régner sur la Péninsule jusqu'à la conquête musulmane.
472		Avènement de l'empereur Olybrius, dont le nom est devenu symbolique de la déliquescence du pouvoir central de Ravenne. L'Empire d'Occident n'est plus désormais qu'une mosaïque de royaumes barbares.
476		**Fin de l'Empire romain d'Occident. Odoacre, roi de la tribu germanique des Hérules, dépose le dernier empereur, Romulus Augustule, un adolescent d'une quinzaine d'années dénué de tout pouvoir. L'Empire d'Orient ou Empire byzantin est désormais l'unique héritier de douze siècles d'histoire romaine. Même si cette date n'est vraiment significative que pour une partie de l'Europe, les historiens l'ont choisie comme limite entre l'Antiquité et le Moyen Age.**

MONDE	ARTS ET SCIENCES	DATE
vastes foules. Il aura de nombreux imitateurs en Orient.		
		461
Les Huna ou Huns Blancs, proches parents des hordes d'Attila, envahissent l'Inde du Nord et accélèrent l'effondrement de l'empire gupta.	Construction de deux baptistères octogonaux présentant de nombreux points communs à Fréjus et à Albenga, en Ligurie.	v. 470
		472
		476

TROISIÈME PARTIE

Le Moyen Age

476-1492

Date	**France**	**Europe**
476		
v. 480		
481	Le Franc Salien Clovis Ier succède à son père Childéric Ier à la tête du petit royaume de Tournai (son nom s'écrit aussi Clodovech ou Hlod-Wig, c'est-à-dire Ludovicus ou Louis).	
486	Clovis prend le contrôle du nord de la Gaule après avoir vaincu à Soissons les troupes du dernier général romain, Syagrius.	
v. 490		
493		Théodoric, roi des Ostrogoths, maître de la Pannonie, de la Dalmatie et de l'actuel Tyrol, assassine son rival Odoacre, roi des Hérules, et s'empare de l'Italie.
496	**Clovis est baptisé par saint Rémi, évêque de Reims. Avait-il fait vœu**	

MONDE	ARTS ET SCIENCES	DATE
Le passage de l'Antiquité au Moyen Age ne concerne en rien l'Empire romain d'Orient, ou Empire byzantin, dont les souverains continueront à se considérer comme les successeurs directs de Constantin Ier le Grand (306-337).		476
Au Cambodge, apogée du royaume hindouisé de Funan, qui devient la puissance dominante de l'Asie du Sud-Est.		v. 480
		481
		486
	Edification d'un vaste ensemble architectural à Qalat Siman, dans le nord de la Syrie, en hommage à saint Siméon Stylite. La basilique est un des chefs-d'œuvre de l'art paléochrétien.	v. 490
		493
		496

DATE	FRANCE	EUROPE
	de se convertir à la foi du Christ si celui-ci l'aidait à vaincre les Alamans ? Ou bien a-t-il subi l'influence de son épouse Clotilde, princesse burgonde et chrétienne ? Toujours est-il que cette conversion lui assure le soutien du clergé gallo-romain. Certains historiens situent en 506 cet événement d'une grande portée symbolique, puisque à la suite du premier souverain mérovingien, presque tous les rois de France seront sacrés à Reims.	
Fin du Ve siècle	De nombreux Celtes de *Britannia* (Grande-Bretagne) s'étant réfugiés en Armorique pour fuir les Angles et les Saxons, celle-ci a prend le nom de *Britannia Minor* (Petite Bretagne).	
Fin du Ve siècle, début du VIe.		En Grande-Bretagne, le roi Arthur (ou Artus) organise la résistance des Celtes à la conquête anglo-saxonne – et par-là même la lutte des chrétiens contre le paganisme. Ce personnage en partie légendaire est à l'origine du cycle des Romans de la Table ronde (XIIe siècle).
VIe siècle		
VIe siècle (entre IVe-VIIe siècle selon d'autres auteurs)		

Monde	Arts et Sciences	Date
		Fin du Ve siècle
		Fin du Ve siècle, début du VIe
	Les mathématiciens indiens utilisent le zéro (le mot italien *zero* est une contraction de *zefiro*, lui-même transcrit de l'arabe *sifr*, le vide).	VIe siècle
	Vatsyayana rédige en sanskrit le *Kamasutra*, traité des règles de l'amour qui appartient à la fois à la tradition érotique et à la littérature religieuse indienne.	VIe siècle (entre IVe-VIIe siècle selon d'autres auteurs)

DATE	FRANCE	EUROPE
507	Après avoir transféré sa capitale de Soissons à Paris, Clovis descend dans le sud de la Gaule et tue de ses propres mains le roi des Wisigoths, Alaric II. Son fils Thierry Ier soumet le Quercy, l'Albigeois, l'Auvergne et le Velay.	
v. 510	Rédaction de la loi salique, recueil de règles de procédure et de droit pénal. L'article qui exclut les femmes de la succession à la terre sera étendu abusivement à la succession au trône de France (XIVe siècle).	
511	A la mort de Clovis, le royaume franc est partagé en lots égaux entre ses quatre fils : Thierry, Clodomir, Childebert et Clotaire. Malgré cette division, ils vont continuer à agrandir le *regnum Francorum* (royaume des Francs) en annexant le royaume des Burgondes en 534, puis la Provence ostrogothique en 537.	
514		
517		Les Slaves, qui ont longtemps vécu entre la Vistule et le Dniepr, franchissent pour la première fois le Danube. Ils vont désormais représenter une menace permanente pour l'Empire byzantin.
v. 520		

Monde	Arts et Sciences	Date
		507
		v. 510
		511
Le groupe maya des Itzas s'établit à Chichen Itza, dans la péninsule du Yucatan.		514
		517
Le prince indien et moine bouddhiste Bodhidharma arrive à		v. 520

DATE	FRANCE	EUROPE
523		Parvenu au faîte de sa puissance, l'Ostrogoth Théodoric contrôle l'ancien Empire romain d'Occident, à l'exception de la Gaule. Mais, contrairement aux Francs, il est arien et non catholique. Son gigantesque royaume se morcellera après sa mort (526).
524		
525		
527		

Monde	Arts et Sciences	Date
Luoyang, la capitale des Wei. Son apostolat en Chine va connaître un immense succès. Selon la tradition, il serait le fondateur de l'école *chan* (*zen* en japonais), qui prône la méditation et la technique des chocs brutaux pour parvenir à l'illumination – au détriment de l'étude des textes sacrés et des doctrines.		
		523
	Le philosophe latin Boèce est condamné à mort pour haute trahison par son maître, le roi des Ostrogoths, Théodoric. Dans sa prison, il a eu le temps d'écrire *De la consolation de la philosophie*, méditation en vers et en prose qui rejoint la pensée de saint Augustin.	524
Prenant prétexte des poursuites exercées contre les chrétiens, le roi éthiopien Caleb occupe le Yémen.		525
A Byzance, avènement de Justinien Ier le Grand. Il engage une politique de reconquête en Illyrie, en Italie, en Afrique du Nord et dans le sud de l'Espagne. Les sages conseils de son épouse Théodora,		527

DATE	FRANCE	EUROPE
529		Justinien Ier ordonne la fermeture de la prestigieuse université d'Athènes, qu'il fustige comme le dernier foyer du paganisme dans l'Empire byzantin.
v. 530		**Saint Benoît de Nursie fonde l'abbaye du Mont-Cassin, à mi-chemin entre Rome et Naples. Il y rédigera sa règle monastique, dont les 73 chapitres décrivent l'organisation de l'ordre bénédictin et les obligations des moines : ils doivent chanter les louanges de Dieu à des heures déterminées du jour et de la nuit, et pratiquer la lecture et le travail manuel. L'ordre va dominer toute l'histoire de l'Occident médiéval. Non seulement il formera des centaines de milliers de moines, 5 000 évêques et 23 papes, mais toutes les réformes ultérieures (Cluny, Cîteaux, la Trappe) se présenteront comme un retour à l'authentique tradition bénédictine.**
532		

Monde	Arts et Sciences	Date
fille du gardien des ours de l'hippodrome de Constantinople et ancienne actrice, l'aideront à faire de son règne l'un des plus remarquables de l'histoire byzantine.		
		529
		v. 530
La sédition Nika met en péril l'Empire byzantin : le peuple de Constantinople, appauvri par les guerres contre la Perse, se soulève		532

DATE	FRANCE	EUROPE
532-537		
538	L'évêque britannique saint Gildas le Sage se retire sur l'île d'Houat, en Bretagne, et fonde un monastère sur la presqu'île de Rhuys, à l'embouchure du golfe du Morbihan.	
v. 538		
547		

Monde	Arts et Sciences	Date
au cri de « Nika ! », c'est-à-dire « Victoire ! » Le sang-froid de l'impératrice Théodora permet au général Bélisaire de réprimer l'insurrection.		
	Justinien Ier fait édifier la basilique Sainte-Sophie de Constantinople. Cette église dédiée à la sagesse divine (*Sophia*) est unique en son genre avec sa coupole de 31 mètres de diamètre, placée à 55 mètres du sol.	532-537
		538
La cour du Japon accueille des moines bouddhistes coréens. Cette conversion va provoquer une longue guerre civile entre le clan des Soga, partisans de l'adoption de la civilisation chinoise, et celui des Monobe, défenseurs du shintoïsme traditionnel. A terme, la concurrence entre les deux cultes débouchera sur une grande tolérance mutuelle, et même sur une sorte de syncrétisme.		v. 538
	Consécration de l'église Saint-Vital à Ravenne. Les décors de mosaïques (*Justinien et Théodora*) sont parmi les plus fameux de l'art byzantin.	547

Date	France	Europe
v. 550	Grâce au commerce, et en particulier au trafic d'esclaves, Verdun et la vallée de la Meuse acquièrent une grande prospérité.	
552	Les Byzantins prennent le contrôle de la Corse.	
555		Les Byzantins l'emportent sur les Ostrogoths et dominent l'ensemble de l'Italie.
558	Pour la première fois depuis la mort de Clovis, le royaume mérovingien est réunifié entre les mains de Clotaire Ier.	
v. 560	Saint Clodoald (Cloud), prince mérovingien, fonde un monastère près de Paris, à Novientum – aujourd'hui Saint-Cloud.	
561	A la mort de Clotaire Ier, un nouveau partage a lieu par tirage au sort entre ses quatre fils, Chilpéric Ier, Caribert, Gontran et Sigebert Ier. De nouvelles unités territoriales – encore très fluctuantes – se constituent à l'intérieur du vaste royaume franc : la Neustrie au nord-ouest, l'Austrasie au nord-est (et jusqu'à la Thuringe), la	

MONDE	ARTS ET SCIENCES	DATE
		v. 550
		552
		555
	Consécration du monastère Sainte-Croix-Saint-Vincent, fondé par Childebert Ier, roi de Paris. Il deviendra la nécropole des rois mérovingiens jusqu'à Dagobert et prendra au IXe siècle son nom actuel de Saint-Germain-des-Prés. La même année, consécration de l'abbaye Saint-Pierre-Saint-Paul, fondée par Clovis pour abriter la tombe de sainte Geneviève, et où il fut enterré avec sa femme Clotilde.	558
		v. 560
		561

DATE	FRANCE	EUROPE
	Burgundie ou Bourgogne au sud-est, l'Aquitaine au sud-ouest.	
565		
567	Le concile de Tours condamne le culte païen rendu aux arbres, aux pierres et aux fontaines. Mais un siècle plus tard, ces pratiques qui remontent aux temps druidiques seront toujours très répandues.	
570		
572		Le roi des Lombards, Alboïn, qui a envahi l'Italie quatre ans plus tôt, fonde un nouvel Etat autour de Pavie. Il est assassiné par sa femme Rosemonde, qu'il a obligée à boire dans le crâne de son propre père. Malgré ce contretemps, les Lombards vont progresser jusqu'en Italie méridionale, au détriment des Byzantins.

MONDE	ARTS ET SCIENCES	DATE
A la mort de Justinien, l'Empire byzantin a repris le contrôle de toute la Méditerranée occidentale. Mais ses successeurs éprouveront les plus grandes difficultés à contenir les assauts des Perses sassanides, des Lombards et des Slaves.		565
		567
Naissance de Mahomet (Mohammed ou encore Muhammad) à La Mecque, dans le clan des Hachim. Orphelin, il est élevé par son grand-père, puis par son oncle, et pratique le grand commerce caravanier. Vers 595, il épouse une veuve fortunée qui lui donne plusieurs enfants, dont la célèbre Fatima (ou Fatma).		570
		572

Date	France	Europe
575		
585	Le concile de Mâcon concède la primatie des Gaules à l'évêché de Lyon – titre honorifique qui s'est maintenu jusqu'à nos jours.	
587		En Espagne, l'opposition entre la monarchie wisigothique, qui professe l'arianisme depuis le IVe siècle, et les élites hispano-romaines prend fin avec la conversion au catholicisme du roi Reccared. L'Eglise pourra ainsi jouer un rôle essentiel dans la péninsule jusqu'à la conquête musulmane.
589		
590	L'Irlandais saint Colomban débarque en France avec douze de ses moines et fonde le monastère de Luxeuil, au pied des Vosges. Le monachisme irlandais prendra une grande importance en France, avant d'être supplanté par la règle bénédictine.	Election du pape Grégoire Ier le Grand. Jusqu'à sa mort, en 604, il se substitue au pouvoir civil défaillant dans une Italie ravagée par les Lombards, s'oppose aux prétentions du patriarche de Constantinople, et assure ainsi l'avenir de la papauté romaine.
592		

MONDE	ARTS ET SCIENCES	DATE
	Saint Grégoire, évêque de Tours, commence à rédiger les dix livres de son *Histoire des Francs.* Cette chronique est essentielle pour la connaissance du haut Moyen Age mérovingien.	575
		585
		587
La dynastie des Sui, fondée huit ans plus tôt, réunifie l'Empire chinois en annexant les royaumes du Sud, avant d'affronter les Turcs qui dominent l'Asie centrale.		589
	Election du pape Grégoire Ier, auquel on attribue abusivement la paternité du chant grégorien : celui-ci est en fait issu de la refonte du répertoire « vieux romain », à la fin du VIIe siècle et au début du VIIIe.	590
	Début des travaux du Horyu-ji, près de Nara. Ce temple est à la	592

DATE	FRANCE	EUROPE
597		Fidèle à sa vocation de pasteur, le pape Grégoire Ier envoie Augustin, prieur d'un couvent romain, évangéliser les Anglo-Saxons. Celui-ci convertit le roi du Kent, Ethelbert, et fonde un monastère à Cantorbéry, qui devient la capitale de l'Angleterre chrétienne.
VIIe siècle		
600		
605		

Monde	Arts et Sciences	Date
	fois le plus ancien sanctuaire bouddhiste conservé au Japon et le plus ancien exemple d'architecture en bois de tout l'Extrême-Orient – peut-être même du monde. La statue en bronze du Grand Bouddha d'Asuka date de la même époque.	
		597
Les Khazars, peuple turc originaire de Mongolie, s'établissent dans les steppes situées entre la mer Noire et la mer Caspienne. Ils vont construire un vaste empire et nouer des relations commerciales fructueuses avec la Russie, l'Empire byzantin et le monde musulman.		VIIe siècle
	Saint Isidore devient évêque de Séville. Jusqu'à sa mort, en 636, il va exercer une grande influence sur la politique intérieure de l'Espagne. Son œuvre encyclopédique, les *Etymologies*, est un recueil en vingt volumes des connaissances profanes et sacrées de son temps.	600
Jangdi le Brumeux, de la dynastie des Sui, fait creuser le Grand Canal, ensemble d'ouvrages de		605

DATE	FRANCE	EUROPE
606-647		
609		
610		Expulsé d'Austrasie par le Mérovingien Thierry, saint Colomban passe en Suisse, où il évangélise les Alamans, puis en Italie, où il fonde en 614 l'abbaye de Bobbio.
v. 610		

Monde	Arts et Sciences	Date
1 500 kilomètres de long conçu pour relier le fleuve Jaune au Yangzi Jiang et renforcer ainsi l'unité récemment retrouvée de l'Empire chinois.		
Héritier d'un royaume situé au nord de l'actuelle Delhi, Harsa (Harsavardhana) conquiert la plaine du Gange, puis la majeure partie de l'Inde septentrionale. Mais son empire ne lui survivra pas.		606-647
	A Rome, à l'initiative du pape Boniface IV, le Panthéon devient l'église Santa Maria ad Martyres.	609
Avènement d'Héraclius Ier, empereur byzantin. Il doit affronter les offensives des Perses Sassanides en Orient, des Lombards en Italie, et réprimer les velléités autonomistes de certaines provinces.		610
Première vision de Mahomet, près de La Mecque. Au cours des années suivantes, l'archange Gabriel lui transmet des messages divins qui vont constituer la matière même du Coran, et par conséquent les fondements de l'islam : le Dieu unique, le Dernier Jour, le Paradis et l'Enfer, ainsi que le rôle crucial du Prophète, chargé de rassembler les Arabes, qu'ils soient nomades ou citadins. Bien que sa prédication rencontre un certain succès, Mahomet se		v. 610

Date	France	Europe
613	Au terme de plusieurs décennies d'affrontements, le roi de Neustrie, Clotaire II, réunifie le royaume franc. Cependant, pour s'assurer la fidélité des comtes, évêques et autres puissants, il doit nommer trois maires du palais et reconnaître l'hérédité de leurs charges : Gondoland en Neustrie, Radon en Austrasie, Garnier en Bourgogne.	
614		Le moine irlandais Gallus, compagnon de saint Colomban, fonde un ermitage près du lac de Constance. Telle est l'origine de l'abbaye bénédictine de Saint-Gall, fondée au VIIIe siècle et appelée à devenir l'un des centres intellectuels les plus illustres de la chrétienté.
618		
622		

MONDE	ARTS ET SCIENCES	DATE
heurte à la résistance des marchands de La Mecque, qui profitent largement des pèlerinages païens.		
		613
		614
Li Yuan et son fils Taizong fondent la dynastie des Tang, qui régnera sur la Chine jusqu'en 907. L'Empire va connaître un âge d'or caractérisé par une administration très efficace (création de la notion de province) et par un remarquable essor scientifique et culturel.		618
Dans la nuit du 16 juillet, Mahomet fuit La Mecque. Après des années de persécution, en effet, il a été victime d'une tentative		622

DATE	FRANCE	EUROPE
627		En Grande-Bretagne, Edwin, roi de Northumbrie, est baptisé par l'archevêque d'York. Son soutien aux missionnaires l'amènera à affronter le monarque païen du royaume voisin de Murcie et cela lui coûtera la vie.
628		
629	A la mort de son père Clotaire II, Dagobert Ier, déjà roi d'Austrasie, se fait reconnaître en Bourgogne, puis en Neustrie. Il gouverne avec le soutien de saint Ouen et de saint Eloi. En 631, il réunit le duché d'Aquitaine au royaume franc.	
630		

Monde	Arts et Sciences	Date
d'assassinat. Il se réfugie avec ses disciples à Médine (Madina al-Nabi, « la ville du Prophète »). Il va y asseoir son pouvoir politique et religieux, et utiliser cette base arrière pour mener le combat contre les ennemis de l'islam. Cette date symbolique est appelée hégire (littéralement « fuite ») et constitue le point de départ du calendrier musulman.		
		627
Héraclius Ier élimine définitivement la menace perse grâce à sa victoire de Ninive. Mais quelques années plus tard, l'Empire byzantin subira les premiers assauts des Arabes.	L'Indien Brahmagupta est le premier à donner par écrit une définition du nombre positif (le bien) et du nombre négatif (la dette). On sait que les mathématiciens de son époque connaissaient parfaitement les règles algébriques fondamentales.	628
		629
L'armée musulmane prend La Mecque. Tout en conservant le		630

Date	France	Europe
v. 630		
633		Le poids de l'Eglise espagnole est si fort que le roi wisigoth Sisenand est élu par le concile de Tolède – et qu'il en sera de même pour ses dix successeurs. Ce régime théocratique subsistera jusqu'à la conquête musulmane.
635		
639	Mort de Dagobert Ier. Selon ses dernières volontés, il est enterré à l'abbaye de Saint-Denis, qu'il a fondée et qui sera la nécropole royale jusqu'en 1789. Le royaume mérovingien entre dans une	

Monde	Arts et Sciences	Date
culte de la Pierre Noire, apportée à Abraham par l'ange Gabriel, Mahomet bannit les idoles païennes. A sa mort, deux ans plus tard, presque toutes les tribus d'Arabie auront été unifiées et converties.		
Le roi indien Harsa reçoit la visite de Xuan Zang, pèlerin bouddhiste chinois qui ramènera de ses voyages en Inde et en Asie centrale un précieux témoignage, *Mémoire sur les contrées d'Occident.*		v. 630
		633
Début fulgurant de la conquête arabe. Au cours des vingt-cinq années suivantes, les califes (successeurs du Prophète) conquièrent la Syrie, Jérusalem, l'Arménie, la Mésopotamie, l'Egypte et une partie de l'Afrique du Nord. L'Ethiopie se retrouve ainsi isolée du reste du monde chrétien.	Au large de la côte de Northumbrie, les moines irlandais de l'abbé Aidan fondent le monastère de Lindisfarne (actuel Northumberland). A la fin du siècle, leurs successeurs réaliseront le *Livre de Lindisfarne* : cet évangéliaire enluminé est considéré comme l'un des chefs-d'œuvre du style irlandais.	635
		639

Date	France	Europe
	période d'anarchie. Une grande rivalité oppose désormais Austrasie et Neustrie, tandis que les maires du palais détiennent la réalité du pouvoir (d'où l'appellation de « rois fainéants »).	
641		
v. 650	Constitution au sein du royaume franc du duché d'Alamannie (pays des Alamans), dont l'Alsace actuelle forme la partie centrale. Saint Liébaut fonde l'abbaye de Fleury-sur-Loire. Vingt ans plus tard, lorsque ses moines se rendront au mont Cassin et en rapporteront les restes du fondateur de l'ordre bénédictin, le monastère prendra le nom de Saint-Benoît-sur-Loire.	
654	Saint Philibert fonde l'abbaye de Jumièges sur la rive droite de la Seine et y impose la règle de saint Colomban. Chassé en 675 par le maire du palais Ebroïn, il ira fonder une autre abbaye célèbre dans l'île de Noirmoutier.	Après Chypre, Muawiyya, le futur fondateur de la dynastie des califes omeyyades de Damas, prend l'île de Rhodes aux Byzantins. Cette victoire confirme la montée de la puissance arabe en Méditerranée orientale.
661		

Monde	Arts et Sciences	Date
	Converti au bouddhisme après son mariage avec une princesse chinoise et une princesse népalaise, le roi tibétain Songzanganbu fonde la ville de Lhassa et engage la construction du palais du Potala (« Montagne de Bouddha »).	641
	Poitiers s'enrichit de deux exemples marquants d'architecture mérovingienne : le baptistère Saint-Jean et le monument funéraire de l'« hypogée des Dunes ».	v. 650
		654
L'assassinat d'Ali, cousin et gendre du prophète, porte au pouvoir Muawijya, le fondateur de la		661

Date	France	Europe
668		
670		
674-678		

Monde	Arts et Sciences	Date
dynastie omeyyade. Ce calife et ses treize successeurs régneront jusqu'en 750 et conquerront d'immenses territoires allant de l'Indus jusqu'à l'Atlantique. Mais ce meurtre provoque au sein de l'islam un schisme qui perdurera jusqu'à nos jours : les partisans d'Ali créent la secte chiite, fidèle aux « imams cachés » et résolument opposée à l'orthodoxie sunnite. La même année, Damas devient la capitale des Omeyyades.		
Avènement de l'empereur byzantin Constantin IV Pogonat, qui favorisera l'évangélisation des Serbes et des Croates. Allié aux Chinois, le royaume coréen de Silla (sud-est du pays) l'emporte sur le royaume de Paikche, allié aux Japonais (sud-ouest). C'est autour de lui que s'effectuera au siècle suivant l'unification de la Corée.		668
Les Arabes s'emparent de la Tunisie et fondent la ville de Kairouan pour pouvoir surveiller les tribus berbères et préparer leurs expéditions au Maghreb à l'abri des attaques byzantines.		670
La flotte arabe lance une offensive contre Constantinople. Les Byzantins répliquent victorieusement au moyen du feu grégeois – terme recouvrant des bombes incendiaires à base de salpêtre, de bitume		674-678

Date	**France**	**Europe**
680	Ebroïn, maire du palais de Neustrie, l'emporte sur Pépin de Herstal, maire du palais d'Austrasie, et impose son autorité sur les trois royaumes francs. Mais il trouve la mort peu après.	
687	Pépin de Herstal prend sa revanche sur les Neustriens de Thierry III à Tertry. Il va gouverner les royaumes francs jusqu'à sa mort, en 714, tout en maintenant une fiction de royauté mérovingienne. Il est le fondateur de la dynastie des Pippinides, d'où sont issus les Carolingiens.	
691		
692		
695		Le moine anglais saint Willibrord est sacré évêque d'Utrecht. Il sera l'évangélisateur des Pays-Bas et du Luxembourg.
698		

MONDE	ARTS ET SCIENCES	DATE
et de naphte, pouvant brûler à la surface de l'eau.		
		680
		687
	Construction de la Coupole du Rocher (dite mosquée d'Omar) à Jérusalem, tombée aux mains des musulmans en 638 et devenue l'une des villes saintes de l'islam.	691
	Dans la ville de Palenque (Etat de Chiapas, Mexique), les Mayas édifient le temple des Inscriptions au sommet d'une haute pyramide.	692
		695
Les Arabes s'emparent de Carthage, la ville antique détruite par les Romains et pratiquement		698

DATE	FRANCE	EUROPE
début du VIIIe siècle		
v. 700		
705		Saint Hubert, évêque de Liège, entame l'évangélisation de la Belgique orientale. La tradition veut que le patron des chasseurs (comme saint Eustache) ait été converti par un cerf.
709	Après avoir eu une vision de l'archange saint Michel, Aubert, évêque d'Avranches, fait bâtir un oratoire sur un îlot granitique appelé Mont-Tombe (le futur Mont-Saint-Michel). Le duc de Normandie y construira un monastère en 966.	

Monde	Arts et Sciences	Date
laissée à l'abandon par les Byzantins. Les bâtisseurs de Tunis se serviront de l'ancienne capitale comme d'une gigantesque carrière de pierres.		
	A Tikal, ville maya qui devait compter près de 80 000 habitants, construction d'un temple-pyramide de 50 mètres de haut.	début du VIIIe siècle
Les Byzantins abandonnent tout espoir de restaurer l'ancien Empire Romain. Ce renoncement s'est déjà traduit par l'abandon du latin comme langue officielle, au profit du grec : l'*imperator* est devenu le *basileus.* Confrontés à l'expansionnisme musulman, ils se replient sur leurs possessions européennes et sur les territoires qui correspondent à l'actuelle Turquie.		v. 700
	Construction de la Grande Mosquée des Omeyyades à Damas. Elle servira de modèle pendant des siècles aux architectes islamiques.	705
Tandis que l'islam part à l'assaut de l'Asie centrale, la conquête du Maghreb s'achève avec la prise de Ceuta, ville située en face de l'Espagne.		709

DATE	FRANCE	EUROPE
710		
711		Une petite armée musulmane traverse le détroit des Colonnes d'Hercule et débarque près du grand rocher de Djebel-el-Tarik (Gibraltar). Elle défait les troupes du roi wisigoth, Rodrigue, et s'empare de Cordoue et de Tolède. Moins de trois ans plus tard, Moussa ibn Nasser, gouverneur du Maghreb, entre dans Saragosse. L'ancien royaume wisigoth d'Espagne n'est plus dès lors qu'un émirat au sein du califat ommeyade de Damas. Ainsi s'ouvre l'une des pages les plus brillantes de l'histoire de l'islam et un duel de huit siècles avec la chrétienté : le dernier musulman ne sera chassé de la péninsule ibérique qu'en 1492.
712-755		
718		Des nobles wisigoths se réfugient dans les Asturies et y fondent un petit royaume montagnard. Les combats menés au cours des années suivantes contre les musulmans peuvent être considérés comme le point de départ de la Reconquista

Monde	Arts et Sciences	Date
Nara devient la capitale du Japon. C'est le début d'une période très brillante dans le domaine artistique, qui va durer jusqu'en 784.		710
Les musulmans conquièrent le Sind. Mais ils devront encore attendre trois siècles avant de s'imposer en Inde.		711
	Le règne de l'empereur chinois Xuanzong est un véritable âge d'or pour les arts et la poésie. Il voit la mise au point des procédés xylographiques (gravure sur bois).	712-755
		718

DATE	FRANCE	EUROPE
		(reconquête de l'Espagne par les chrétiens).
719	Les musulmans franchissent les Pyrénées. Au cours des années suivantes, ils prennent Narbonne et Carcassonne, et pillent Autun.	
720	Mort de sainte Odile, fille du duc d'Alsace. Cette aveugle de naissance aurait recouvré la vue grâce au baptême, avant de fonder le monastère de Hohenburg sur l'actuel mont Saint-Odile.	
721	Sept ans après la mort de Pépin de Herstal, son fils Charles Martel s'assure à son tour le contrôle des trois royaumes francs. Il les gouvernera en tant que maire du palais jusqu'en 741.	
724		L'abbé bénédictin saint Pirmin, évangélisateur de l'Alsace et de la Suisse, fonde le monastère de Reichenau sur une île du lac de Constance. Celui-ci sera l'un des centres intellectuels de l'Occident dès l'époque carolingienne, et durant une grande partie du Moyen Age.
726		Les Vénitiens, réfugiés sur les îlots de la lagune pour échapper aux invasions lombardes, élisent leur premier doge (duc).
730		

MONDE	ARTS ET SCIENCES	DATE
		719
		720
		721
		724
		726
Pour combattre l'influence des moines, l'empereur byzantin		730

DATE	FRANCE	EUROPE
732	**Bataille de Poitiers. Charles Martel défait l'armée du gouverneur d'Andalousie, Abd al-Rahman. Cette victoire, qui prendra par la suite une dimension symbolique, donne un coup d'arrêt définitif à l'expansionnisme arabe en Occident.** Après une série de victoires ininterrompue, le reflux s'amorce pour ceux que l'on appelle les Sarrasins : Charles Martel reprendra la Provence en 739, et les derniers soldats du calife quitteront la France en 759.	
735		
740		
749		

Monde	Arts et Sciences	Date
Léon III proscrit les représentations de la Vierge, du Christ et des saints, considérées comme idolâtriques. La querelle des Iconoclastes (briseurs d'images) entraînera des persécutions et déchirera l'Empire jusqu'au rétablissement définitif du culte des icônes en 843.		
		732
Le royaume de Silla unifie à son avantage toute la péninsule coréenne. C'est le début d'une ère pacifique qui durera jusqu'au milieu du Xe siècle.	Mort du premier grand intellectuel chrétien britannique : le bénédictin Bède le Vénérable, auteur de l'*Histoire ecclésiastique de la nation anglaise.*	735
Les tribus berbères du Maghreb se soulèvent contre les conquérants arabes, qui mettront plus de vingt ans à réprimer cette rébellion.		740
	A Nara, capitale du Japon, le temple du Todai-ji accueille un Grand Bouddha en bronze de plus de 20 mètres de haut.	749

DATE	FRANCE	EUROPE
750		
751	**Pépin le Bref, fils de Charles Martel, dépose le dernier souverain mérovingien, Childéric III, et est élu roi des Francs. Il se fait oindre par saint Boniface : cette usurpation légitimée par l'Eglise marque la naissance de la dynastie carolingienne, qui règnera jusqu'en 987.** Trois ans plus tard, le pape Etienne viendra en personne le sacrer à Saint-Denis.	
v. 751		
756		Après avoir chassé les Lombards d'Aistolf, Pépin le Bref s'acquitte de la dette qu'il avait contractée auprès du pape en lui remettant le duché de Rome et l'exarchat de Ravenne. C'est l'acte de naissance des Etats pontificaux. Abd al-Rahman Ier, héritier de la dynastie omeyyade renversée en 750 par les Abbassides, fonde l'émirat de Cordoue. Sur le plan

MONDE	ARTS ET SCIENCES	DATE
La dynastie des Abbassides (descendants d'Abbas, oncle de Mahomet) succède à celle des Ommeyades. Elle comptera 37 califes et règnera jusqu'à la conquête mongole en 1258. Mais dès le début, elle perd le contrôle de l'Espagne et du Maghreb.		750
Les armées de l'empereur Xuanzong sont vaincues par les Arabes. A la suite de cette défaite, l'Asie centrale échappe au contrôle de la Chine et abandonne le bouddhisme au profit de l'islam.		751
	Des prisonniers chinois révèlent aux Arabes les secrets de la fabrication du papier. Au cours des décennies suivantes, des manufactures seront créées, entre autres à Samarkand et à Bagdad.	v. 751
		756

Date	France	Europe
		politique, l'Espagne sera désormais indépendante du reste du monde musulman.
762		
768	Mort de Pépin le Bref, qui a eu le temps d'annexer l'Aquitaine au royaume franc et d'organiser le partage entre ses deux fils, Charles (Charlemagne) et Carloman.	
771		Après la mort de son frère Carloman, Charlemagne est le seul roi des Francs. Il engage dès l'année suivante une guerre de trente ans contre les païens saxons de la mer du Nord.
773		
774		Charlemagne s'empare de Pavie, exile Didier, le dernier roi des Lombards, et annexe ses possessions au royaume franc.
777		Vaincu par les Byzantins, le khan des Bulgares, Telerig, vient recevoir le baptême et le titre de patrice à la cour de Léon IV, et devient le vassal de l'empire d'Orient.

Monde	Arts et Sciences	Date
Fondation de Bagdad, au bord du Tigre, pour remplacer Damas comme résidence du calife abbasside.		762
		768
		771
	Apparition en Orient des chiffres « arabes », qui sont en fait d'origine indienne. Il faudra encore deux siècles pour qu'ils soient adoptés en Occident : la présence des neuf chiffres sur un manuscrit n'est pas attestée avant 976.	773
		774
		777

Date	France	Europe
778		Au retour d'un raid mené dans le nord de l'Espagne, l'arrière-garde de Charlemagne tombe dans un guet-apens à Roncevaux. Le comte Roland, préfet de la marche de Bretagne, est tué par des Vascons (Basques) au cours de cette escarmouche. Trois siècles plus tard, ce combat légendaire inspirera l'auteur inconnu de *La Chanson de Roland*.
779	Un capitulaire de Charlemagne rend obligatoire le paiement de la dîme. D'autres textes (794, 801) préciseront les conditions de versement de cet impôt dû à l'Eglise, et qui perdurera jusqu'à la Révolution française.	
780	Saint Benoît d'Aniane fonde l'abbaye d'Aniane, en Languedoc. Il réformera la règle de saint Benoît de Nursie et sera chargé par Louis le Pieux de l'appliquer dans tous les monastères de l'Empire.	
785		
786		

Monde	Arts et Sciences	Date
		778
		779
		780
	L'émir Abd al-Rahman Ier lance la construction de la grande mosquée de Cordoue, la plus imposante du monde après celle de La Mecque. Les travaux dureront deux siècles.	785
	Avènement à Bagdad d'Harun al-Rachid, le plus fameux des califes abbassides. Il sera le héros légendaire des *Mille et Une Nuits.*	786

DATE	FRANCE	EUROPE
788		Annexion de la Bavière au royaume franc.
794		
v. 795		Les Vikings ou Normands (appellation regroupant Norvégiens et Danois) ravagent le monastère écossais d'Iona, atteignent les côtes irlandaises et établissent une base au nord de Dublin. En 799, ils sont signalés sur le littoral aquitain. Ce sont les prémices d'une expansion qui va s'affirmer au cours des deux siècles suivants.
796		
797		

Monde	Arts et Sciences	Date
		788
L'empereur Kammu fonde Heian-kyo (« Ville de la Paix ») sur un plan en damier de type chinois. Plus connue sous le nom de Kyoto, elle sera la capitale du Japon jusqu'en 1868.		794
		v. 795
	Le Britannique Alcuin devient abbé de Saint-Martin-de-Tours. Conseiller de Charlemagne, il dirige l'école du palais d'Aix-la-Chapelle et encourage la renaissance carolingienne : architecture, mosaïques, objets liturgiques, ivoires sculptés.	796
A Byzance, l'impératrice Irène fait crever les yeux de son fils, Constantin VI, pour gouverner à sa place avec le titre masculin de *basileus*. En 800, elle envisage un mariage avec Charlemagne afin de réunifier les deux moitiés de l'ancien l'Empire romain, mais elle est renversée deux ans plus tard.		797

DATE	FRANCE	EUROPE
799		
800		
v. 800		
IXe siècle		**Le jour de Noël, Charlemagne, protecteur de la papauté, est couronné empereur d'Occident à Saint-Pierre-de-Rome.** Ainsi renaît une institution disparue en 476, mais demeurée vivace dans la mémoire des Européens. La portée symbolique de cette cérémonie est telle que les souverains allemands du Saint-Empire la maintiendront durant tout le Moyen Age.
802		
804		

MONDE	ARTS ET SCIENCES	DATE
	Fin des travaux de l'abbatiale de Saint-Riquier (près d'Abbeville), effectués sous la direction d'Angilbert, gendre de Charlemagne. Cette église à double transept est peut-être le plus parfait exemple d'architecture carolingienne.	799
	Dans le centre de Java, édification du Barabudur, monument bouddhique de forme pyramidale, orné de statues et d'admirables bas-reliefs évoquant la vie de l'« Illuminé ».	800
	Premières mentions de l'école de médecine de Salerne, dont la réputation ne cessera de grandir au cours du Moyen Age.	v. 800
		IXe siècle
Avènement du roi du Cambodge, Jayavarman II, le fondateur d'Angkor. Celle-ci deviendra capitale du royaume à la fin du IXe siècle et le demeurera jusqu'en 1431.		802
Voyage en Chine du moine japonais Saicho. A son retour, il fonde		804

Date	France	Europe
805		
v. 805		
806		Selon la coutume germanique, Charlemagne prépare le partage de son Empire entre ses trois fils, Charles, Pépin et Louis. Ce projet semble prouver qu'il n'accordait pas une importance primordiale à la résurrection de l'Empire d'Occident. L'attachement des Francs au partage entre les différents héritiers sera d'ailleurs à l'origine de l'émiettement du domaine carolingien.
808		Tandis que les Vikings commencent à menacer le nord de l'Europe, les côtes italiennes subissent les premiers raids des Sarrasins. Ceux-ci vont bientôt s'attaquer à la Corse, à la Sardaigne et à Nice, avant de s'engager dans la conquête de la Sicile et de la Crète.
809		

MONDE	ARTS ET SCIENCES	DATE
la secte Tendai, dont les monastères s'établiront sur le mont Hiei, véritable Mecque du bouddhisme japonais jusqu'au XIIIe siècle.		
	A Aix-la-Chapelle, la capitale de Charlemagne, fin des travaux de la chapelle Palatine édifiée par l'architecte Eudes de Metz.	805
	Exécution de peintures murales dans l'abbatiale Saint-Jean de Müstair (Suisse).	v. 805
	Construction de la chapelle de Germigny-des-Prés, dans la vallée de la Loire. *L'Arche d'alliance* qui orne l'abside est l'un des plus beaux exemples de mosaïque carolingienne.	806
		808
Idris II, fils du fondateur d'une dynastie berbère au Maroc, établit		809

DATE	FRANCE	EUROPE
814		**Mort de Charlemagne au terme d'un règne de quarante-six ans. Louis Ier le Pieux lui succède à la tête de l'Empire, car ses deux frères ont disparu entre-temps. Contrairement à son père, il suit les conseils de l'Eglise et tente de pérenniser l'unité impériale dès 817 en désignant Lothaire comme son seul héritier.** Mais cette ambition sera contrecarrée par les incessantes rivalités entre ses fils, par la relative faiblesse du pouvoir central, par la lenteur des communications et par l'immensité des territoires placés sous la tutelle carolingienne.
822		
828		Des marchands vénitiens rapportent d'Alexandrie les reliques présumées de saint Marc, qui devient le patron de leur ville.
829		Egbert, roi de Wessex, est le premier à imposer son autorité à l'ensemble de l'Angleterre.
830		

Monde	**Arts et Sciences**	**Date**
sa capitale à Fès. Mais son royaume se morcellera après sa mort (828).		814
	Des moines picards fondent l'abbaye de Corvey (Westphalie), qui deviendra un foyer intellectuel – et un demi-siècle plus tard l'un des plus beaux exemples de l'architecture carolingienne en Allemagne.	822
		828
		829
	Le calife abbasside al-Mamun crée à Bagdad la « Maison de la sagesse » afin de réunir des savants originaires de tout le monde musulman et de traduire en arabe les textes de l'antiquité grecque.	830

DATE	FRANCE	EUROPE
v. 830		
832		
835		Les raids vikings deviennent de plus en plus fréquents en Europe occidentale, aussi bien dans les régions côtières que dans les vallées des grands fleuves. Après avoir fondé un royaume en Irlande en 837, les Normands attaqueront Séville en 844 (ils en seront chassés par l'émir de Cordoue), Hambourg et le Portugal en 851, l'Italie en 859.
836		
841		

Monde	Arts et Sciences	Date
	Originaire de Franconie et ami d'Alcuin, Eginhard écrit sa *Vita Caroli Magni*, document fondamental pour la connaissance du règne de Charlemagne.	v. 830
	Poussant à l'extrême sa politique iconoclaste, l'empereur Théophile chasse tous les peintres de Byzance. Beaucoup d'entre eux se réfugient en Italie du Sud et y diffusent leurs techniques.	832
	Psautier d'Utrecht, enluminé par l'école de Reims.	835
	Fondation au bord du Tigre de Samarra, nouvelle capitale des califes abbassides, qui sera définitivement abandonnée un demi-siècle plus tard. Si la Grande Mosquée, aux dimensions gigantesques, a disparu, il reste le fameux minaret en spirale de Malxiyya.	836
En Chine, une première campagne de persécutions contre le bouddhisme s'accompagne de destructions de temples.		841

Date	**France**	**Europe**
842		Charles le Chauve et son frère Louis le Germanique prononcent les serments de Strasbourg, rédigés en roman pour le premier, en tudesque pour le second. Ce sont les premiers documents écrits témoignant de l'émergence des langues française et allemande.
843	La France qui naît du traité de Verdun est loin de recouvrir les frontières actuelles : si le royaume de Charles le Chauve inclut la Flandre et la Catalogne, en revanche, les territoires situés à l'est de la Meuse et du Rhône appartiennent à la Lotharingie de son frère Lothaire.	**Traité de Verdun. Trois ans après la mort de Louis Ier le Pieux, ses trois fils se partagent l'Empire en découpant trois bandes verticales.** Charles le Chauve hérite de la France (*Francia occidentalis*), située à l'ouest de la Meuse et du Rhône ; Lothaire, de la Lotharingie, qui s'étend de la Frise au nord jusqu'à la Lombardie au sud ; Louis le Germanique, de la *Francia orientalis*, qui s'étend de la Saxe jusqu'à la Bavière. Malgré deux tentatives de réunification (Charles le Chauve en 875-877, puis Charles III le Gros en 884-887), l'Europe est définitivement divisée.
845	Premier raid viking contre la ville de Paris, qui est pillée et contrainte de verser un tribut.	
v. 845		Tandis que Ramire Ier, roi des Asturies, combattait les troupes musulmanes d'Abd al-Rahman II, la tradition veut que saint Jacques lui ait apporté son soutien. A la même époque, les restes du saint auraient été retrouvés par miracle sur le lit-

Monde	Arts et Sciences	Date
		842
Théodora, impératrice régente de Byzance, convoque un concile qui met fin à la querelle iconoclaste en autorisant de nouveau le culte des images.		843
		845
		v. 845

DATE	FRANCE	EUROPE
		toral galicien. Ainsi se développe le culte de saint Jacques : le pèlerinage de Compostelle sera étroitement lié à la Reconquista.
846		
847		
849		
v. 850		
851	Mort de Nominoë, comte de Vannes puis duc de Bretagne. Allié de Louis le Pieux, il a profité des rivalités entre les trois fils de celui-ci pour engager une politique d'indépendance – qui est poursuivie par ses successeurs Erispoë et Salomon.	
852		Le chef varègue (équivalent du mot « viking » en Europe orientale) Riourik s'installe à Novgorod, sur la voie commerciale qui unit la Scandinavie à la Volga.

Monde	Arts et Sciences	Date
	Bible de Charles le Chauve, enluminée par l'école de Tours.	846
	Le poète et théologien Raban Maur, maître d'œuvre de la renaissance carolingienne en Allemagne, achève *De rerum naturis*, synthèse encyclopédique des connaissances de son temps.	847
Première mention de la ville de Pagan, capitale d'un royaume birman qui connaîtra son apogée au XIe siècle.		849
Les Peuls pénètrent dans la vallée du fleuve Sénégal, où vivent les ancêtres des Sérères et des Ouolofs. Le royaume du Tekrour apparaît vers cette époque.		v. 850
		851
		852

Date	France	Europe
853-861	Les Vikings ravagent Tours, Rouen, Angers, Paris, Orléans, Noyon et atteignent l'Auvergne. L'embouchure de la Loire et de la Seine leur servent de bases arrière pour organiser des raids fructueux.	
855		Si l'on en croit une légende largement répandue jusqu'au XVIe siècle, une bénédictine travestie succède au pape Léon IV sous le nom de Jean l'Anglais. La mystification est découverte deux ans plus tard, lorsque la « papesse Jeanne » accouche au milieu d'une procession.
858		
v. 860		Déportés par une tempête, les premiers Vikings débarquent en Islande (où des moines irlandais les ont néanmoins précédés). Ils fonderont Reykjavik une quinzaine d'années plus tard. Cyrille et Méthode, deux frères originaires de Thessalonique, sont chargés par l'empereur byzantin d'évangéliser la Bohême et la Moravie. Ils inventent de toutes pièces un alphabet permettant de retranscrire la langue slave : le « cyrillique ».

Monde	Arts et Sciences	Date
		853-861
		855
Après avoir épousé une fille de l'empereur, un ministre appartenant à la puissante famille Fujiwara usurpe le titre de régent. La réalité du pouvoir sera détenue jusqu'en 1167 par les Fujiwara, qui ont donné leur nom à une période extrêmement brillante.	Naissance en Mésopotamie de l'astronome arabe al-Battani.	858
		v. 860

Date	France	Europe
861		
862		Baudouin Ier Bras de Fer enlève et épouse Judith, la fille du roi Charles le Chauve. Deux ans plus tard, celui-ci crée pour son gendre le comté de Flandre, autour du bourg fortifié de Bruges.
867		
868		
874		
877		

Monde	Arts et Sciences	Date
	Dans l'abbaye Saint-Germain d'Auxerre, construction de cryptes de style typiquement carolingien.	861
		862
L'empereur Basile Ier fonde la dynastie macédonienne, qui règnera sur Byzance jusqu'en 1057 et reprendra de nombreux territoires conquis par les Arabes.		867
Ahmab ibn Tulud, maître de l'Egypte et de la Syrie, s'affranchit de la tutelle abbasside. La dynastie tulunide règnera jusqu'en 905, date de la reconquête par le califat de Bagdad.		868
Boukhara (actuel Ouzbékistan) devient la capitale du royaume des Samanides – dynastie perse qui conservera son indépendance jusqu'en 999.		874
	Mort du théologien irlandais Jean Scot Erigène. Des ouvrages comme *De praedestinationae* et *De divisione naturae*, qui mettent en valeur la pensée rationnelle à côté de la foi, feront de lui l'un des maîtres de la philosophie médiévale aux XIIe et XIIIe siècles.	877

DATE	FRANCE	EUROPE
878		Après sa victoire sur les Vikings à Edington, le roi de Wessex, Alfred le Grand, devient roi des Anglo-Saxons. Tout en reconnaissant l'hégémonie des Danois sur le nord-est du pays, il prépare l'unification de l'Angleterre.
879		
882	Les Vikings saccagent Reims, Laon et Soissons.	Le prince varègue Oleg le Sage établit sa capitale à Kiev. Il règne sur un Etat essentiellement peuplé de Finnois et de Slaves, qui s'étend de la Baltique à la mer Noire.
885-886	Paris est assiégée par les Vikings. La résistance vigoureuse du comte Eudes contraste avec la lâcheté de l'empereur Charles III le Gros, qui préfère acheter le départ des Normands. Ces événements provoqueront la déposition de Charles III en 887 et l'accession d'Eudes au trône de France l'année suivante.	
888	**Eudes, fils du comte d'Anjou Robert le Fort, devient roi de France. Il est le premier des Robertiens, lignée qui règnera en alternance avec les Carolingiens jusqu'à l'avènement d'Hugues Capet en 987. Mais l'affaiblissement du pouvoir royal entraîne un**	

Monde	Arts et Sciences	Date
		878
	Sur l'emplacement de la future ville du Caire, construction de la mosquée d'Ibn Tulud – remarquable édifice religieux qui s'est parfaitement conservé jusqu'à nos jours.	879
		882
		885-886
		888

Date	France	Europe
	émiettement territorial et l'établissement d'un lien personnel entre seigneurs et vassaux : c'est l'émergence du système féodal, qui va dominer la France, puis l'Europe, pendant plusieurs siècles.	
890	Les Sarrasins construisent une forteresse à La Garde-Freinet, dans le massif des Maures. Elle leur servira de base arrière pour ravager la Provence, le Languedoc et le Dauphiné jusqu'à sa destruction en 973.	
896		Les premiers Magyars (ou Hongrois) s'installent dans la plaine du Danube. Ce peuple de guerriers d'origine finno-ougrienne fera vite peser sur l'Occident une menace qui s'ajoutera aux expéditions des Vikings et des Sarrasins.
v. 900		
902		Les musulmans chassent les derniers Byzantins de Sicile. Ils y établissent un Etat prospère, qui perdurera jusqu'à la conquête normande en 1091.
907		
v. 907		

Monde	Arts et Sciences	Date
		890
		896
	L'usage du fer à cheval se répand en Europe.	v. 900
		902
Après la chute du dernier empereur Tang, la Chine est de nouveau morcelée : elle entre dans la période très agitée des Cinq Dynasties, qui se prolongera jusqu'en 960.		907
	Construction du tombeau d'Ismail le Samanide à Boukhara.	v. 907

DATE	FRANCE	EUROPE
909		
910	**Guillaume le Pieux, duc d'Aquitaine et comte de Mâcon, fait don de ses terres de Cluny, en Bourgogne, pour qu'une abbaye bénédictine y soit construite. L'abbé Bernon et ses successeurs vont organiser un ordre monastique qui essaimera dans toute l'Europe.** Dès le début, la confédération clunisienne est placée sous l'autorité directe de la papauté. A son apogée (début du XIIe siècle), elle comptera 1184 maisons, dont 833 dans les provinces françaises.	
911	**Traité de Saint-Clair-sur-Epte. Le roi Charles III le Simple accorde au chef viking Rollon les territoires correspondant à peu près à l'actuelle Haute-Normandie, que celui-ci contrôle déjà. Le nouveau duc de Normandie épouse la fille de Charles le Simple, se convertit au christianisme et devient l'égal des grands féodaux du royaume.**	
915	Des bandes de Hongrois ravagent l'Alsace, la Lorraine et la Bourgogne. Au cours des années suivantes, ils lanceront des raids dévastateurs en Provence, dans la	

MONDE	ARTS ET SCIENCES	DATE
Ubayd Allah al-Mahdi fonde la dynastie chiite des Fatimides (du nom de Fatima, fille de Mahomet et épouse d'Ali). Née à Kairouan, cette dynastie dominera une partie du Maghreb et l'Egypte jusqu'à la fin du XIIe siècle.		909
		910
		911
		915

Date	France	Europe
	vallée du Rhône, dans le Berry, en Franche-Comté et en Champagne.	
921		
925		Bien qu'il soit encore mineur, le duc de Bohême Venceslas (Vaclav en tchèque) gouverne seul à partir de cette date et entreprend l'évangélisation de son peuple. Assassiné quelques années plus tard par son frère Boleslav, il prendra très vite une dimension mythique et deviendra le saint patron de la Bohême.
929		L'émir de Cordoue Abd al-Rahman III prend le titre de calife. Il va s'assurer le contrôle de l'Espagne musulmane, résister à la poussée des chrétiens dans le nord et s'opposer aux Fatimides en Afrique du Nord.
930		
933	Le duc Guillaume Ier Longue-Epée, fils de Rollon, donne à la Normandie ses limites actuelles en annexant l'Avranchin et le Cotentin.	

Monde	**Arts et Sciences**	**Date**
	A Prague, dans le château fort du Hradcany, construction de la basilique Saint-Georges. La ville s'agrandit considérablement au Xe siècle.	921
		925
		929
Les qarmates, membres d'une secte chiite qui prône l'égalitarisme social, pillent La Mecque et s'emparent de la Pierre Noire. Ils ne la restitueront que vingt ans plus tard contre une forte rançon.		930
		933

DATE	FRANCE	EUROPE
935	Le roi de Bourgogne Rodolphe II acquiert la Provence et fonde le royaume des deux Bourgognes ou royaume d'Arles, qui conservera son autonomie jusqu'en 1032.	
936		
937		Rome, qui était peuplée de 800 000 habitants au début du IVe siècle ap. J.-C., n'en compte plus que quelques milliers. A la même époque, la population de Bagdad s'élève à environ 2 millions d'habitants.
939	Alain II Barbe Torte, comte de Vannes et maître d'une partie de la Bretagne, empêche les Vikings de fonder un nouvel Etat autour de l'embouchure de la Loire – sur le modèle du duché de Normandie.	
940		
941		Une terrible famine ravage l'Europe occidentale. Ce fléau reviendra

MONDE	ARTS ET SCIENCES	DATE
		935
	Le calife Abd al-Rahman III fait construire un gigantesque palais près de Cordoue : Madinat al-Zahra (Medina Azara). Les travaux dureront quarante ans, mais ce remarquable ensemble architectural sera détruit au début du XIe siècle.	936
		937
Les Vietnamiens s'émancipent (provisoirement) de la tutelle chinoise sous la conduite de Ngo Quyen, qui fonde la première dynastie nationale.		939
Au Japon, le régent Fujiwara voit son autorité bafouée par deux clans puissants qui renforcent leur autonomie : les Minamoto et les Taira. Leur rivalité dominera l'histoire de l'archipel nippon jusqu'à la fin du XIIe siècle.		940
		941

Date	France	Europe
		périodiquement, tout comme les épidémies de peste.
942	Avènement de Richard Ier, fils de Guillaume Longue-Epée. Pendant plus d'un demi-siècle, il va se comporter en souverain indépendant et renforcer le duché de Normandie, qui deviendra au siècle suivant une puissance à l'échelle européenne.	
945		
v. 950		Essor de la secte bulgare des bogomiles, héritière du manichéisme de l'Antiquité. Unissant les aspirations spirituelles aux revendications sociales, elle se répandra dans l'Empire byzantin et jusqu'en Russie, et influera sur l'apparition du catharisme en Occident.

MONDE	ARTS ET SCIENCES	DATE
		942
Empereur byzantin en titre depuis 911, Constantin VII Porphyrogénète établit son pouvoir personnel et donne le coup d'envoi d'une période extrêmement brillante sur le plan intellectuel et artistique.		945
Au Mexique, les Zapotèques abandonnent le grand centre cérémoniel de Monte Alban et en fonde un autre sur un site distant d'une cinquantaine de kilomètres, à Mitla (Etat de Oaxaca).	**Première rédaction des *Mille et Une Nuits*, recueil de contes d'origines très diverses : persane, irakienne, indienne, égyptienne.** Cet ouvrage, qui représente la quintessence de la civilisation orientale et de la vie quotidienne dans les pays islamiques, évoluera encore pendant plusieurs siècles. Début de la période dite « post-classique » à Chichen Itza, dans la péninsule du Yucatan. Aux formes typiquement mayas vont bientôt se mêler des apports toltèques. En Saxe puis dans toute l'Allemagne, émergence de la renaissance ottonienne, qui forme une transition entre l'art carolingien et le roman. Elle se manifeste dans l'architecture (église Saint-Pantaléon à	v. 950

DATE	FRANCE	EUROPE
951	Godescalc, évêque du Puy, est le premier Français connu à accomplir le pèlerinage de Saint-Jacques-de-Compostelle. Des itinéraires bien balisés vont bientôt traverser la France et relier le reste de l'Europe au nord de l'Espagne : Aix-la-Chapelle-Paris-Orléans-Bordeaux-Roncevaux, ou encore Lucerne-Chambéry-Montpellier-Jaca.	
955		Otton Ier, roi de Germanie depuis 936 et roi d'Italie depuis 951, écrase les Hongrois à la bataille du Lechfeld, mettant ainsi un terme définitif à leurs expéditions guerrières en Europe occidentale.
960		
961		Saint Athanase, conseiller de l'empereur byzantin, fonde le monastère de la Grande Lavra au mont Athos. C'est le point de départ d'un mouvement de créations conventuelles : au XVe siècle, plusieurs dizaines de milliers de moines se répartiront dans 30 monastères.
962		**Champion incontesté de la chrétienté, Otton Ier le Grand est couronné empereur à Rome par le pape Jean XII. C'est la naissance du Saint Empire romain germa-**

Monde	Arts et Sciences	Date
	Cologne), mais aussi dans les fresques et l'enluminure.	
		951
		955
Zhao Kuangyin fonde la dynastie des Song, qui règnera jusqu'en 1279, et entreprend de réunifier la Chine.		960
		961
		962

Date	France	Europe
		nique, qui survivra plus de huit siècles, jusqu'à ce que Napoléon le dissolve en 1806.
963		Sigefroi construit un château fort autour duquel se développent la ville et le comté de Luxembourg (érigé en duché en 1354).
966		Le roi du Danemark Harald « Dent bleue » reçoit le baptême : c'est le début de l'évangélisation de la Scandinavie. Le roi Mieszko Ier, fondateur de l'Etat polonais, se convertit au christianisme.
969-972		
972		Le prince magyar Géza établit son hégémonie sur toutes les tribus, pratique une politique d'alliance avec les empereurs germaniques et se convertit au christianisme.
973	Guillaume Ier, vicomte d'Arles, détruit la forteresse de La Garde-Freinet et chasse les derniers Sarrasins de France.	
980		

Monde	Arts et Sciences	Date
		963
	Richard Ier, duc de Normandie, fonde l'abbaye bénédictine du Mont-Saint-Michel sur l'emplacement de l'oratoire de l'évêque Aubert.	966
Une fois maître de l'Egypte, le calife fatimide al-Muizz fait construire une ville nouvelle destinée à rivaliser avec Bagdad, la capitale abbasside : Al-Qahira (« la Victorieuse »), autrement dit Le Caire.		969-972
	Notger devient prince-évêque de Liège et fait construire un grand nombre d'églises.	972
	Au Caire, les Fatimides fondent l'université al-Azhar, qui demeure aujourd'hui encore l'un des établissements d'enseignement les plus prestigieux du monde musulman.	973
	Naissance d'Avicenne, médecin et philosophe iranien, auteur d'une	980

Date	France	Europe
v. 980		
985		
987	Après la mort de Louis V, le dernier Carolingien, Hugues Capet, est proclamé roi de France et sacré à Noyon. Son domaine royal ne comprend alors que les alentours d'Orléans, de Poissy, de Senlis et de Compiègne, et son règne ne durera que neuf ans, mais cet avènement revêt une grande importance symbolique : il marque la véritable naissance de la monarchie française. Dès 987, il rompt avec la tradition qui voulait que seuls des adultes puissent hériter du trône et fait sacrer son fils mineur	

Monde	Arts et Sciences	Date
	œuvre encyclopédique qui résume les connaissances de son temps. Son *Canon de la médecine* sera l'un des traités les plus étudiés dans l'Europe de la Renaissance.	
	Naissance de l'art roman en Italie du Nord. Il va très vite s'affirmer en Catalogne, gagner la France autour de l'an 1000 (Saint-Philibert de Tournus, Saint-Germain-des-Près à Paris), puis s'imposer au XIe siècle dans une grande partie de l'Europe. (Le terme « art roman » date de 1830.)	v. 980
Partant d'Islande, le Norvégien Erik le Rouge découvre le Groenland (« Pays vert »), dont les pâturages lui semblent prometteurs. Quelques années plus tard, il revient y fonder une colonie d'éleveurs vikings.		985
	Achèvement de la Grande Mosquée de Cordoue au terme de deux siècles de travaux. Elle illustre à merveille la brillante civilisation arabo-andalouse qui connaît alors son âge d'or.	987

Date	France	Europe
	Robert afin d'assurer la pérennité de la dynastie capétienne.	
988		**Le grand-prince de Kiev, Vladimir Ier, reçoit le baptême et épouse la sœur de l'empereur byzantin Basile II (il se contentait jusqu'alors de ses 800 concubines). Au XIIIe siècle, l'Eglise orthodoxe canonisera le héros légendaire qui, en se convertissant au christianisme, donna le jour à la « Sainte Russie ».**
992		Le doge Pietro Orseolo établit un protectorat vénitien sur le littoral dalmate, entre Zadar et Dubrovnik.
996	Robert II le Pieux succède à son père Hugues Capet sur le trône de France.	Première mention du mot Ostarrichi (Österreich, autrement dit Autriche) pour désigner la « marche de l'Est » (Ostmark), créée par Charlemagne et reconquise sur les Hongrois par Otton Ier.
997		Avènement de saint Etienne Ier, fils de Géza et premier roi de Hongrie. Il est l'artisan de l'évangélisation des Magyars et de la mise en place d'institutions de type occidental : celles-ci demeureront presque inchangées jusqu'au XVIIIe siècle.
1000		Les prétendues peurs millénaristes, liées aux catastrophes annoncées dans l'*Apocalypse* de saint Jean, sont en fait une invention très postérieure. La plupart des hommes de

Monde	Arts et Sciences	Date
		988
		992
		996
		997
		1000

DATE	FRANCE	EUROPE
		l'An Mil n'ont même pas eu conscience du changement de millénaire.
v. 1000		
1001		
v. 1004		
1008		Le baptême du roi Olof Skötkonung marque le début de l'évangélisation de la Suède.
1009		
1010	Geoffroi de Sablé fonde le monastère de Solesmes, au bord de la Sarthe. Les bâtiments seront détruits pendant la guerre de Cent Ans, mais Solesmes est demeuré	

Monde	Arts et Sciences	Date
Leif Eriksson poursuit les explorations de son père Erik le Rouge et découvre le Vinland (« Pays de la vigne »). Certains historiens situent cette contrée nord-américaine à Terre-Neuve, d'autres au sud du golfe du Saint-Laurent.	Les Chinois mettent au point la boussole et utilisent la poudre à des fins militaires.	v. 1000
Première expédition en Inde du Turc Mahmud de Rhazni. Pendant trente ans, il va ravager la vallée du Gange et rapporter le fruit de ses pillages dans son royaume, qui correspond à l'actuel Afghanistan.		1001
	Murasaki Shikibu, dame de la cour japonaise, évoque les intrigues et les plaisirs d'une société très raffinée dans le *Dit du Genji (Genji monogatari)*, l'un des premiers grands romans de la littérature universelle.	v. 1004
		1008
	Première consécration de l'église abbatiale de Saint-Martin-du-Canigou (Pyrénées-Orientales).	1009
	Début de la construction de l'église Saint-Michel à Hildesheim (Basse-Saxe).	1010

DATE	FRANCE	EUROPE
	jusqu'à nos jours l'un des principaux établissements bénédictins français.	
1014		Les Bulgares sont écrasés à la Strumica par l'empereur byzantin Basile II, qui fait crever les yeux de 15 000 prisonniers. Ils ne pourront s'affranchir de la tutelle byzantine et reconstruire un Etat qu'au début du XIIIe siècle.
1016		Avènement d'Olav II Haraldson, dit le Saint. Après le Danemark et la Suède, le royaume de Norvège entre dans un processus de christianisation rapide. Le Danois Knud Ier le Grand devient roi d'Angleterre et engage une politique de rapprochement entre les Scandinaves, nombreux dans le nord du pays, et les Anglo-Saxons. Il hérite du Danemark en 1018 et conquiert la Norvège après la mort d'Olav II Haraldson en 1028. Mais cet empire centré sur la mer du Nord ne lui survivra pas.
v. 1020		
1021		

Monde	Arts et Sciences	Date
		1014
		1016
	Le moine italien Guido d'Arezzo met au point le système de notation musicale *ut ré mi fa sol la si* en utilisant les premiers vers de l'hymne latin *Ut queant laxis.*	v. 1020
Mort du calife fatimide d'Egypte al-Hakim, qui a été divinisé de son vivant. Ses adorateurs fondent la secte des Druzes dans le sud de la Syrie.		1021

DATE	FRANCE	EUROPE
1024		Elu à la tête du Saint Empire romain germanique, Conrad II fonde la dynastie franconienne, qui règnera jusqu'en 1136. Cette période sera dominée par la querelle avec la papauté et par l'émiettement féodal.
1030		
1031	Henri Ier succède à son père Robert le Pieux sur le trône de France. Sa faiblesse l'obligera à reculer en face de son frère Robert, duc de Bourgogne, de la maison de Blois-Champagne, puis du duc de Normandie.	**Fin du califat omeyyade de Cordoue. Hicham III est détrôné, et l'Espagne musulmane se morcelle en une vingtaine de principautés indépendantes, les royaumes de *taifas* (c'est-à-dire de factions). Cet émiettement va favoriser la *Reconquista,* même si l'Espagne chrétienne est elle-même divisée en plusieurs Etats : royaumes de León, de Castille, de Navarre et d'Aragon, comté de Barcelone.**
1032		
1035	Guillaume le Bâtard, fils de Robert le Diable, devient duc de Normandie. Il va devoir guerroyer pendant douze ans pour imposer son autorité à ses barons.	
1037		

MONDE	ARTS ET SCIENCES	DATE
		1024
A Jérusalem, les Byzantins font reconstruire le Saint-Sépulcre, détruit en 1009 par le calife fatimide al-Hakim.	L'art roman gagne l'Allemagne : début de la construction du dôme impérial (cathédrale) de Spire.	1030
		1031
	En Catalogne, consécration de l'église romane du monastère bénédictin Santa-Maria de Ripoll.	1032
		1035
	Naissance du Persan Omar Khayyam. Il exercera ses activités de poète, de philosophe, d'astro-	1037

Date	France	Europe
v. 1040		
v. 1041		
1042	Lanfranc, formé en Italie, devient prieur du Bec-Helluin. Il sera le plus proche conseiller de Guillaume de Normandie et l'un des hommes d'Eglise les plus puis-	A la mort du Danois Knud le Grand, Edouard le Confesseur devient roi d'Angleterre. Mais la restauration de la dynastie anglo-saxonne sera de courte durée,

Monde	**Arts et Sciences**	**Date**
	nome et de mathématicien à Samarkand et à Ispahan. Ses quatrains, chefs-d'œuvre de la poésie orientale, émerveilleront l'Occident à partir de 1859 grâce à la traduction anglaise d'Edward Fitzgerald. Début de la construction de la cathédrale Sainte-Sophie de Kiev, en style byzantin.	
Sur une île du fleuve Sénégal, le marabout Abd Allah ibn Yassine fonde la confrérie des Almoravides, des berbères sahariens qui appliquent strictement les préceptes de l'islam. Au cours des décennies suivantes, ces moines guerriers vont fonder une dynastie au Maroc et créer un vaste empire s'étendant de l'Afrique noire jusqu'en Andalousie.		v. 1040
	Le Chinois Bi Sheng invente les caractères mobiles d'imprimerie. Ceux-ci sont d'abord fabriqués en terre cuite, puis en plomb, et enfin en cuivre. Début de la construction de l'église abbatiale Sainte-Foy-de-Conques, une des étapes majeures du pèlerinage de Saint-Jacques-de-Compostelle.	v. 1041
Le moine indien Atisa (Dipankara) s'installe à Lhassa. Il est considéré comme le « purificateur », c'est-à-dire le grand réformateur du bouddhisme tibétain.		1042

DATE	FRANCE	EUROPE
	sants d'Occident : abbé de Saint-Etienne de Caen en 1060, archevêque de Cantorbéry en 1070, primat d'Angleterre en 1072.	puisque dès 1051, il promet sa succession à son cousin, le duc Guillaume de Normandie.
1043	Une grande famine ravage de nouveau la France, doublée d'une épidémie de « mal des ardents » ou « feu de Saint-Antoine ». Cette maladie, qui sévira jusqu'au XIIe siècle, est liée à l'absorption d'un champignon contenu dans la farine de seigle (ergot).	
1044		
1046		Arrivée en Italie du Normand Robert Guiscard. Avec l'aide de ses demi-frères Onfroi et Guillaume Bras de Fer, il va chasser les Byzantins du sud de la botte et les Sarrasins de Sicile.
v. 1050	**En France, comme dans une grande partie de l'Europe, s'amorce un essor économique et démographique qui va durer trois siècles. Les progrès agricoles sont dus à la généralisation de l'usage du fer et à des innovations récentes comme le collier d'épaule. Les abbayes engagent de vastes programmes de défrichements afin d'augmenter les surfaces cultivées.**	

Monde	Arts et Sciences	Date
		1043
Avènement du roi Anoratha, le premier unificateur de la Birmanie. Il impose le bouddhisme à son peuple et fait de Pagan, sa capitale, la « ville des mille temples ».		1044
		1046
L'empire mandingue du Mali, qui s'est développé au siècle précédent à partir de la vallée du Niger, est mentionné pour la première fois lorsque son souverain se rend en pèlerinage à La Mecque.	Le *Beatus de Liebana* (*Commentaires de l'Apocalyse*) des moines de Saint-Sever (Landes) marque l'irruption du style roman dans l'art de l'enluminure.	v. 1050

DATE	FRANCE	EUROPE
1051	Henri Ier épouse la fille du grand-duc de Kiev, Iaroslav Ier. Anne sera la mère de Philippe Ier.	Un moine formé au mont Athos fonde à Kiev le premier monastère de Russie : la Petcherskaïa Lavra.
1053		
1054		
1055		

MONDE	ARTS ET SCIENCES	DATE
		1051
	Le sculpteur japonais Jocho exécute un Bouddha Amida en bois laqué et doré pour le temple du Byodo-in, à Uji, près de Kyoto.	1053
Schisme d'Orient. Le patriarche de Constantinople Michel Keroularios (Cérulaire) et le pape Léon IX s'excommunient mutuellement. Cette rupture est la conséquence de plusieurs siècles de querelles théologiques, de rivalités politiques et de méfiance réciproque entre Grecs et Latins. Les deux Eglises s'étaient d'ailleurs tellement éloignées l'une de l'autre que le divorce passe presque inaperçu en Occident. Toutes les tentatives de rapprochement échoueront jusqu'au concile de Vatican II et à la signature d'un acte abolissant la mémoire des anciens anathèmes par le patriarche Athênagoras et le pape Paul VI (1965).		1054
Après avoir fait d'Ispahan leur capitale en 1051, les Turcs seldjoukides entrent dans Bagdad. Le calife abbasside confère à leur chef, Toghroul-Beg, le titre de sultan – ce qui revient à lui reconnaître la réalité du pouvoir. La dynastie seldjoukide règnera de fait sur un empire s'étendant de l'actuelle Turquie à l'Afghanistan jusqu'à la		1055

Date	France	Europe
1060	Philippe Ier succède à son père Henri Ier. Une fois majeur, il s'efforcera d'agrandir le domaine royal afin de se prémunir contre les ambitions du duc de Normandie.	
v. 1060		
1062		
1063	Après avoir soumis toute la Normandie, Guillaume le Bâtard impose sa suzeraineté au Maine.	
1066		Conquête de l'Angleterre par les Normands. Fort de la promesse d'Edouard le Confesseur,

Monde	**Arts et Sciences**	**Date**
victoire des Mongols au début du XIIIe siècle.		
		1060
	La plus illustre des chansons de gestes, *la Chanson de Roland,* est fixée par écrit. Ce monument littéraire de 4002 vers décasyllabes met en scène des personnages du VIIIe siècle devenus de véritables mythes : Charlemagne, Roland, Olivier, le traître Ganelon et la belle Aude.	v. 1060
L'Almoravide Yusuf ibn Tachfin, successeur d'ibn Yassine et souverain du Maroc depuis l'année précédente, fonde la ville de Marrakech.		1062
	A Venise, la basilique Saint-Marc, qui abritait les reliques de l'évangéliste depuis le IXe siècle, est reconstruite selon un plan en croix grecque à cinq coupoles. Elle sera consacrée en 1094. Guillaume le Bâtard fonde l'abbaye aux Hommes de Caen et fait édifier l'église Saint-Etienne en une douzaine d'années.	1063
		1066

Date	France	Europe
		Guillaume le Bâtard s'embarque à Saint-Valéry-sur-Somme, défait les troupes de son rival Harold en octobre, à la bataille d'Hastings, et se fait couronner roi d'Angleterre à Westminster le jour de Noël.
1071		
1072		
1073		Election du pape Grégoire VII. La réforme grégorienne se caractérise par la lutte contre la simonie (trafic des biens spirituels) et le nicolaïsme (violation du vœu de chasteté des prêtres). Sa volonté de libérer l'Eglise de la tutelle laïque déclenche la querelle des Investitures en 1076.
1076		
1077		L'empereur germanique Henri IV, excommunié par Grégoire VII pour avoir voulu consacrer lui-même évêques et abbés, vient faire péni-

MONDE	ARTS ET SCIENCES	DATE
Le sultan seldjoukide Alp Arslan défait les Byzantins à Mantzikert. De cette bataille date le début de l'invasion de l'Anatolie par les Turcs et le repli des populations grecques.		1071
	A Ispahan, fondation de la Grande Mosquée du vendredi, chef-d'œuvre de l'architecture iranienne. Les travaux se poursuivront jusqu'au XVIIe siècle.	1072
		1073
Les Almoravides l'emportent militairement sur l'empire du Ghana et engagent l'islamisation de l'Afrique noire.		1076
	Accrochage de la « Telle du Conquest » dans la cathédrale de Bayeux. Longtemps appelée « tapisserie de la reine Mathilde »,	1077

DATE	FRANCE	EUROPE
		tence à Canossa. Cette victoire du pouvoir spirituel sur le temporel n'est que provisoire : une nouvelle excommunication frappera Henri IV, relançant la querelle des Investitures.
1078		
1081		
1084	Saint Bruno et six autres moines fondent le monastère de la Grande-Chartreuse (Isère) et l'ordre des Chartreux, entièrement dédié à la vie contemplative.	
1085		La prise de Tolède par le roi de Castille, Alphonse VI, est ressentie comme une grande victoire dans toute la chrétienté. Mais dès l'année suivante, les troupes almoravides passent du Maghreb en Espagne et lui infligent un revers cuisant à Zalaca – endiguant pour plusieurs décennies l'avancée des chrétiens vers le Sud.
1088		

Monde	Arts et Sciences	Date
	cette broderie de 70 mètres de long sans doute exécutée en Angleterre raconte l'expédition victorieuse de Guillaume le Bâtard outre-Manche.	
	Début de la construction de la cathédrale romane de Saint-Jacques-de-Compostelle.	1078
	Début de la construction de la cathédrale de Mayence.	1081
		1084
		1085
	En Chine, mise au point de la première clepsydre (horloge à eau) à échappement. **Début des travaux de la troisième église de Cluny (Cluny III), qui sera le plus grande édifice de la chrétienté jusqu'à la construction de l'actuelle basilique Saint-Pierre-de-Rome.**	1088

DATE	FRANCE	EUROPE
v. 1090		Achèvement du *Domesday Book*, commandé par Guillaume le Conquérant. Cet énorme « cadastre » très détaillé recense l'ensemble des terres anglaises, leur statut et celui de leurs habitants.
1091		Six ans après la mort de Robert Guiscard, les Normands achèvent la conquête de la Sicile et y pratiquent une politique de tolérance à l'égard des Grecs et des Arabes.
1092		
1094		Rodrigo Diaz de Vivar, dit le Cid Campeador (de l'arabe *sidi*, seigneur), s'empare (pour quelques années) de Valence. Véritable incarnation de la *Reconquista,* il inspirera de nombreux auteurs espagnols, avant d'être immortalisé par Corneille.
1095	**Au concile de Clermont, le pape Urbain II, ancien moine de Cluny, prêche la guerre sainte pour libérer les Lieux saints et défendre les chrétiens d'Orient opprimés par l'islam.** Aussitôt s'organise la première croisade (il y en aura huit), qui regroupe en fait deux expédi-	

Monde	Arts et Sciences	Date
	Fondation de l'université de Bologne.	
	A Pagan, capitale de la Birmanie, construction du temple bouddhiste Ananda, en forme de croix grecque.	v. 1090
		1091
Hasan ibn al-Sabah fonde la secte des Assassins (« fumeurs de haschisch ») et installe son repaire dans la forteresse iranienne d'Alamut (« Nid d'aigle »).		1092
		1094
		1095

DATE	FRANCE	EUROPE
	tions autonomes : d'une part, des bandes de pèlerins indisciplinés et mal équipés; d'autre part, des troupes encadrées par les meilleurs chevaliers d'Europe.	
1096		
1097		Le roi de Castille Alphonse VI crée le comté de Portugal (correspondant à la moitié septentrionale du territoire actuel) pour l'offrir à son gendre, Henri de Bourgogne. Le Portugal commence alors à se différencier du reste de la péninsule ibérique.
1098	Saint Robert, abbé clunisien de Molesmes, fonde le monastère de Cîteaux (Côte d'Or) afin de restaurer la stricte application de la règle de saint Benoît.	
1099		Alliés aux Byzantins depuis 1082, les Vénitiens installent un marché international sur la rive du Grand Canal. Ils devront bientôt affronter la concurrence commerciale de Gênes et de Pise.

Monde	Arts et Sciences	Date
La croisade « populaire », menée par Pierre l'Ermite et Gautier Sans Avoir, traverse le Bosphore et est exterminée par les Turcs seldjoukides.		1096
		1097
		1098
Après une série de victoires (Nicée, Edesse, Antioche), la croisade des barons s'empare de Jérusalem. Refusant le titre de roi, Godefroi de Bouillon devient avoué du Saint-Sépulcre. La conquête de la Terre sainte entraîne la fondation de l'ordre des Hospitaliers de Saint-Jean-de-Jérusalem (ils prendront le nom de Chevaliers de Malte en 1530). La vocation hospitalière de ces		1099

DATE	FRANCE	EUROPE
1100		
v. 1100	Protégées par les comtes de Champagne, les foires de Champagne acquièrent une importance internationale et fonctionnent tout au long de l'année en alternance dans quatre villes : Lagny, Bar-sur-Aube, Provins et Troyes. D'abord apparu dans le Limousin, le catharisme se répand rapidement dans le sud de la France.	Tandis que Bruxelles s'entoure d'une première enceinte fortifiée, en Flandre, des terrains cultivables sont gagnés sur les étangs et sur la mer grâce à la technique des polders.
1108	Louis VI le Gros succède à son père Philippe Ier sur le trône de France. Il va règner près de trente ans et manœuvrer habilement pour renforcer son domaine d'Ile-de-France, tout en contrant les ambitions du duc de Normandie et de l'empereur germanique. Le mouvement communal de Noyon débouche sur l'octroi d'une charte. Imitant cet exemple, de très nombreuses villes françaises vont conquérir au XIIe siècle un certain nombre de privilèges et de libertés qui leur assureront une relative autonomie par rapport aux structures féodales.	

Monde	Arts et Sciences	Date
moines-soldats deviendra rapidement secondaire par rapport à leur fonction militaire.		
Après la mort de son frère Godefroi, Baudouin Ier fonde le royaume latin de Jérusalem, qui perdurera pendant près de deux siècles.		1100
Au Pérou, la légende situe vers cette époque le règne de l'empereur Manco Capac Ier, le fondateur de la dynastie inca.	Exécution des peintures murales (scènes de l'Ancien Testament) de l'église de Saint-Savin-sur-Gartempe (Vienne). Les navigateurs chinois utilisent une aiguille aimantée. Mais la véritable boussole ne sera mise au point qu'à la fin du XIIIe siècle.	v. 1100
		1108

Date	France	Europe
1109		
1112		
1113-1144		
1115	Dix-sept ans après la fondation de Cîteaux par Robert de Molesmes, saint Bernard fonde le monastère de Clairvaux. C'est le véritable point de départ de la réforme cistercienne, qui entend lutter contre le luxe excessif de Cluny et appliquer dans toute son austérité la règle de saint Benoît. A la mort de saint Bernard, en 1153, l'ordre comptera 343 maisons (530 vers 1200).	
v. 1115		

MONDE	ARTS ET SCIENCES	DATE
	Mort du théologien italien saint Anselme, abbé bénédictin du Bec-Helluin, en Normandie, puis archevêque de Cantorbéry. Il est entré dans l'histoire de la philosophie en formulant la preuve ontologique de l'existence de Dieu.	1109
	Le roi khmer Suryavarman II entreprend la construction d'Angkor Vat. Ce monument consacré à Vishnou, qui s'étend sur près de 200 hectares, est le plus parfait exemple de temple sur pyramide, dit « temple-montagne ».	1112
Le règne de Suryavarman II marque l'apogée de l'empire khmer, qui s'étend de la Birmanie à la péninsule malaise.		1113-1144
		1115
	Le tympan du portail de l'église Saint-Pierre de Moissac, représentant la *Vision de l'Apocalypse*, est un des sommets de la sculpture romane.	v. 1115

Date	France	Europe
1118	Le théologien parisien Pierre Abélard est émasculé pour avoir contracté un mariage secret avec Héloïse, nièce du chanoine Fulbert. Les deux amants sont séparés, mais leur correspondance (qui est parvenue jusqu'à nous) donnera une dimension légendaire à cette étonnante histoire d'amour.	
1119		
1120	Saint Norbert fonde l'ordre des prémontrés à Prémontré, près de Laon.	
v. 1120		
1121		
1122		Le concordat de Worms, signé par l'empereur germanique Henri V et le pape Calixte II, met fin à la querelle des Investitures. Le pouvoir spirituel l'a emporté sur le temporel.

Monde	Arts et Sciences	Date
		1118
A Jérusalem, Hugues de Payns et quelques autres chevaliers français fondent l'ordre des Templiers. L'ordre est confirmé en 1128 et reçoit le soutien de saint Bernard de Clairvaux.		1119
		1120
	Construction des trois portails romans de l'avant-nef dans l'église de la Madeleine à Vézelay.	v. 1120
Le Berbère Muhammad ibn Tumart fonde la doctrine almohade et prend le titre de mahdi (celui qui fait règner le Bien). Il engage la lutte contre la dynastie des Almoravides.		1121
		1122

DATE	FRANCE	EUROPE
1125		A la mort de l'empereur Henri V, l'Allemagne ressemble à un puzzle de petites principautés féodales. L'Eglise est désormais l'unique pouvoir fédérateur. Après la mort de Vladimir Monomaque, l'Etat de Kiev se décompose en une multitude de principautés indépendantes et de fiefs de type féodal. Mais dès la seconde moitié du XIIe siècle émergera un nouvel Etat à vocation unificatrice : la principauté de Vladimir Souzdal.
v. 1125		
1127		
v. 1130		

MONDE	ARTS ET SCIENCES	DATE
		1125
	Naissance du troubadour limousin Bernard de Ventadour, l'un des plus grands musiciens du Moyen Age. Il fréquentera à la cour d'Aliénor d'Aquitaine.	v. 1125
La progression des Tatars oblige les Chinois à leur abandonner le nord du pays et à transférer leur capitale de Kaifeng à Hangzhou : c'est le début de la dynastie des Song du Sud.		1127
	Roger II, roi normand de Sicile, accueille à Palerme des artisans grecs qui y acclimatent le mûrier et le ver à soie. **La *Vierge de Vladimir*, peut-être la plus célèbre des icônes byzantines, arrive à Kiev. Elle sera transférée à Vladimir quelques années plus tard, puis à Moscou, où elle est toujours conservée, et servira de modèle à des générations de peintres russes.**	v. 1130

DATE	FRANCE	EUROPE
1132	Suger, abbé de Saint-Denis et « inventeur » de l'architecture gothique, devient le conseiller le plus influent de son ancien camarade d'école, le roi Louis VI. Il continuera à servir la monarchie capétienne après la mort de son ami.	
1132-1140		
1133		**L'érection de l'évêché de Gênes en archevêché traduit la puissance maritime de cette cité de marchands qui domine l'ensemble de la Méditerranée occidentale.**
1137	Louis VII le Jeune succède à son père Louis VI, poursuit sa politique de consolidation et épouse Aliénor, duchesse d'Aquitaine. Son règne de quarante-sept ans sera marqué par un duel sans merci avec Henri II Plantagenêt, maître de l'« Empire angevin ».	
1138		Le duc de Souabe, Conrad de Hohenstaufen, est élu empereur germanique sous le nom de Conrad III. Sous la dynastie des Hohenstaufen, le centre de gravité du Saint Empire glissera vers l'Italie.
1139		**Le comte de Portugal Alphonse Henriques défait les Arabes à Ourique. Cette victoire retentissante lui permet de prendre le titre**

Monde	Arts et Sciences	Date
		1132
	Roger II fait construire à Palerme la chapelle palatine où se mêlent les influences normandes, l'ébénisterie arabe et les mosaïques byzantines.	1132-1140
		1133
		1137
		1138
		1139

DATE	FRANCE	EUROPE
		de roi et d'obtenir de la Castille qu'elle reconnaisse l'indépendance du Portugal. Il poursuivra sa marche vers le sud et s'emparera de Lisbonne en 1147.
1139-1147		
1142		
1144		
1145	Tandis que le catharisme se répand dans le sud de la France, saint Bernard de Clairvaux prêche en langue d'oc contre les hérétiques.	
1146	En accord avec le pape Eugène III, Saint Bernard de Clairvaux prêche la deuxième croisade à Vézelay.	
1147		

Monde	Arts et Sciences	Date
	Construction de l'abbaye bourguignonne de Fontenay, dont l'élégance dépouillée représente l'idéal de l'architecture cistercienne.	1139-1147
Les Hospitaliers s'installent à Qalaat al-Husn (aujourd'hui en Syrie) et y édifient le krak des Chevaliers, puissante forteresse qui résistera jusqu'en 1271.		1142
	La consécration du chevet de l'église abbatiale de Saint-Denis marque la naissance de l'art gothique. Alors que l'art roman atteint son plus haut degré de perfection, un style nouveau triomphe grâce à la volonté d'un homme : Suger, abbé de Saint-Denis, qui reconstruit la basilique en privilégiant la légèreté et la lumière.	1144
		1145
		1146
Abd al-Mumin, successeur de Muhammad ibn Tumart et fon-		1147

Date	France	Europe
1147-1149		
1148		
1151		Par le traité de Tudellen, Alphonse VII de Castille et Raymond Berenger IV de Barcelone se partagent les territoires qu'ils s'apprêtent à reprendre aux musulmans. Mais la *Reconquista* va être interrompue pendant quelques décennies du fait de l'arrivée des Almohades dans la péninsule ibérique.
1152		**Quelques semaines après l'annulation de son mariage avec le roi de France Louis VII, Aliénor d'Aquitaine épouse Henri Plantagenêt. Celui-ci, déjà duc de Normandie et comte d'Anjou, ajoute l'Aquitaine à ses possessions françaises. Il deviendra roi d'Angle-**

Monde	Arts et Sciences	Date
dateur de la dynastie des Almohades, achève la conquête du Maroc en prenant Marrakech aux Almoravides. Devenu calife, il étend son autorité sur toute l'Afrique du Nord et le sud de l'Espagne.		
Le roi de France Louis VII et l'empereur Conrad III se croisent dans le but affiché de reprendre Edesse, tombée aux mains des musulmans en 1144. Cette deuxième croisade se solde par un échec.		1147-1149
L'ordre des Templiers, qui contrôle une série de forteresses en Palestine, se voit conférer un habit par le pape Eugène III : manteau blanc et croix vermeille.		1148
		1151
		1152

DATE	FRANCE	EUROPE
		terre deux ans plus tard sous le nom d'Henri II et règnera jusqu'à sa mort, en 1189, sur ce qu'on a appelé l'« Empire angevin » Election de l'empereur germanique Frédéric Ier Barberousse. Soucieux de rétablir son autorité, il se heurte à la papauté et ravive la querelle des Investitures dès 1154 : la « lutte du Sacerdoce et de l'Empire » durera un siècle.
1155	Première rédaction de la charte d'affranchissement de Lorris en Gâtinais (qui remonte au règne de Louis VI). En accordant un certain nombre d'exemptions aux bourgeois de la ville, cette charte vise à favoriser le développement économique. Beaucoup d'autres communautés la prendront comme modèle.	
1158-1162		La révolte de Milan contre l'empereur Frédéric Barberousse se solde par un long siège et par la destruction de la ville. Mais ce revers provisoire n'empêchera pas de nombreuses cités italiennes de s'engager dans un long combat pour leur autonomie.
v. 1160		
1162		En reconnaissant l'évêque de Genève comme l'un de ses vassaux immédiats, l'empereur Frédéric

Monde	Arts et Sciences	Date
		1155
		1158-1162
	Début de la construction des cathédrales gothiques de Laon et d'Arras.	v. 1160
		1162

DATE	FRANCE	EUROPE
		Barberousse entérine le rôle essentiel joué par la grande cité suisse.
1163		
1164		La création de l'archevêché d'Uppsala marque le triomphe définitif de l'Eglise suédoise, soutenue par l'ordre cistercien.
1165		
v. 1165		
1166		Henri II Plantagenêt prend le contrôle de la Bretagne et l'organise en duché.
1167		

MONDE	ARTS ET SCIENCES	DATE
	Le même jour (21 avril), le pape Alexandre III consacre le nouveau chœur gothique de l'abbaye Saint-Germain-des-Prés et pose la première pierre de Notre-Dame de Paris : les travaux seront d'abord dirigés par l'évêque Maurice de Sully.	1163
		1164
	Début de la construction du chœur de la cathédrale d'Avila, l'un des premiers exemples d'architecture gothique en Espagne.	1165
	Chassé de son Espagne natale par l'intolérance des Almohades, le médecin et penseur juif Moïse Maimonide s'établit en Egypte. Il va y écrire une œuvre monumentale inspirée par le Talmud, par les sciences de son temps, ainsi que par la philosophie d'Aristote.	v. 1165
		1166
	Fondation de l'université d'Oxford, qui adopte le modèle de fonctionnement en vigueur à Paris.	1167

DATE	FRANCE	EUROPE
1168		
v. 1168		
1170		Meurtre dans la cathédrale : Thomas Beckett, archevêque de Cantorbéry et ancien chancelier du royaume, est assassiné par des serviteurs d'Henri II parce qu'il défend les intérêts de l'Eglise contre le pouvoir royal. Il sera canonisé trois ans plus tard, et son tombeau deviendra l'un des grands centres de pèlerinage anglais. L'évêque danois Absalon fonde Copenhague (« le port des marchands »).
v. 1170		
1173	Premier prêche à Lyon de Pierre Valdo, le fondateur de la secte des vaudois. Sa doctrine, à mi-chemin entre le manichéisme cathare et la pauvreté évangélique que prônera bientôt saint François d'Assise, sera	

MONDE	ARTS ET SCIENCES	DATE
Des tribus chichimèques envahissent le Mexique central et détruisent la capitale des Toltèques, Tula.		1168
	Le Champenois Chrétien de Troyes entame son grand cycle artusien avec *Lancelot ou le Chevalier à la charrette. Yvain ou le Chevalier au lion* suivra v. 1172, puis *Perceval ou le Conte du Graal* vers 1180. Certains critiques voient en lui le véritable fondateur du genre romanesque en Occident.	v. 1168
		1170
	Le trouvère normand Béroul est le premier d'une longue série de poètes médiévaux à retranscrire la légende de Tristan et Iseut.	v. 1170
	Construction du campanile (ou « tour penchée ») de Pise.	1173

DATE	FRANCE	EUROPE
	condamnée par Rome comme hérétique.	
1174		
1175		**Henri II Plantagenêt impose sa suzeraineté à l'Irlande, qui ne sera dès lors plus qu'une sorte de « colonie » anglaise.**
v. 1175		
1176		
1177		A Venise, premières épousailles de la mer : le doge prend symboliquement possession de l'Adriatique en lançant un anneau dans l'eau.
1180	**Philippe II Auguste succède à son père Louis VII. Il va considérablement agrandir le domaine royal et engager un processus pluriséculaire de construction d'un Etat national.**	
1180-1190		Après plus d'un siècle et demi de domination byzantine, la Bulgarie profite de la mort de Manuel Ier Commène pour reconquérir son indépendance. La Serbie connaît la même évolution.

Monde	Arts et Sciences	Date
	Début de la construction de la cathédrale de Cantorbéry : le style gothique s'impose en Angleterre.	1174
		1175
	Pierre de Saint-Cloud compose le noyau initial du *Roman de Renart*, qui sera développé par de nombreux continuateurs.	v. 1175
Les Turcs seldjoukides remportent une nouvelle victoire décisive sur les Byzantins de Manuel Ier Commène à Myriokephalon.		1176
		1177
		1180
		1180-1190

DATE	FRANCE	EUROPE
1184-1196		
1185	Pour la première fois, Philippe Auguste fait paver les rues de Paris. Cinq ans plus tard débute l'édification d'un épais rempart de pierres flanqué de tours rondes, capable de résister aux assauts du roi d'Angleterre.	
1187		
1189		Richard Ier Cœur de Lion succède à son père Henri II. Ce roi-chevalier aquitain, qui ne parle pas un mot d'anglais, va devenir une figure légendaire grâce à ses faits d'armes en Terre sainte.
1190-1192		

Monde	Arts et Sciences	Date
	Erection de la Giralda de Séville, minaret de 70 mètres de haut transformé en campanile au XIVe siècle.	1184-1196
Le duel qui opposait le clan des Taira à celui des Minamoto depuis le milieu du Xe siècle prend fin avec l'écrasement des premiers durant la bataille navale de Dannoura.		1185
Le sultan Saladin défait Gui de Lusignan, roi de Jérusalem, et s'empare de la Ville Sainte et de la plus grande partie du royaume latin. Les Hospitaliers doivent se replier sur Saint-Jean-d'Acre. Ce désastre amène le pape Grégoire VIII à prêcher une nouvelle croisade.		1187
		1189
Le roi de France, le roi d'Angleterre et l'empereur germanique dirigent conjointement la troisième croisade. Après la mort accidentelle de Frédéric Barberousse et le départ prématuré de Philippe Auguste, Richard Cœur de Lion remporte quelques victoires brillantes, mais il doit finalement négocier un accord avec		1190-1192

Date	France	Europe
1191	Après avoir annexé Amiens, l'Artois et le Vermandois, Philippe Auguste s'empare de plusieurs territoires appartenant à Richard Cœur de Lion, dont le Vexin normand.	**Fondation des chevaliers Teutoniques, le troisième ordre de moines-soldats après les Hospitaliers et les Templiers.** Il est bientôt réservé à la noblesse allemande et employé à de toutes autre fins que la lutte contre l'islam en Terre sainte : les Teutoniques sont engagés en Hongrie en 1211, en Prusse en 1225.
1192		
1194		

Monde	Arts et Sciences	Date
Saladin, qui aujourd'hui encore fait figure de héros légendaire dans les pays musulmans. En échange d'un libre accès à Jérusalem, les chrétiens s'engagent à ne pas gêner les pèlerins musulmans en route vers La Mecque.		
		1191
Le plus puissant seigneur féodal du Japon, Minamoto no Yoritomo, se fait nommer *shogun* (dictateur militaire) et établit son gouvernement dans son fief de Kamakura, au sud-ouest de l'actuelle Tokyo. Cette date marque la fin de la période de Heian (794-1192) et le début de celle de Kamakura (1192-1333). Jusqu'en 1868, les successeurs de Yoritomo détiendront la réalité du pouvoir, la cour impériale de Kyoto ne jouissant plus que d'un prestige symbolique.		1192
	A Chartres (comme à Strasbourg en 1176), l'incendie de la cathédrale romane est à l'origine d'un nouvel édifice de style gothique.	1194

DATE	FRANCE	EUROPE
1195		Victoire des Almohades sur Alphonse VIII de Castille à Alarcos.
v. 1195		
1196		
1197		A l'avènement d'Otakar Ier, la Bohême devient une monarchie héréditaire.
1198		
1199		Mort de Richard Cœur de Lion durant une expédition féodale en Limousin. Son frère Jean sans Terre lui succède sur le trône d'Angleterre. C'est le début d'une période de faiblesse pour la dynastie Plantagenêt – faiblesse dont profitera Philippe Auguste.

Monde	Arts et Sciences	Date
	Début des travaux de la cathédrale de Bourges. A Marrakech, érection du minaret de la Kutubiyya (mosquée des Libraires), l'un des chefs-d'œuvre de l'architecture du Maghreb.	1195
	A Rabat, érection de la tour Hasan. La gigantesque mosquée qui devait se dresser à côté de ce monument n'a jamais été achevée.	v. 1195
	Début de la construction du baptistère de Parme, sous la direction du sculpteur Benedetto Antelami. Ce monument illustre l'introduction tardive du gothique en Italie.	1196
	Richard Cœur de Lion fait construire un des fleurons de l'architecture militaire médiévale aux Andelys (Eure) : la forteresse de Château-Gaillard, qui sera prise dès 1204 par Philippe Auguste.	1197
	Mort d'Averroes, médecin musulman de Cordoue. Ses commentaires d'Aristote exerceront une influence capitale sur la philosophie de l'Occident médiéval.	1198
		1199

DATE	FRANCE	EUROPE
v. 1200		
1202		L'évêque de Riga Albert de Buxhoeveden s'inspire de l'exemple des Templiers pour fonder l'ordre des Porte-Glaive. Ces moines-soldats auront pour vocation la lutte contre les peuples païens de Livonie (Lettonie et Estonie actuelles). Leur œuvre d'évangélisation sera achevée en 1290.
1203		
1204		**La grande bénéficiaire de la quatrième croisade est la République de Venise. Pour prix de son alliance avec les chevaliers occidentaux, le doge Enrico Dandolo obtient la ville dalmate de Zara, la Crète et de nombreuses îles grecques, ainsi qu'une partie du Peloponnèse et de la Thrace. L'empire vénitien entre dans son âge d'or.**

Monde	Arts et Sciences	Date
Les Mayas abandonnent Chichen Itaza et font de Mayapan leur capitale.	Rédaction de l'épopée allemande des *Nibelungen.* Vers la même époque apparaissent les Minnesänger, qui chantent l'amour courtois en s'inspirant des trouvères et des troubadours français. Après Chrétien de Troyes, le poète allemand Wolfram von Eschenbach évoque la légende arturienne dans son *Parzifal* (Perceval).	v. 1200
		1202
	Au Mont-Saint-Michel, début de la construction de la Merveille, bâtiment de granit destiné au logement des hôtes.	1203
La quatrième croisade est détournée de son but initial : au lieu de continuer vers l'Egypte, les chevaliers occidentaux s'emparent de la capitale byzantine et fondent l'Empire latin de Constantinople de part et d'autre du Bosphore. Ce nouvel Etat durera près de soixante ans.		1204

Date	France	Europe
1205	L'Espagnol saint Dominique de Guzman tente de combattre le catharisme par la persuasion.	
1206		
1208	**Après l'assassinat de son légat Pierre de Castelnau, le pape Innocent III prêche la croisade contre les albigeois (ou cathares). Un seigneur de l'Ile-de-France, Simon de Montfort, prend sa tête en 1209 et saccage Béziers et Carcassonne.**	

Monde	**Arts et Sciences**	**Date**
		1205
Après avoir envahi l'Inde à partir de l'Afghanistan à la fin du siècle précédent, les Turcs fondent un sultanat musulman et font de Delhi leur capitale (elle le restera jusqu'en 1556). Cette victoire est célébrée par la construction du Koutoub Minar, le plus haut minaret du monde. **Gengis Khan (son nom signifie sans doute « empereur universel ») unifie les tribus nomades de Mongolie. Au cours des vingt années suivantes, il bâtit un gigantesque empire qui s'étend des rives du Pacifique et de la Chine du Nord jusqu'à la Caspienne. Ses successeurs étendront l'aire d'influence mongole au Tibet, à la Perse, à la Russie, et pousseront leurs offensives jusqu'à Vienne, Pagan (Birmanie) et Java. Leur politique de conquête fondée sur la terreur contraste avec une administration très tolérante qui favorise la circulation des marchandises et des idées entre l'Europe et l'Extrême-Orient.**		1206
		1208

Date	France	Europe
1209		Saint François d'Assise fonde l'ordre des Frères mineurs (franciscains) pour mettre en pratique son idéal de pauvreté et d'apostolat. Trois ans plus tard, il organise avec sainte Claire l'ordre des Pauvres Dames ou clarisses.
1210-1220		
1211		
1212	La Croisade des enfants est l'un des épisodes les plus pitoyables de la guerre sainte contre l'islam. Des bandes de jeunes pèlerins français et allemands traversent la France pour aller délivrer Jérusalem et sont bernés par des marchands marseillais, qui vont les vendre comme esclaves en Egypte.	**Les rois chrétiens coalisés écrasent les Almohades à Las Navas de Tolosa. Cette victoire retentissante entraîne une accélération de la *Reconquista* : Cordoue tombera en 1236, Valence en 1238, Séville en 1248.**
1213	Simon de Montfort remporte une victoire décisive à Muret sur ses principaux adversaires, le comte de Toulouse, Raimond VI, et le roi d'Aragon, Pierre II.	
1214	**Bataille de Bouvines. Philippe Auguste défait les troupes de Jean sans Terre et de ses alliés, l'empereur germanique Otton IV de Brunswick et Ferrand, comte de Flandre. Cette victoire, qui entraîne l'essor d'un authentique sentiment national, lui permet de**	

MONDE	ARTS ET SCIENCES	DATE
	Chassés d'Oxford après des incidents violents, des clercs et leurs élèves s'installent sur les bords de la Cam. Le premier collège de Cambridge, Peterhouse, sera fondé en 1284 et l'université reconnue par le pape en 1318.	1209
	Exécution des vitraux de la nef de la cathédrale de Chartres.	1210-1220
	A la suite d'un incendie, début de la construction d'une nouvelle cathédrale à Reims.	1211
		1212
		1213
		1214

Date	France	Europe
	desserrer l'étau anglais et de consolider la monarchie capétienne.	
1215		Les barons anglais se rebellent contre le roi Jean sans Terre et le contraignent à accorder la Grande Charte, texte constitutionnel qui deviendra par la suite le symbole des libertés fondamentales de l'Angleterre. A Florence, une querelle d'ordre familial se transforme en lutte de factions : les guelfes, partisans du pape, contre les gibelins, partisans de l'empereur. Cette opposition va gagner l'ensemble des villes de la péninsule et dominer la vie politique italienne pendant plus d'un siècle.
1216		**Saint Dominique fonde l'ordre des frères prêcheurs.** Comme les franciscains, les dominicains vivent de la charité des fidèles (ordres mendiants) et s'installent dans les villes, où ils joueront un rôle primordial dans l'enseignement.
1217-1221		
1220		**Election de l'empereur germanique Frédéric II de Hohenstaufen. Le règne de ce souverain légendaire, qui passe la majeure partie de sa vie en Sicile, est essen-**

Monde	Arts et Sciences	Date
Gengis Khan s'empare de Pékin.		1215
		1216
La cinquième croisade, dirigée par le roi André II de Hongrie, se dirige vers l'Egypte et se solde par un échec complet.		1217-1221
	Début des travaux des cathédrales d'Amiens, Metz, Toul et Salisbury. Strasbourg suivra en 1230, Cologne en 1248.	1220

DATE	FRANCE	EUROPE
		tiellement marqué par une lutte acharnée contre les villes italiennes et contre la papauté. Celle-ci voit en lui un véritable « Antéchrist », attiré par l'islam et peut-être même par l'athéisme.
1221		
1223	A sa mort, Philippe Auguste lègue à son fils Louis VIII un domaine agrandi de la Normandie, du Maine, de l'Anjou, de la Touraine, du Poitou et de l'Auvergne.	
1224		
1226	Louis IX (le futur saint Louis) n'ayant que douze ans à la mort de son père Louis VIII, la régence est assurée par sa mère Blanche de Castille, qui doit faire face à une rébellion des grands féodaux.	
1228-1229		

Monde	Arts et Sciences	Date
	Fondation de la première école de médecine de France à Montpellier. **Le début de la construction de la cathédrale de Burgos marque le triomphe du modèle gothique français en Espagne. Des chantiers s'ouvriront à Tolède en 1226 et à León en 1255.**	1221
		1223
	Saint François d'Assise écrit le *Cantique du soleil.*	1224
		1226
L'empereur Frédéric II de Hohenstaufen conduit la sixième croisade. Au terme d'une négociation avec le sultan d'Egypte, al-Malik al Kamil, il obtient la restitution de Jérusalem, Nazareth et Bethléem.		1228-1229

DATE	FRANCE	EUROPE
1229	**Après vingt ans de persécutions et de massacres, la croisade contre les albigeois s'achève par la victoire des hommes du Nord sur les Méridionaux et du pouvoir capétien sur les grands féodaux. Une grande partie du Languedoc a été incorporée au domaine royal par Louis VIII.**	
1235		Le pape Grégoire IX confie la mise en œuvre de la procédure inquisitoriale à des tribunaux dirigés par des dominicains (l'Inquisition, destinée à lutter contre les divers mouvements hérétiques, a été créée en 1199).
1240		
v. 1240	Saint Louis crée de toutes pièces la ville d'Aigues-Mortes afin de disposer d'un port sur la Méditerranée.	
1241		
1242	**Début du règne personnel de saint Louis (Louis IX).** Il va règler le contentieux qui oppose Capétiens et Plantagenêts depuis plus d'un siècle et renforcer l'autorité royale	Le prince de Novgorod, Alexandre Nevski, vainc les chevaliers Porte-Glaive (ordre fusionné cinq ans plus tôt avec celui des Teutoniques) sur les glaces du lac des Tchoudes. Le

Monde	Arts et Sciences	Date
		1229
Grâce à la victoire de Soundiata Keita sur le roi de Sosso, l'empire mandingue du Mali s'étend désormais de l'Atlantique jusqu'à la vallée du Niger.		1235
Les Mongols s'emparent de la Corée, qui restera sous leur tutelle pendant plus d'un siècle.		1240
		v. 1240
Les Mongols atteignent les rivages de la mer Adriatique, point extrême de leurs incursions en Europe occidentale.	**Saint Louis fait édifier la Sainte-Chapelle sur l'île de la Cité, à Paris.** Ce chef-d'œuvre du gothique rayonnant, que certains historiens de l'art attribuent à l'architecte Pierre de Montreuil, sera achevé dès 1248.	1241
		1242

DATE	FRANCE	EUROPE
	en défendant un idéal de justice chrétienne.	cinéaste Eisenstein fera de cet épisode un symbole de la victoire de la Russie sur l'Allemagne.
1244	Les derniers albigeois, qui s'étaient réfugiés dans leur forteresse de Montségur (Ariège), se font tuer jusqu'au dernier. Le catharisme survivra encore pendant plusieurs décennies dans une complète clandestinité.	
1246		
1248-1250		
1250		Incarnation de l'idéal impérial, Frédéric II de Hohenstaufen meurt en laissant derrière lui une Allemagne en proie à l'anarchie féodale et une Italie profondément divisée entre guelfes et gibelins.
v. 1250	De nombreuses bastides (villes fortifiées au plan en damier) sont mises en chantier dans le sud-ouest	

MONDE	ARTS ET SCIENCES	DATE
		1244
Le franciscain italien Jean du Plan Carpin (Giovanni da Pian del Carpine), chargé d'une mission diplomatique par le pape Innocent IV, rencontre le khan des Mongols à Karakorum. Il rapporte de son voyage une *Histoire des Mongols*, première description de l'Asie centrale.		1246
Le sultan Saladin II ayant repris Jérusalem, saint Louis s'embarque à Aigues-Mortes pour conduire la septième croisade en Egypte. Cette expédition débouche sur la défaite de Mansourah et la captivité du roi de France.		1248-1250
Le Turc Aybak s'empare du pouvoir au Caire et fonde la dynastie des Mamelouks (esclaves soldats). Celle-ci règnera sur l'Egypte, la Palestine et la Syrie jusqu'à la conquête ottomane.		1250
Trente ans après avoir chassé les Khmers, les Syams de Sukhotai et de Sacchanalai fondent le premier	Des chimistes occidentaux mettent au point la préparation des acides sulfurique et nitrique.	v. 1250

Date	France	Europe
	par le roi de France et le roi d'Angleterre afin de délimiter la frontière entre le duché d'Aquitaine et la France.	
1251	Après la Croisade des enfants, les Pastoureaux, originaires du nord de la France, se fixent pour but d'aller délivrer saint Louis. Sous la conduite d'un étrange vieillard surnommé le « Maître de Hongrie », la croisade populaire se transforme en jacquerie – durement réprimée par la régente Blanche de Castille.	
1252		Le régent Jarl Birger fonde Stockholm et en fait la capitale de la Suède.
1254		
1257		
1258		
v. 1260		

Monde	Arts et Sciences	Date
royaume indépendant de Thaïlande.		
		1251
		1252
Huit ans après Jean du Plan Carpin, le franciscain flamand Guillaume de Rubroek parvient à Karakorum. Ces deux périples annoncent le voyage des Polo jusqu'en Extrême-Orient.		1254
	Robert de Sorbon fonde à Paris un collège de théologie qui deviendra la Sorbonne.	1257
Déjà maîtres de la Chine du Nord, les Mongols progressent vers le sud, obligeant les Song à déplacer leur capitale. Le dernier empereur Song se suicidera en 1279.		1258
	Le dominicain italien Jacques de Voragine, futur archevêque de Gênes, écrit *La Légende dorée.* Ce	v. 1260

DATE	FRANCE	EUROPE
1261		
1262		**Prise de Cadix. Les souverains chrétiens dominent désormais toute la péninsule ibérique, à l'exception du petit royaume musulman de Grenade, qui survivra jusqu'en 1492.**
1266		Charles d'Anjou, frère de saint Louis, devient roi de Sicile. Maître de Naples, il impose son autorité à l'Italie centrale.
1270	Philippe III le Hardi succède à son père Louis IX et poursuit sa politique tout en soutenant activement son oncle Charles d'Anjou en Italie.	
v. 1270		

Monde	Arts et Sciences	Date
	recueil de cent quatre-vingt vies de saints est un remarquable témoignage sur la richesse de l'imaginaire médiéval.	
Michel VIII Paléologue reprend Constantinople, détruit l'Empire latin et asseoit ainsi le pouvoir d'une nouvelle dynastie qui règnera jusqu'en 1453. Mais l'Empire byzantin va continuer à rétrécir comme peau de chagrin sous les coups des Vénitiens et surtout des Turcs.		1261
		1262
	Saint Thomas d'Aquin, dominicain italien dont la carrière universitaire s'est déroulée en partie à Paris, entame la rédaction de la *Somme théologique*, l'un des ouvrages fondamentaux de la philosophie médiévale.	1266
Saint Louis s'embarque de nouveau à Aigues-Mortes pour mener la huitième croisade à Tunis. Peu après le débarquement à Carthage, il succombe à la maladie.		1270
	Le kabbaliste Moïse de León commence à rédiger le *Zohar*, véritable fondement de la littérature mystique et ésotérique juive.	v. 1270

Date	France	Europe
1271	Faute d'héritiers, le comté de Toulouse est annexé en douceur au domaine royal.	
v. 1274		
1277		
1278		L'empereur germanique Rodolphe Ier de Habsbourg l'emporte sur le roi de Bohême, Otakar II, à la bataille du Marchfeld et s'empare de l'Autriche, qui sera le noyau historique de l'Empire des Habsbourg.
1280		

Monde	Arts et Sciences	Date
Le marchand vénitien Marco Polo s'embarque avec son père et son oncle pour un voyage de vingt-quatre ans qui le conduit en Asie centrale, en Chine, en Indonésie et en Inde. Il en rapportera le *Livre des merveilles* (1298), fabuleux récit dont les pages les plus fameuses sont une description de l'empire de Kubilai et de sa capitale Khanbalik ou Cambaluc (l'actuelle Pékin).		1271
	Jean de Meung achève le *Roman de la rose* commencé quarante ans plus tôt par Guillaume de Lorris. Cette œuvre allégorique, qui compte plus de 20 000 vers, évoque puis critique l'art d'aimer chanté par les troubadours.	v. 1274
	Cimabue, le plus grand peintre italien avant Giotto, commence à décorer la basilique San Francesco à Assise.	1277
		1278
Kubilai, petit-fils de Gengis Khan, donne le coup de grâce aux Song et se fait proclamer empereur de Chine. Il fonde ainsi la dynastie mongole des Yuan, qui règnera		1280

DATE	FRANCE	EUROPE
1281		**Fondation de la Hanse teutonique ou Groupement des marchands de l'Allemagne du Nord.** Formée initialement par les négociants de Cologne, Lübeck et Hambourg, elle s'élargira à tous les pays riverains de la mer du Nord et de la Baltique, et exercera un véritable monopole sur les échanges commerciaux, de Bruges à Bergen et de Londres à Novgorod.
1282		Alors que Charles d'Anjou s'apprêtait à envahir l'Empire byzantin, son rival Pierre III d'Aragon déclenche les Vêpres siciliennes : les Français de Sicile sont massacrés, et Charles doit abandonner l'île pour se replier dans le sud de la Botte.
1284		Les Vénitiens frappent leurs premiers ducats d'or, qui vont servir de monnaie de référence à l'ensemble de l'Europe méditerranéenne jusqu'au XVIe siècle (avec le florin de Florence).
1285	**Philippe IV le Bel succède à son père Philippe III.** L'année précédente, son mariage avec Jeanne de Navarre lui avait apporté le riche comté de Champagne et la Navarre. Conseillé par des hommes	

MONDE	ARTS ET SCIENCES	DATE
jusqu'en 1368. Il adopte la civilisation chinoise, favorise le bouddhisme et entreprend de restaurer l'économie d'un pays ruiné par la guerre.		
Après un premier échec en 1274, Kubilai envoie une armée de plus de 100 000 hommes à la conquête du Japon. Mais un typhon providentiel (appelé *kamikaze*, c'est-à-dire « vent divin ») contraint la flotte mongole à une retraite désastreuse.		1281
		1282
	Les voûtes de Saint-Pierre de Beauvais, la cathédrale la plus haute de France, s'écroulent durant les travaux.	1284
		1285

Date	France	Europe
	tels que Guillaume de Nogaret et Enguerrand de Marigny, il va consacrer toute son énergie à effectuer de nouvelles annexions et à renforcer le pouvoir centralisateur de la monarchie capétienne.	
v. 1285		
1291		Après la mort de l'empereur germanique Rodolphe Ier de Habsbourg, les trois cantons suisses de Schwyz, Uri et Unterwald concluent un pacte perpétuel le 1er août et fondent ainsi la Confédération helvétique.
1292		Huit ans après avoir conquis (définitivement) le pays de Galles, le roi d'Angleterre Edouard Ier annexe l'Ecosse (très provisoirement).
1294		
v. 1300		
1302	Un an après l'annexion du Lyonnais par Philippe le Bel, les Flamands se	

Monde	Arts et Sciences	Date
	Mort du poète parisien Rutebeuf, auteur de complaintes, de fabliaux et d'un drame, *le Miracle de Théophile.*	v. 1285
La chute de Saint-Jean-d'Acre et de Tyr sonne le glas du royaume latin de Jérusalem. Après deux siècles de guerre sainte, huit croisades officielles et de nombreuses expéditions mineures, les croisés, et en particulier les Hospitaliers, se replient sur l'île de Chypre.		1291
		1292
	A Florence, Arnolfo di Cambio dirige la construction de la cathédrale Santa Maria del Fiore, qu'embelliront par la suite Giotto et Brunelleschi.	1294
	Déjà utilisées en Chine, comme le rapporte Marco Polo, les lunettes à verres correcteurs se répandent en Italie.	v. 1300
		1302

Date	France	Europe
	soulèvent pour ne pas perdre leur indépendance. Le massacre des Français a été baptisé Matines de Bruges en référence aux Vêpres siciliennes de 1282. Deux mois plus tard, l'armée envoyée pour les venger est défaite à Courtrai.	
1303-1305		
v. 1305		
1307	**Désireux de confisquer leurs immenses richesses, Philippe IV le Bel fait arrêter les templiers vivant dans son royaume. Malgré les réticences du pape, ceux-ci sont contraints d'avouer des crimes imaginaires sous la torture. L'ordre du Temple est supprimé en 1312, et son grand-maître, Jacques de Molay, brûlé vif en 1314.**	
1308		

MONDE	ARTS ET SCIENCES	DATE
	Formé à Florence par Cimabue, Giotto di Bondone séjourne à Padoue, où il peint les fresques de la chapelle des Scrovegni. Ces scènes de la *Vie de la Vierge* et de la *Vie du Christ* représentent une rupture dans l'histoire de la peinture, car elles s'éloignent résolument du style byzantin et annoncent déjà la Renaissance.	1303-1305
	Maître Johannes Eckhart rédige le *Livre de la consolation divine.* Philosophe et théologien, ce dominicain allemand est le meilleur représentant du mysticisme chrétien avant saint Jean de la Croix.	v. 1305
		1307
Le pape Clément V crée un archevêché à Pékin et place à sa tête le		1308

Date	France	Europe
1308-1311		
1309	A la suite d'une lutte acharnée entre Philippe le Bel et le Vatican, le pape français Clément V s'installe à Avignon, qui demeurera la résidence des souverains pontifes jusqu'en 1417.	
v. 1312		
1313		

Monde	Arts et Sciences	Date
franciscain Jean de Montecorvino. Cette expérience avortera, l'évangélisation de la Chine ne reprenant qu'au XVIe siècle.		
	Le Siennois Duccio di Buoninsegna exécute le retable de la *Maestà*, chef-d'œuvre de la peinture gothique.	1308-1311
	Début de la construction du palais des Doges à Venise.	1309
L'avènement de Mansa Moussa correspond à l'apogée de l'empire du Mali, qui contrôle de gigantesques territoires compris entre l'Atlantique à l'ouest, Gao à l'est, le Sahara au nord et les abords de la forêt équatoriale au sud. En 1324, lors de son pèlerinage à La Mecque, Mansa Moussa distribue de telles quantités d'or que le cours du métal précieux s'effondre au Moyen-Orient.		v. 1312
	Déçu par l'évolution politique de son pays, le Florentin Dante Alighieri se retire de la vie publique pour se consacrer entièrement à la composition de *la Divine Comédie* (commencée en 1306). Dans ce poème nourri des connaissances et de l'esprit du Moyen Age, il visite successivement l'Enfer, le Purgatoire et le Paradis.	1313

Date	France	Europe
1314	Mort de Philippe IV le Bel. Quatre rois vont se succéder en quelques années : Louis X le Hutin, Jean Ier, Philippe V le Long et Charles IV le Bel. Ces souverains ne laissant pas d'héritier mâle, on se réfère à la loi salique du début du VIe siècle pour pré-écarter les filles du trône de France et éviter par là-même l'arrivée d'un monarque étranger (par mariage) à la tête du royaume.	Les Anglais, qui tentaient d'annexer l'Ecosse après le pays de Galles, sont écrasés par le roi Robert Bruce à la bataille de Bannockburn. En 1328, ils abandonnent leurs prétentions par le traité de Northampton. L'Ecosse préservera son indépendance jusqu'au début du XVIIIe siècle.
1315		Les trois cantons de Schwyz, Uri et Unterwald battent les troupes de Léopold d'Autriche à Morgarten. Au cours des décennies suivantes, l'entrée de cinq autres cantons (Lucerne, Zurich, Glaris, Zoug, Berne) permettra à la Confédération d'affirmer son indépendance face à la puissance des Habsbourg.
1325 (ou 1345)		
1325		

Monde	Arts et Sciences	Date
		1314
		1315
Fondation de Tenochtitlan sur une île du lac de Texcoco. Ce village lacustre deviendra la capitale des Aztèques quarante ans plus tard, avant de donner naissance à la ville de Mexico.		1325 (ou 1345)
Agé de dix-neuf ans, le Marocain Ibn Battuta part en pèlerinage à la Mecque. C'est le début d'une vie de voyages extraordinaires qui font de lui le Marco Polo musulman. Il décrira dans son *Journal de route* la Crimée, l'Inde, Ceylan, Sumatra, la Chine, le Sahara et les « pays des Noirs ».		1325

Date	France	Europe
v. 1325		
1327		Edouard III succède à son père Edouard II sur le trône d'Angleterre. Son règne de cinquante ans sera marqué par la rivalité avec Philippe VI de Valois et les débuts de la guerre de Cent Ans.
1328	**Mort de Charles IV le Bel, le dernier Capétien direct. Faute d'héritier mâle, la couronne revient à son cousin germain Philippe VI de Valois, qui inaugure une nouvelle dynastie : treize Valois se succèderont sur le trône de France jusqu'en 1589. Mais les querelles de succession vont déclencher la guerre de Cent Ans.**	
1329		
1331		Avènement du roi de Serbie, Etienne IX Uros IV Dusan. Son règne correspond à l'apogée de la puissance serbe dans les Balkans, avant le morcellement territorial et la conquête ottomane au siècle suivant.

Monde	Arts et Sciences	Date
	Début des travaux de l'Alhambra de Grenade, palais fortifié des derniers souverains maures de la péninsule ibérique. Celui-ci constitue sans doute le plus bel exemple d'art musulman en Espagne avec la Grande Mosquée de Cordoue.	v. 1325
	Dans l'église Sainte-Claire d'Avignon, le poète toscan Pétrarque rencontre Laure de Noves, qu'il idéalisera dans le *Canzoniere*.	1327
		1328
	En Angleterre, début de la reconstruction du chœur de la cathédrale de Wells, parfait exemple du style gothique « orné » ou « décoré ».	1329
		1331

DATE	FRANCE	EUROPE
1333		
1334		
1334-1352		
1337	**La guerre de Cent Ans débute par une querelle féodale classique : le roi d'Angleterre Edouard III est le petit-fils de Philippe le Bel, alors que Philippe VI de Valois est simplement son neveu. Les hostilités s'engagent lorsque Edouard III refuse de prêter hommage pour ses terres de Guyenne (Aquitaine) et revendique la couronne de France.**	
1346	La victoire anglaise de Crécy ouvre une série de désastres pour les armées françaises.	Au lendemain d'un bal durant lequel la comtesse de Salisbury a perdu sa jarretière, le roi d'Angle-

Monde	Arts et Sciences	Date
La période d'Ashikaga (ou de Muromachi) débute par la destruction de Kamakura, puis par une longue guerre civile entre l'empereur légitime Daigo II et le nouveau shogun Ashikaga Takauji, qui fait de Kyoto sa capitale.	Le style gothique siennois atteint l'un de ses sommets avec *l'Annonciation* du peintre Simone Martini.	1333
	Peintre, mais aussi architecte, Giotto dirige la construction du campanile de Santa Maria del Fiore à Florence. La première horloge publique est installée à Paris sur la tour de l'Horloge.	1334
	Le séjour des papes à Avignon s'accompagne de la construction d'un immense palais apostolique – ou plutôt de l'emboîtement de deux ensembles assez contrastés : l'austère Palais-Vieux de Benoît XII et le majestueux Palais-Neuf de Clément VI.	1334-1352
	En Angleterre, la construction de la grande voûte du chœur de Gloucester Abbey marque la naissance du style gothique « perpendiculaire ».	1337
		1346

DATE	FRANCE	EUROPE
		terre Edouard III fonde l'ordre du même nom avec la devise « Honni soit qui mal y pense ».
1347	Calais tombe aux mains des Anglais, qui la conserveront jusqu'en 1558.	
1348-1352		**Sans doute originaire des rivages de la mer Noire, la peste noire déferle sur l'Europe. Cette pandémie de peste bubonique frappe des populations affaiblies par les disettes qui se sont succédé au cours des décennies précédentes. L'essor démographique continu depuis le XIe siècle est brutalement interrompu : la maladie emporte un tiers des Européens (25 millions de morts), avec des pointes dépassant les 50 % dans certaines régions. Ce fléau marquera d'autant plus les mentalités qu'il demeurera endémique jusqu'au début du XVIIIe siècle.**
1348-1353		
1350	Jean II le Bon succède à son père Philippe VI. Son règne sera l'un des plus sombres de l'histoire de France.	
1350-1357		

Monde	Arts et Sciences	Date
		1347
		1348-1352
	La première illustration littéraire de la peste noire est le *Décaméron*, recueil de cent nouvelles dédiées à l'amour sous toutes ses formes et, rédigées par le Florentin Boccace.	1348-1353
		1350
	A Fès, construction de la medersa Bu-Inaniyya. Conçu par les Turcs	1350-1357

DATE	FRANCE	EUROPE
1352		
1353		
1354		**Orhan Gazi, fondateur du corps des janissaires, et par là-même de la puissance ottomane, traverse les Dardanelles et établit à Gallipoli une tête de pont en Europe.**
1356	Le Prince Noir (c'est-à-dire le prince de Galles, fils aîné d'Edouard III) dévaste l'Aquitaine, remporte la victoire de Poitiers et fait prisonnier Jean le Bon.	La Bulle d'or, promulguée par Charles IV de Luxembourg, codifie l'élection à la tête du Saint Empire romain germanique. Elle supprime le couronnement à Rome, tranche les liens avec la papauté et désigne sept grands Electeurs : archevêques de Cologne, Mayence et Trèves, roi de Bohême, comte palatin, duc de Saxe et margrave de Brandebourg.
1356-1358	Profitant de la captivité du roi, Etienne Marcel, prévôt des marchands de Paris, se rebelle contre l'autorité du Dauphin (le futur	

MONDE	ARTS ET SCIENCES	DATE
	seldjoukides, ce type d'établissement d'enseignement islamique se répand à cette époque dans tout le monde musulman.	
	Début des travaux de la cathédrale d'Anvers, le plus grand édifice religieux de Belgique et le meilleur exemple du style gothique brabançon.	1352
Fa Ngum se fait sacrer roi du Lan-Chang (« royaume du million d'éléphants ») à Luang Prabang. Il introduit au Laos la civilisation khmère et le bouddhisme.		1353
		1354
		1356
		1356-1358

DATE	FRANCE	EUROPE
	Charles V) et établit une véritable dictature dans la capitale avec l'appui des Anglais. Il perd la vie dans l'aventure, mais devient l'incarnation des aspirations de la bourgeoisie face à l'arbitraire royal.	
1360	Par le traité de Brétigny, le Dauphin cède au roi d'Angleterre le quart sud-ouest de la France : Guyenne, Quercy, Rouergue, Périgord, Agenais, Poitou, Saintonge. Création du franc, monnaie destinée à payer la rançon de Jean le Bon. Cette pièce de 3,877 grammes d'or fin valant 20 sous porte l'effigie d'un chevalier « franc », c'est-à-dire libre, alors que le roi est prisonnier des Anglais.	
1364	A la mort de Jean le Bon, le Dauphin est couronné sous le nom de Charles V. Son règne coïncide avec une phase de reconquête.	La fondation de l'université de Cracovie est l'un des signes du renforcement de l'Etat polonais en butte aux ambitions du royaume de Bohême au sud et des chevaliers Teutoniques au nord.
1365		**Le sultan ottoman Murad Ier, fils d'Orhan Gazi, s'empare de la Thrace et fait d'Andrinople sa capitale. Au cours des vingt années suivantes, il conquiert la Macédoine et la Bulgarie – l'Empire byzantin se résumant désormais aux abords immédiats de Constantinople et à quelques territoires en Grèce.**

Monde	**Arts et Sciences**	**Date**
		1360
		1364
		1365

DATE	**FRANCE**	**EUROPE**
1368		
1369		La guerre de Cent Ans a des prolongements en Castille. Les querelles dynastiques qui agitent ce royaume depuis le début du siècle prennent fin à la bataille de Montiel. Pierre Ier le Cruel, allié aux Anglais du Prince Noir, est tué par son demi-frère Henri (Henri II le Magnifique), efficacement soutenu par les Grandes Compagnies de Bertrand du Guesclin.
1369-v. 1410		
1370-1380	**Le connétable Bertrand du Guesclin entreprend une guerre de harcèlement contre les Anglais et remporte une série de succès presque ininterrompue. A la mort de Charles V le Sage, tous les territoires perdus ont été repris, hormis quelques places fortes dépourvues d'arrière-pays comme Calais, Cherbourg ou Bordeaux.**	
1377		

MONDE	ARTS ET SCIENCES	DATE
Le chef d'une révolte paysanne, Zhu Yuanzhang, renverse le dernier empereur mongol et fonde la dynastie des Ming, qui règnera sur la Chine jusqu'en 1644.		1368
		1369
	Jean Froissart rédige ses *Chroniques,* tableau de la vie des cours princières en Angleterre et en France, et document précieux pour l'histoire de la guerre de Cent Ans.	1369-v. 1410
		1370-1380
	Mort de Guillaume de Machaut, chanoine de la cathédrale de Reims et auteur d'une œuvre musicale sans égale au XIVe siècle (lais, bal-	1377

DATE	FRANCE	EUROPE
1378		**Grand Schisme d'Occident. L'élection d'un pape italien, soutenu par l'Angleterre, l'Allemagne et les Etats de la péninsule, provoque la riposte de la France, de l'Espagne, du Portugal et de l'Ecosse, qui élisent un Genevois. Les papes romains coexistent alors avec une lignée d'antipapes résidant à Avignon – et bientôt avec une troisième lignée d'antipapes pisans.** Cette crise majeure sera résolue par le concile de Constance en 1417.
1378-1381		Guerre de Chioggia. Pour étouffer sa grande rivale, Gênes s'empare de Chioggia, ville située au sud de Venise. Mais la Sérénissime parvient de justesse à desserrer l'étau et à reprendre son expansion.
1380	Charles VI, âgé de douze ans, succède à son père Charles V. La régence est assurée par ses oncles, les ducs d'Anjou, de Berry, de Bourbon et de Bourgogne.	
1382	Achèvement de la Bastille. Cette citadelle destinée à protéger l'est	Après la victoire éphémère du prince Dimitri Donskoi à Kouli-

Monde	**Arts et Sciences**	**Date**
	lades, motets, rondeaux, *Messe Nostre-Dame*).	
		1378
		1378-1381
Prétendant rénover l'empire mongol, le Turc Timur Lang (Tamerlan) lance des raids dévastateurs contre l'Afghanistan et l'Iran, et édifie au passage des pyramides de crânes. Pendant un quart de siècle, il ravage les steppes d'Asie centrale, le nord de l'Inde, la Crimée et l'Empire ottoman, massacrant de nombreux musulmans, malgré son attachement à la charia islamique.		1380
En Egypte, la dynastie des Mamelouks burdjites, d'origine cauca-		1382

Date	France	Europe
	parisien servira de prison d'Etat dès le règne de Louis XI.	kovo (1380), le khan de la Horde d'Or détruit Moscou et soumet de nouveau la Russie. Celle-ci subira la tutelle mongole pendant encore un siècle.
1384	Philippe II le Hardi, duc de Bourgogne et oncle de Charles VI, hérite de son beau-père la Franche-Comté, l'Artois et la Flandre. Ainsi naît une nouvelle puissance à l'échelle européenne qui rivalisera avec le royaume de France au siècle suivant.	
1385		
v. 1385		
1386		
1387		

Monde	Arts et Sciences	Date
sienne, succède à celle des Mamelouks bahrites, d'origine turque. Elle résistera victorieusement à Timur Lang en 1400 et règnera jusqu'au début du XVIe siècle.		
		1384
	A Batalha, dans le sud du Portugal, début de la construction de l'abbaye dominicaine de Santa Maria da Vitoria.	1385
	Le Maître du retable de Trebon peint la *Résurrection*, chef-d'œuvre du style gothique de Bohême.	v. 1385
	Début de la construction du Duomo de Milan. Le chantier continuera en pleine Renaissance, et la plus grande cathédrale gothique d'Italie ne sera achevée qu'en 1813, grâce à l'intervention de Napoléon.	1386
	Le poète londonien Geoffrey Chaucer commence à composer ses *Contes de Cantorbéry* en s'inspirant du *Décaméron* de Boccace. *Le Livre de la chasse* de Gaston Phébus, comte de Foix, est à la fois l'un des premiers traités cynégétiques	1387

Date	France	Europe
1389		Le sultan ottoman Mourad Ier écrase définitivement les Serbes à la bataille de Kosovo. La même année voit l'avènement de son fils Bayezid Ier (Bajazet), qui progresse dans les Balkans et s'empare d'Athènes et du Péloponnèse. L'Empire byzantin ne jouira d'un sursis d'un demi-siècle que grâce à la victoire de Tamerlan sur les Ottomans en 1402.
1392		
1393	Victime d'une première crise de démence l'année précédente, Charles VI échappe de peu à la mort par le feu lors du bal des Ardents. Dès lors, son oncle Philippe le Hardi et son frère Louis d'Orléans se disputent la réalité du pouvoir. Si la situation extérieure connaît une accalmie, la politique intérieure, en revanche, va vivre pendant trente ans au rythme des complots et des luttes fratricides.	
1396		
1398		

Monde	Arts et Sciences	Date
	et un ouvrage pionnier dans le domaine de la zoologie.	
		1389
La guerre civile japonaise s'achève par la victoire des Ashikaga et par l'abdication de l'empereur.		1392
		1393
	Le duc Jean-Galéas Visconti fonde la chartreuse de Pavie, dont l'église ne sera achevée qu'au milieu du XVIe siècle.	1396
Timur Lang massacre la population de Delhi. C'est la fin de l'âge		1398

Date	France	Europe
v. 1400		Apogée de la Hanse, qui a réussi à obtenir des différents Etats de la mer du Nord et de la Baltique la liberté de navigation et l'exemption des droits de douane. Elle regroupe 150 villes et a son siège à Lübeck.
1402		
1405		
1407	**Le duc de Bourgogne Jean sans Peur, fils de Philippe le Hardi, fait assassiner son rival Louis d'Orléans, frère du roi Charles VI. C'est le début de la guerre civile entre les Armagnacs, partisans de la victime, et les Bourguignons, partisans de l'assassin.**	
1408		

Monde	Arts et Sciences	Date
d'or du sultanat et le début d'une période de décomposition : le nord de l'Inde se morcelle en petites entités territoriales.		
	Né dans le nord de la France, le style gothique flamboyant va gagner toute l'Europe et survivre jusqu'en plein XVIIe siècle.	v. 1400
L'aventurier normand Jean de Béthencourt débarque sur Lanzarote et entreprend la conquête de l'archipel des Canaries. Il le lèguera en 1418 au royaume de Castille.		1402
Timur Lang meurt alors qu'il s'apprêtait à envahir le nord de la Chine. Après un partage entre ses différents héritiers, son fils Chah Rokh Mirza reconstituera son empire.		1405
		1407
	Andreï Roublev participe à la peinture des fresques de la cathédrale de la Dormition à Vladimir.	1408

Date	France	Europe
1409		
1410		Ladislas II Jagellon défait les chevaliers Teutoniques à Grunwald. L'union du royaume de Pologne et du grand-duché de Lituanie constitue un Etat gigantesque s'étendant de la Baltique à la mer Noire.
1413	Les Cabochiens font régner la terreur à Paris. Ces bandes armées, commandées par le boucher Simon Caboche et plus ou moins bien contrôlées par les Bourguignons de Jean sans Peur, annoncent les « Ecorcheurs », qui ravageront la France dans les années 1430 et 1440.	
1413-1416		
1414-1418		**Le concile de Constance obtient l'abdication de deux des trois papes, dépose le troisième et met fin au Grand schisme d'Occident en élisant Martin V. Rome redevient le siège unique de la papauté.** L'autre grande crise traitée à Constance est celle de l'hérésie hussite. Le Tchèque Jan Hus, disciple de l'Anglais Wycliffe, qui

Monde	Arts et Sciences	Date
	L'empereur Yongle, de la dynastie des Ming, établit sa capitale à Pékin. De son règne date la construction du Gugong ou Cité interdite, dont l'aspect a très peu évolué jusqu'à nos jours.	1409
		1410
		1413
	Après les *Belles Heures*, les frères de Limbourg enluminent les *Très Riches Heures* pour leur mécène, le duc de Berry, oncle de Charles VI.	1413-1416
		1414-1418

Date	France	Europe
		s'oppose à la simonie, au nicolaïsme, et prône le retour à l'Eglise primitive, est brûlé vif dans la ville allemande. Ses partisans demeureront influents en Bohême jusqu'à la Réforme protestante.
1415	**Profitant de l'opposition entre Armagnacs et Bourguignons, le roi d'Angleterre Henri V rouvre les hostilités et s'empare d'Harfleur, dans l'estuaire de la Seine. Le 25 octobre, ses troupes disciplinées écrasent la chevalerie française à Azincourt. Au cours des années suivantes, les armées du roi de France sont chassées de Paris et repoussées au sud de la Loire.**	
1416		
1418		
1419	Le duc de Bourgogne Jean sans Peur est assassiné sur le pont de Montereau par des serviteurs du Dauphin (le futur Charles VII). Ce crime conduit son fils Philippe le Bon à s'allier avec les Anglais. Le	

Monde	Arts et Sciences	Date
		1415
Le prince Henri le Navigateur, fils du roi du Portugal Jean Ier, décide de consacrer sa vie à l'exploration des côtes africaines, dans l'espoir de contourner les itinéraires tenus par l'islam. Installé près des chantiers navals de Sagres, il va lancer une série d'expéditions, chacun de ses capitaines devant aller un peu plus loin que le précédent.		1416
Début de la colonisation portugaise à Madère.		1418
		1419

Date	France	Europe
	parti armagnac devient alors le principal soutien de l'idée nationale et donc du Dauphin.	
1420	Le traité de Troyes, qui résulte d'une entente entre Henri V, Isabeau de Bavière et Philippe le Bon, déshérite le Dauphin et promet les trônes de France et d'Angleterre au futur Henri VI. Deux ans plus tard, la mort presque simultanée d'Henri V et de Charles VI accorde un sursis à Charles VII. Création des foires de Lyon, qui font de cette ville très industrieuse l'un des centres du grand commerce international.	
v. 1420		

Monde	Arts et Sciences	Date
		1420
	Mise au point de la caravelle, navire d'environ 30 mètres de long, équipé de trois mats et d'un gouvernail à charnière. Ce type de bâtiment, beaucoup plus maniable que la nef traditionnelle à coque ronde, sera l'instrument privilégié des grands voyages de découverte portugais, puis espagnols. Apparition à Florence d'un mouvement intellectuel et artistique dont l'idée maîtresse est le rejet de l'« obscurantisme » médiéval au profit de l'Antiquité, dont les œuvres deviennent accessibles grâce aux traductions et aux fouilles archéologiques. L'architecte Brunelleschi, les sculpteurs Ghiberti et Donatello, les peintres Masaccio et Fra Angelico sont les initiateurs de cette Renaissance	v. 1420

Date	France	Europe
1421-1440		
1425-1452		
1426		
1429	**Alors qu'Orléans est sur le point de tomber et de livrer aux Anglais la France méridionale, une Lorraine de dix-sept ans se rend à Chinon pour solliciter un entretien avec Charles VII. Ainsi commence l'incroyable épopée de Jeanne d'Arc. La Pucelle délivre Orléans en mai et fait sacrer le roi à Reims le 17 juillet.**	
1430	Tandis que Charles VII privilégie la diplomatie aux dépens des opérations militaires, la Chevauchée de Jeanne se termine : elle est faite prisonnière par les Bourguignons à Compiègne au mois de mai, et livrée aux Anglais en novembre.	

Monde	Arts et Sciences	Date
	qui va se répandre en Italie au XVe siècle (*quattrocento*) et dans toute l'Europe au XVIe siècle (*cinquecento*).	
	Bartolomeo Bon et Matteo Raverti construisent au bord du Grand Canal la Ca' d'Oro, le plus pur exemple de gothique vénitien.	1421-1440
	Le sculpteur Lorenzo Ghiberti réalise la *Porte du paradis* du baptistère de Florence, véritable manifeste de l'art nouveau.	1425-1452
	Les lois de la perspective et la nouvelle conception de l'individu triomphent dans le *Tribut de saint Pierre* du peintre florentin Masaccio.	1426
Les cités-Etats de Tenochtitlan, Tlacopan et Texcoco s'allient au sein d'une ligue. Sous la conduite de Moctezuma Ier, roi de 1440 à 1469, celle-ci va conquérir une bonne partie du Mexique, de l'Atlantique au Pacifique, et former l'empire mexica ou aztèque.		1429
		1430

Date	France	Europe
v. 1430		
1431	Transférée à Rouen, Jeanne d'Arc est jugée par Pierre Cauchon, évêque de Beauvais, par l'inquisiteur Jean Lemaitre et par d'autres Français partisans de la monarchie anglaise. Elle est brûlée vive le 30 mai sur la place du Vieux-Marché. Son intervention aura été déterminante sur le cours de la guerre de Cent Ans, qui tourne désormais à l'avantage du roi de France.	
1432		
1434		

Monde	Arts et Sciences	Date
Cusi Yupanqui, le neuvième souverain inca (mais le premier dont l'existence ne soit pas à moitié légendaire), prend le nom de Pachacutec et constitue un vaste empire péruvien allant du lac Titicaca jusqu'à l'Equateur. Son œuvre sera poursuivie par son fils Tupac Yupanqui à partir de 1470.		v. 1430
		1431
Début de la colonisation portugaise aux Açores.	**Jan Van Eyck, auquel on attribue l'invention de la peinture à l'huile, exécute avec son frère Hubert le *Polyptique de l'Agneau mystique* pour la cathédrale Saint-Bavon de Gand.** Les panneaux représentant *Adam* et *Eve* sont les premiers nus monumentaux de la peinture flamande.	1432
Le Portugais Gil Eanes atteint le cap Bojador. Les caravelles d'Henri le Navigateur découvriront l'estuaire du fleuve Sénégal en 1445 et les îles du Cap-Vert en 1460. Après avoir dû abandonner Angkor		1434

DATE	FRANCE	EUROPE
1435	Sentant le vent tourner, Philippe le Bon conclut avec Charles VII le traité d'Arras, qui met un point final à la guerre civile entre Armagnacs et Bourguignons.	
v. 1435		
1436	Maîtres de la Normandie, à l'exception du Mont-Saint-Michel, les Anglais renforcent leur autonomie en rétablissant l'Echiquier (cour de justice) à Caen et en y fondant une université (1442). Mais ces tentatives n'empêcheront pas la province d'être facilement rattachée à la France dès 1450.	
1439		
1440	Procès et exécution de Gilles de Rais, ancien compagnon de Jeanne d'Arc, qui s'est rendu coupable de magie noire et de l'assassinat de 200 à 300 enfants.	

Monde	Arts et Sciences	Date
aux envahisseurs siamois, la monarchie khmère fonde une nouvelle capitale au bord du Mékong, près du site actuel de Phnom Penh.		
		1435
	Fra Angelico peint le *Couronnement de la Vierge* (aujourd'hui au Louvre). Rogier Van der Weyden, le plus grand maître flamand du XVe siècle avec Jan Van Eyck, peint la *Déposition de Croix* (aujourd'hui au Prado).	v. 1435
		1436
	La flèche de la cathédrale de Strasbourg culmine à 142 mètres. Elle sera la plus haute d'Europe jusqu'au XIXe siècle.	1439
		1440

Date	France	Europe
v. 1440		
1442	Chassé du royaume de Naples par Alphonse d'Aragon, René Ier le Bon revient s'installer sur ses terres françaises (Anjou, Provence, Lorraine). Le « bon roi René » sera un allié loyal de Charles VII et s'entourera d'une cour d'artistes et de savants à Angers comme à Aix-en-Provence.	Vainqueur de René d'Anjou, Alphonse d'Aragon constitue le royaume des Deux-Siciles en jumelant la grande île et le royaume de Naples. Cette union se dissout à sa mort, en 1458, mais les Deux-Siciles seront ressuscitées par le congrès de Vienne en 1815.
1443		
1444	Agnès Sorel est la première maîtresse officielle d'un roi de France, en l'occurrence Charles VII, qui lui fait don du château de Beauté-sur-Marne malgré l'indignation de ses sujets.	A Varna (actuelle Bulgarie), le sultan ottoman Murad II remporte une victoire éclatante sur une coalition chrétienne rassemblant les Serbes, les Albanais, les Polonais et les Hongrois. Son fils Mehmed II lui succède la même année.
v. 1445		
1450		**La faiblesse du roi Henri VI et la défaite totale des troupes anglaises**

Monde	Arts et Sciences	Date
	A Strasbourg, Gutenberg met au point un procédé d'imprimerie avec des caractères mobiles. Revenu dans sa ville natale de Mayence, il termine en 1455 la fameuse *Bible* latine en deux colonnes, dite « à 42 lignes ».	v. 1440
		1442
	Jacques Cœur fait construire dans sa ville natale de Bourges un hôtel qui constitue un remarquable exemple d'architecture gothique civile.	1443
		1444
	Le Tourangeau Jean Fouquet s'impose comme l'un des premiers grands portraitistes avec son *Charles VII* (aujourd'hui au Louvre).	v. 1445
		1450

Date	France	Europe
		sur le sol français entraînent un conflit sanglant entre deux branches de la famille Plantagenêt : les Yorks, dont l'emblème est une rose blanche, et les Lancastres, qui arborent une rose rouge. La guerre des Deux-Roses va ravager l'Angleterre pendant plus de trente ans.
v. 1450		
1451	Arrestation de Jacques Cœur, ministre des Finances de Charles VII depuis 1440. Jaloux de sa fortune, ses débiteurs (au nombre desquels se trouvent les plus grands seigneurs du royaume et le roi en personne) le contraignent à fuir la France en 1454.	
1452		
1453	**La guerre de Cent Ans s'achève sur une victoire totale de Charles VII – les Anglais ne conservant que la ville de Calais.**	Tombée aux mains des Ottomans, la Byzance grecque, devenue la Constantinople chrétienne en 324, entame une troisième vie sous le nom d'Istanbul. L'église russe, qui s'était déjà éman-

MONDE	ARTS ET SCIENCES	DATE
	L'artillerie, qui utilisait jusqu'alors des pierres comme projectiles, adopte les boulets en plomb ou en fer forgé (certains atteindront le poids d'une demi-tonne). Ces innovations remettent en cause la science médiévale des fortifications.	v. 1450
		1451
	Piero Della Francesca commence le cycle de fresques de l'*Histoire de la Croix* dans l'église San Francesco d'Arezzo.	1452
En prenant Constantinople, la cité édifiée à cheval entre l'Europe et l'Asie, le sultan ottoman Mehmed II donne le coup de grâce à l'Empire byzantin, dont la création remontait à l'an 395. Certains		1453

DATE	FRANCE	EUROPE
		cipée de la tutelle byzantine, revendique pour Moscou le titre de « troisième Rome » après la chute de Constantinople.
1454		Par la paix de Lodi, Florence et Milan reconnaissent à Venise la possession d'un Etat de Terre Ferme comprenant Trévise, Vérone, Padoue et la région du Frioul.
v. 1456		
1458		
1461	**Avènement de Louis XI, qui poursuit la politique de redressement national de son père Charles VII avec une adresse et un cynisme devenus légendaires.**	
1461-62		
1466		

MONDE	ARTS ET SCIENCES	DATE
historiens préfèrent cette date (qui coïncide avec la fin de la guerre de Cent Ans) à celle de 1492 pour délimiter la fin du Moyen Age et le début des Temps modernes.		
	Le Picard Enguerrand Charreton, dit Quarton, exécute les deux chefs-d'œuvre qui le placent au premier rang des peintres du XVe siècle : le *Couronnement de la Vierge* et la *Pietà de Villeneuve-lès-Avignon.*	1454
	Le Florentin Paolo Uccello exécute *la Bataille de San Romano.*	v. 1456
	A Istanbul, tandis que Sainte-Sophie est transformée en mosquée et flanquée de quatre minarets, le chantier de la mosquée d'Eyüp est lancé. La construction du palais de Topkapi commencera quelques années plus tard.	1458
Mehmed II s'empare de Trébizonde. Tout en poursuivant leur avancée dans les Balkans, les Ottomans prennent le contrôle de la rive méridionale de la mer Noire et de toute l'Anatolie.		1461
	Agé de trente ans, le poète François Villon sort de la prison de Meung-sur-Loire et achève son œuvre maîtresse, le *Testament.*	1461-62
	Les premiers métiers à tisser la soie sont installés à Lyon.	1466

Date	France	Europe
1467	A la mort de Philippe le Bon commence un duel sans merci entre le nouveau duc de Bourgogne Charles le Téméraire et Louis XI.	
1467-1477		
1469		Avènement à Florence de Laurent de Médicis, dit le Magnifique, le plus fastueux et le plus éclairé des mécènes de la Renaissance. **Mariage d'Isabelle de Castille et de Ferdinand d'Aragon, héritiers des deux grands royaumes espagnols. Couronnés en 1474 pour la première et en 1479 pour le second, les Rois Catholiques vont préparer l'unification du pays et réunir les conditions pour que l'Espagne devienne au siècle suivant la première puissance mondiale.**
v. 1470		
1471		
1472	Philippe de Commynes fuit la Bourgogne pour se mettre au service de Louis XI. Ses *Mémoires*	

MONDE	ARTS ET SCIENCES	DATE
		1467
Le Japon est déchiré par une guerre civile menée « pour le plaisir » : les daimyos s'affrontent gratuitement, poussant jusqu'à l'absurde leur idéologie guerrière. Le pays sombre alors dans une période de morcellement féodal et de combats incessants.		1467-1477
Nanak fonde la secte des Sikhs, qui élabore un syncrétisme entre islam et hindouisme.		1469
	Des imprimeries sont ouvertes à Albi, Angers, Caen, Lyon, Poitiers, Strasbourg, Toulouse et Vienne.	v. 1470
Les Portugais explorent le golfe de Guinée et franchissent l'Equateur.		1471
		1472

Date	**France**	**Europe**
	constituent une source irremplaçable pour les années 1464-1498.	
1475	Le roi d'Angleterre débarque en juillet à Calais avec l'intention de rouvrir les hostilités, mais il doit renoncer à son projet dès le mois d'août, faute d'alliés. Cet échec constitue une sorte d'épilogue à la guerre de Cent Ans.	
1477	**Mort du Téméraire à la bataille de Nancy. Louis XI peut alors recueillir les fruits de ses patientes combinaisons : Maine, Anjou, Provence, Roussillon, Bourgogne et Picardie. La carte de France prend peu à peu ses contours définitifs.**	
1479		Victoire définitive d'Isabelle la Catholique sur Alphonse V du Portugal, qui est contraint de renoncer à toutes ses prétentions sur la Castille.
1480		L'installation des Ottomans à Otrante, dans le talon de la botte italienne, suscite des craintes dans tout l'Occident, mais ils doivent se retirer au bout de quelques mois.
1481		**A la mort du sultan Mehmed II, le vainqueur de Constantinople, l'empire ottoman a annexé la Serbie, la Morée (Péloponnèse), la Bosnie, la Crimée et la plupart des îles grecques.**

Monde	Arts et Sciences	Date
		1475
		1477
	A Kyoto, le shogun Ashikaga Yoshimasa fait construire le Ginkagu-ji (Temple du Pavillon d'argent). Cette résidence princière deviendra un sanctuaire zen.	1479
		1480
		1481

Date	France	Europe
1482		
1483	Charles VIII, âgé de treize ans, succède à son père Louis XI. Sa sœur aînée, Anne de Beaujeu, assure la régence jusqu'en 1491, date du mariage du roi avec la duchesse Anne de Bretagne, qui prépare le rattachement de la province à la France.	**Le dominicain Tomás de Torquemada est nommé inquisiteur général et placé sous l'autorité directe de la monarchie – et non de l'Eglise. Pendant quinze ans, il va traquer tous les déviants et en particulier les juifs et les musulmans qui continuaient à pratiquer leur religion dans la clandestinité.**
1484		
v. 1484-1500		
1485		Henri Tudor, le champion des Lancastres, l'emporte sur Richard III, qui est tué à la bataille de Bosworth. Il devient roi d'Angleterre sous le nom d'Henri VII et fonde la dynastie des Tudors, qui succède à celle des Plantagenêts.
v. 1485		

Monde	Arts et Sciences	Date
Les Portugais bâtissent un fortin à Sao Jorge da Mina (actuel Ghana) et entreprennent de reconnaître le cours du fleuve Zaïre et la côte angolaise. C'est le début du commerce de l'or et des esclaves.		1482
		1483
	Six ans après *Le Printemps*, le Florentin Sandro Botticelli peint *La Naissance de Vénus.*	1484
	Exécution des six tapisseries de la *Dame à la licorne*, excellentes illustrations de la symbolique médiévale (aujourd'hui au musée de Cluny).	v. 1484-1500
		1485
	Désireux de faire de Moscou la « troisième Rome », Ivan III confie la construction du Kremlin à des	v. 1485

Date	France	Europe
1487		
1489		La République de Venise achète l'île de Chypre au roi Jacques II afin de disposer d'une base arrière pour résister à la poussée ottomane en Méditerranée orientale.
1490		
1491		
1492		La *Reconquista* s'achève par la prise de Grenade et la fuite du roi maure Boabdil. Les derniers musulmans sont chassés d'Espagne au terme d'une présence de près de huit siècles. Des dizaines de milliers de Juifs, obligés de quitter la péninsule ibérique, se dispersent alors en Afrique du Nord et dans tout le Bassin méditerranéen. Cet évé-

Monde	Arts et Sciences	Date
	architectes italiens. L'empreinte de la Renaissance est plus nette dans les palais que dans les édifices religieux, qui doivent se conformer au canon byzantin.	
Bartolomeu Dias double le cap des Tempêtes, rebaptisé cap de Bonne-Espérance par le roi du Portugal Jean II, et s'aventure dans l'océan Indien.		1487
		1489
	Le peintre vénitien Vittore Carpaccio commence le cycle de l'*Histoire de sainte Ursule.*	1490
	Apparition du style manuélin dans l'église de Jésus à Setubal. Ce gothique typiquement portugais triomphera en 1515 dans la célèbre tour de Belém, près de Lisbonne.	1491
Le 12 octobre, Christophe Colomb, marin génois au service des Rois Catholiques, atteint l'île de San Salvador (Guanahani, dans l'archipel des Bahamas) au bout de soixante-neuf jours de navigation. Il découvre ensuite les îles de Cuba et d'Haïti. Cette date, qui marque le passage du Moyen Age aux Temps modernes, revêt une triple importance symbolique : elle annonce la		1492

DATE	FRANCE	EUROPE
		nement, qui coïncide avec la découverte de l'Amérique, met lui aussi un point final au Moyen Age.

Monde	Arts et Sciences	Date
colonisation d'un nouveau continent; elle s'inscrit dans un processus d'exploration de l'univers qui conduira les hommes jusque sur la Lune; elle inaugure une période d'hégémonie européenne dans le monde entier.		

QUATRIÈME PARTIE

Les Temps modernes

1492-1789

DATE	FRANCE	EUROPE
1493		
1494		**Le roi de France Charles VIII achète la neutralité des principales puissances européennes afin d'aller faire valoir ses droits sur le royaume de Naples en tant qu'héritier du roi René d'Anjou. C'est le début des guerres d'Italie, série de conflits qui vont déchirer la péninsule jusqu'en 1559.** A la faveur de l'invasion française, le moine Jérôme Savonarole établit une véritable dictature à Florence. D'abord très populaire, il s'oppose de plus en plus violemment à la papauté, ce qui lui vaut d'être excommunié en 1497, puis exécuté par les Florentins l'année suivante.
1495		Charles VIII s'empare du royaume de Naples en février. Cette victoire entraîne la constitution de la Sainte Ligue, qui rassemble les différentes puissances européennes menacées par les ambitions françaises : Ferdinand d'Aragon, l'empereur germanique Maximilien Ier, la papauté, Venise et le duc de Milan, Ludovic Sforza le More. Charles VIII doit

Monde	Arts et Sciences	Date
Accueilli triomphalement en Espagne, Colomb repart à l'automne à la tête d'une flotte de dix-sept bâtiments. Les principaux événements de ce deuxième voyage, qui se prolonge jusqu'en 1496, sont la découverte de la Dominique et de la Guadeloupe, mais aussi le travail forcé des indigènes, baptisés « Indiens », et le début du génocide.		1493
Le Portugal et l'Espagne se partagent le monde par le traité de Tordesillas. Le premier se réserve l'Orient, la seconde l'Amérique. Mais le méridien choisi comme limite permet au Portugal de revendiquer le Brésil par la voix du navigateur Pedro Alvarez Cabral en 1500.		1494
	Albrecht Dürer quitte sa ville natale de Nuremberg pour aller étudier auprès de Giovanni Bellini, le maître de l'école vénitienne. C'est la rencontre entre le plus grand artiste du nord de l'Europe et la peinture italienne.	1495

Date	France	Europe
		fuir l'Italie dès le mois de juillet, et les dernières troupes françaises sont vaincues l'année suivante.
1496		
1497		
1497-1498		
1498	Charles VIII, dont le règne a été dominé par les affaires d'Italie, meurt accidentellement à l'âge de vingt-huit ans. Son cousin, le duc d'Orléans, lui succède sous le nom de Louis XII et poursuit sa politique de conquête.	
1499		Marchant sur les traces de Charles VIII, Louis XII conquiert le duché de Milan.
v. 1500		

MONDE	ARTS ET SCIENCES	DATE
	Au cours de son premier séjour romain, Michel-Ange sculpte la *Pietà* (aujourd'hui dans la basilique Saint-Pierre). Lors de son retour à Florence en 1501, il reçoit la commande de son *David* monumental.	1496
Jean Cabot, navigateur italien au service de l'Angleterre, longe la côte canadienne.		1497
	Léonard de Vinci peint la fresque de *la Cène* dans le réfectoire de Santa Maria delle Grazie à Milan.	1497-1498
Lors de son troisième voyage, Colomb touche le continent américain (actuel Venezuela). Après avoir contourné l'Afrique, le Portugais Vasco de Gama débarque à Calicut. Il réalise ainsi le rêve d'Henri le Navigateur d'atteindre les Indes par la voie maritime et de contourner le monopole des marchands musulmans.	Le peintre français anonyme connu sous le nom de Maître de Moulins exécute le *Triptyque de la Vierge en gloire* de la cathédrale de Moulins.	1498
		1499
	C'est entre cette date et sa mort, en 1516, que le peintre hollandais Jérôme Bosch exécute la plupart de ses chefs-d'œuvre, dans lesquels	v. 1500

DATE	FRANCE	EUROPE
1501		Allié avec Ferdinand d'Aragon, Louis XII s'empare du royaume de Naples, qu'il conserve jusqu'en janvier 1504.
1502		
1505		
1507		
1508-1512		

MONDE	ARTS ET SCIENCES	DATE
	l'observation de la vie quotidienne rejoint l'inspiration religieuse et la veine fantastique.	
		1501
Quatrième et dernier voyage de Colomb. Il s'achève en 1504 par un échec : malgré ses vaines recherches le long de ce qu'il croit être les côtes asiatiques, il ne parvient pas à trouver, et pour cause, le passage vers l'ouest.		1502
	Le pape Jules II pose la première pierre de la nouvelle basilique Saint-Pierre, dessinée par Bramante. Il faudra plus d'un siècle pour édifier la plus vaste église de la chrétienté.	1505
Au lieu de lui donner le nom de Colomb, comme l'aurait voulu la justice, le cartographe de Saint-Dié Martin Waldseemüller baptise le nouveau continent Amérique, en hommage au Florentin Amerigo Vespucci, qui a atteint le littoral sud-américain en 1499. Les Portugais, qui se sont installés à Zanzibar quatre ans plus tôt, découvrent l'île de Madagascar.	Le jeune Raphaël d'Urbino peint *la Belle Jardinière* (aujourd'hui au Louvre).	1507
	Michel-Ange peint la voûte de la chapelle Sixtine – rencontre entre le dessin linéaire des Floren-	1508-1512

DATE	FRANCE	EUROPE
1508		
1510		
1511-1517		
1512		Au terme d'une série de retournements d'alliances, la Sainte Ligue se reforme sous l'impulsion du pape Jules II et chasse les Français de Milan.
1513		
1515	**François Ier succède à son cousin et beau-père Louis XII. Outre une politique extérieure très active, il s'attache dès le début de son règne à développer un appareil d'Etat fort, moderne et centralisé.**	Comme ses deux prédécesseurs, François Ier commence son règne par une expédition en Italie : la victoire de Marignan redonne le duché de Milan à la France.

Monde	Arts et Sciences	Date
	tins et la monumentalité romaine. Il y reviendra entre 1536 et 1541 pour exécuter le *Jugement dernier*.	
	Deux jeunes peintres de l'école vénitienne travaillent en collaboration aux fresques du Fondaco dei Tedeschi. Ils entreront dans l'histoire de la peinture sous les noms de Giorgione et de Titien.	1508
	Peter Henlein fabrique la première montre transportable : l'« œuf de Nuremberg ».	1510
	Le peintre allemand Mathis Grünewald exécute le *Retable d'Issenheim* (aujourd'hui au musée de Colmar).	1511-1517
		1512
Le conquistador Balboa traverse l'isthme de l'Amérique centrale et découvre l'océan Pacifique, dont il prend possession au nom du roi d'Espagne.	Dürer exécute l'œuvre la plus célèbre de l'histoire de la gravure : *Le Chevalier, la Mort et le Diable.* **Deux ans après la publication de l'*Eloge de la folie* du Hollandais Erasme de Rotterdam, le Florentin Machiavel écrit *le Prince.***	1513
	Début de la construction du château de Chenonceau. Azay-le-Rideau suivra en 1518 et Chambord en 1519.	1515

Date	France	Europe
	Avec environ 16 millions d'habitants, la France est l'Etat le plus peuplé d'Europe.	
1516	François Ier et Léon X signent le concordat de Bologne, qui accorde au roi de France le droit de nommer évêques et abbés, tandis que le pape se réserve l'investiture canonique.	
1517	L'ensablement des ports situés dans l'estuaire de la Seine (Harfleur, Honfleur, Caudebec) conduit François Ier à créer de toutes pièces le port du Havre.	Martin Luther affiche ses 95 thèses à la porte de la chapelle du château de Wittenberg. Ce moine augustin allemand ne songe nullement à rompre avec Rome, mais il refuse les Indulgences (pardon des péchés accordé par le pape Léon X aux donateurs d'aumônes dans le but de financer les travaux de la basilique Saint-Pierre).
1518		
1519		Charles Quint l'emporte sur son concurrent François Ier lors de l'élection à la tête du Saint Empire. Fils de l'archiduc d'Autriche Philippe le Beau et de la reine de Castille Jeanne la Folle, il se retrouve à l'âge de 19 ans à la

MONDE	ARTS ET SCIENCES	DATE
Chargé de contourner l'Amérique du Sud, l'Espagnol Diaz de Solis découvre le rio de la Plata, mais il est dévoré par des anthropophages.	Invité par François Ier, Léonard de Vinci apporte en France certains de ses tableaux, dont *la Joconde*, et surtout l'esprit de la Renaissance. L'Anglais Thomas More expose sa conception du gouvernement idéal dans *Utopie*, qui inspirera de nombreux théoriciens du socialisme.	1516
		1517
Le corsaire turc Barberousse (Khayr al-Din), qui s'est emparé d'Alger deux ans plus tôt, sollicite la protection du sultan Sélim Ier contre l'Espagne. L'Algérie devient alors une sorte de protectorat ottoman.		1518
Fernand de Magellan, Portugais au service de l'Espagne, entame le premier tour du monde. Il disparaît en route (aux Philippines) comme quatre de ses cinq navires et la plupart de ses marins. Mais son second, Sebastian Elcano,		1519

Date	France	Europe
		tête d'un « immense empire sur lequel le soleil ne se couche jamais » : Pays-Bas, Franche-Comté, Autriche, Espagne, Naples, Sicile, colonies américaines. Son règne sera consacré à un triple combat contre la Réforme, la France et l'Empire ottoman.
1520		François Ier rencontre Henri VIII au Camp du Drap d'Or, en Flandre, mais malgré un étalage de richesses inouï, il ne parvient pas à obtenir son soutien contre Charles Quint.
v. 1520		
1521		Condamné par le pape l'année précédente, Luther se rend à Worms et refuse de se rétracter devant la diète impériale. C'est la rupture définitive et l'apparition d'un nouveau schisme au sein de la chrétienté. Luther organise une nouvelle église avec le soutien de son protecteur, Frédéric de Saxe, et d'autres princes allemands. Sa doctrine va se répandre très rapidement dans le centre et le nord de l'Allemagne, ainsi que dans les pays scandinaves.

MONDE	ARTS ET SCIENCES	DATE
regagne le port andalou de Sanlucar en 1522. **Parti de Cuba avec 500 hommes et 16 chevaux, le conquistador Hernan Cortés entre dans la capitale aztèque de Tenochtitlan (Mexico), où il est accueilli comme un dieu vivant par l'empereur Moctezuma II.**		
Avènement de Süleyman Ier (Soliman le Magnifique), dont le règne correspond à l'extension maximale de l'Empire ottoman. Il remportera une série de victoires, en Europe comme en Orient et en Afrique du Nord : Belgrade, Rhodes, Buda, Bagdad, Tunis, Djerba, Aden.		1520
	Apparition en Italie du style maniériste, dont les meilleurs représentants seront Pontormo, Bronzino (*Vénus et Cupidon*) et le Parmesan (*la Madone au long cou*).	v. 1520
En jouant sur les divisions entre les différents peuples composant l'empire aztèque, Cortés parvient à détruire Tenochtitlan et à soumettre la majeure partie du Mexique actuel.		1521

Date	France	Europe
v. 1522		
1524		L'essor du protestantisme s'accompagne en Allemagne d'un soulèvement populaire qui mêle aspirations religieuses et revendications sociales : c'est la guerre de Paysans, fermement condamnée par Luther et réprimée l'année suivante par les princes régnants.
1525		Relancé par les prétentions de Charles Quint sur le Milanais et la Bourgogne, le conflit italien aboutit au désastre de Pavie : fait prisonnier, François Ier est détenu en Espagne jusqu'en 1526.
1526		
1528		
1529		Par le traité de Cambrai, Charles Quint renonce à la Bourgogne, François Ier au Milanais. Mais cette

Monde	Arts et Sciences	Date
	Les deux maîtres flamands Joachim Patinir et Quentin Metsys peignent *la Tentation de saint Antoine* (aujourd'hui au Prado). Le premier se charge du paysage, le second des personnages.	v. 1522
A son tour, François Ier se lance dans l'exploration du Nouveau Monde : le Florentin Verrazzano reconnaît pour son compte le site de l'actuelle New York.		1524
		1525
Descendant de Timur Lang par son père et de Gengis Khan par sa mère, Baber prend Delhi et Agra. Il fonde l'Empire moghol, qui subsistera jusqu'à la révolte des Cipayes, en 1857.		1526
	L'Allemand Hans Holbein (dit le Jeune), qui a travaillé dans toute l'Europe, peint le portrait de l'astronome *Niclaus Kratzer* (aujourd'hui au Louvre).	1528
	Sans craindre le mélange des genres, l'Allemand Lucas Cranach peint le portrait de *Martin Luther* à	1529

DATE	FRANCE	EUROPE
		paix n'est que provisoire : François Ier recherchera l'alliance des princes protestants allemands en 1531, celle du sultan ottoman en 1534. Les deux grands rivaux poursuivront leur duel jusqu'en 1544, sans résultat notable ni d'un côté ni de l'autre. Sous l'impulsion du roi Gustave Vasa, qui a mis fin six ans plus tôt à l'union avec le Danemark, la Suède rompt avec Rome et se convertit au luthéranisme. Le sultan Soliman le Magnifique assiège Vienne, en pure perte. La capitale autrichienne, véritable verrou sur la route de l'ouest, résistera une seconde fois aux Ottomans en 1683.
1531	Prenant pour prétexte la trahison du connétable de Bourbon, qui avait combattu en Italie contre les Français, François Ier confisque ses biens (Bourbonnais, Auvergne, Beaujolais et autres domaines du centre de la France) et les rattache au royaume.	
1532	François Ier, dont l'épouse Claude de France avait hérité de la Bretagne en 1514, annexe définitivement le duché. Cependant, un certain nombre de particularismes bretons seront respectés jusqu'à la Révolution.	

MONDE	ARTS ET SCIENCES	DATE
	la même époque que ses *Vénus* en costume d'Eve.	
Le conquistador Francisco Pizarro débarque au Pérou avec moins de 200 hommes et une trentaine de chevaux. Cette troupe lui suffit pour massacrer des milliers de guerriers et pour s'emparer du souverain inca Atahualpa, qu'il fait exécuter en 1533 malgré le versement d'une fabuleuse rançon. Il fonde Lima en 1535.		1531
Les Portugais créent les premières plantations de canne à sucre au Brésil.	**François Rabelais publie *Pantagruel. Gargantua* suivra deux ans plus tard.** A Ferrare, l'Arioste achève la version définitive de l'œuvre de sa vie : le *Roland furieux*, épopée chevaleresque en vers.	1532

DATE	FRANCE	EUROPE
1534	Affaire des Placards : un manifeste anticatholique est affiché au château d'Amboise. François Ier, qui s'était jusqu'alors montré tolérant à l'égard des huguenots, ressent ce geste comme une insulte personnelle et s'engage dans une politique de répression.	**Le roi d'Angleterre Henri VIII, qui répudiera deux de ses six épouses et en fera exécuter deux autres, se brouille avec Rome et promulgue l'Acte de Suprématie, qui fonde l'Eglise anglicane.**
1535		Le royaume de Danemark adopte le luthéranisme et l'impose au cours des années suivantes à ses dépendances (Norvège, Islande, îles Féroé).
1536	**Jean Calvin dédie à François Ier son *Institution de la religion chrétienne*, livre fondateur d'une troisième branche de la Réforme, à côté du luthéranisme et de l'anglicanisme. Les persécutions dont sont victimes les protestants français vont l'obliger à mener une vie errante jusqu'à son installation à Genève.**	
1539	L'ordonnance de Villers-Cotterêts impose l'usage du français, et non plus du latin, dans les actes notariés. Elle oblige également les curés à consigner baptêmes et sépultures dans leurs registres paroissiaux : c'est la naissance de l'état-civil.	

Monde	Arts et Sciences	Date
Parti de Saint-Malo dans l'espoir de trouver le mythique passage du nord-ouest vers les Indes, Jacques Cartier explore le golfe du Saint-Laurent. L'année suivante, il remonte le cours du Saint-Laurent jusqu'à la hauteur de l'actuelle Montréal. Les résultats mitigés d'une troisième expédition, en 1541, retarderont la colonisation du Canada de plus d'un demi-siècle. Les Espagnols s'installent à Quito. Ils fondent Bogota en 1538 et Santiago du Chili en 1541.		1534
	Peintre très original en rupture avec l'esprit de son temps, le Vénitien Lorenzo Lotto exécute *l'Annonciation* de Recanati.	1535
		1536
		1539

Date	France	Europe
1540		**En réaction à la Réforme protestante, l'Espagnol Ignace de Loyola fonde la compagnie de Jésus, au service exclusif de la papauté.**
1541		**Après un premier séjour en 1536-1538, Jean Calvin se fixe définitivement à Genève et y instaure une véritable théocratie. Sa doctrine et son exemple vont rayonner sur la France, l'Angleterre, l'Ecosse, les Pays-Bas et une partie de l'Allemagne.**
1542		
1543		
1545		
1547	Henri II succède à son père François Ier et reprend les trois grands	Le grand prince de Moscou Ivan IV le Terrible prend le titre de tsar,

Monde	Arts et Sciences	Date
		1540
		1541
Le dominicain espagnol Bartolomé de Las Casas dénonce les sévices infligés par ses compatriotes aux populations amérindiennes. Réduites en esclavage, massacrées, décimées par les maladies, celles-ci subissent au XVIe siècle l'un des plus terribles génocides de l'Histoire.		1542
	Le Polonais Nicolas Copernic publie un traité dans lequel il affirme que la Terre n'est pas le centre de l'univers et qu'elle tourne autour du Soleil.	1543
Début de l'exploitation du gisement d'argent de Potosi (actuelle Bolivie). Les Espagnols vont en extraire des quantités prodigieuses pendant plus d'un siècle et les rapporter en Europe.	Ambroise Paré révolutionne la chirurgie en publiant sa *Méthode de traicter les playes faictes par hacquebutes et aultres bastons à feu.*	1545
		1547

DATE	FRANCE	EUROPE
	axes de sa politique : guerre contre Charles Quint, renforcement de l'appareil d'Etat, lutte contre les protestants.	transcription russe du latin *caesar*. Sous son règne, l'Etat moscovite s'étend au détriment des Tatars musulmans.
1548		
1549		
1550		
v. 1550		
1551		

Monde	**Arts et Sciences**	**Date**
	L'architecte Mimar Sinan achève la mosquée Sehzade à Istanbul, deux ans avant d'engager les travaux de la Süleymaniye, l'un des plus beaux édifices religieux de l'Empire ottoman.	1548
L'Espagnol saint François-Xavier, membre fondateur de la Compagnie de Jésus, débarque au Japon, où il entreprend une œuvre d'évangélisation qu'il poursuivra en Chine.	Construction à Paris de la fontaine des Innocents par le sculpteur Jean Goujon, principal collaborateur de l'architecte Pierre Lescot sur les chantiers de Saint-Germain-l'Auxerrois et du nouveau Louvre.	1549
	A partir de cette date, l'architecte Palladio édifie une série de villas pour l'aristocratie vénitienne : Thiene, Barbaro, Malcontenta, Rotonda.	1550
La très forte mortalité des Amérindiens amène Espagnols et Portugais à organiser la déportation d'esclaves africains afin de disposer de main-d'œuvre dans les plantations et dans les mines. C'est le début d'un gigantesque trafic d'esclaves qui touchera plus de deux millions de personnes et qui se perpétuera jusqu'au début du XIXe siècle.		v. 1550
	Le pape Jules III fait venir le compositeur Palestrina à Rome, où celui-cicomposera l'œuvre la plus riche du XVIe siècle.	1551

Date	France	Europe
1552	Charles Quint doit abandonner à Henri II les Trois-Evêchés (Metz, Toul et Verdun).	Reprise des guerres d'Italie. Henri II envoie le duc de Guise soutenir le pape Paul IV contre les Espagnols, mais les hostilités se déplacent vite vers la frontière nord-est de la France.
1553		Ancien persécuté, Calvin devient persécuteur. Après avoir chassé de Genève plusieurs dizaines d'opposants et fait exécuter Jacques Gruet en 1547, il s'en prend violemment au médecin et théologien espagnol Michel Servet. Celui-ci est brûlé vif pour hérésie. Marie Tudor, fille d'Henri VIII, accède au trône d'Angleterre. Son règne bref est marqué par une violente réaction catholique qui lui vaut le surnom de Marie la Sanglante.
1555		Par la paix d'Augsbourg, Charles Quint renonce à restaurer le catholicisme en Allemagne et reconnaît la liberté de culte aux princes protestants et à leurs sujets.
1556	Henri II reprend Calais, mettant ainsi un terme à plus de deux siècles d'occupation anglaise.	**Abdication de Charles Quint, qui se retire au monastère de Yuste, en Estrémadure. Le titre impérial revient à son frère Ferdinand Ier de Habsbourg; son fils Philippe II hérite de l'Espagne, de l'Italie, des Pays-Bas et de l'empire colonial.**

Monde	Arts et Sciences	Date
		1552
	Véronèse s'installe à Venise, où il va faire triompher son style monumental, avec en particulier la série des *Cènes* (*les Noces de Cana, le Repas chez Lévi*).	1553
		1555
Avènement d'Akbar, petit-fils de Baber. Ses victoires militaires vont porter les limites de l'Empire moghol des contreforts de l'Himalaya au plateau du Deccan et de l'Afghanistan au golfe du Bengale. Sa très grande tolérance à l'égard de l'hindouisme lui permettra d'asseoir durablement le pouvoir d'une dynastie musulmane.	Pierre de Ronsard crée la Pléiade, censée regrouper les sept meilleurs poètes de l'époque. Parmi ces élus, Joachim du Bellay et Etienne Jodelle.	1556

Date	France	Europe
1557		
1558		**Elisabeth Ire succède à sa sœur Marie Tudor sur le trône d'Angleterre. Elle ramène la paix religieuse en choisissant une voie moyenne, l'anglicanisme, à mi-chemin entre catholicisme et puritanisme protestant. Elle va règner jusqu'en 1603 et faire de son pays l'une des premières puissances européennes.**
1559	Henri II meurt accidentellement au cours d'un tournoi. Ses trois fils vont lui succéder tour à tour, à commencer par François II, âgé de quinze ans. La régence sera assurée par sa veuve, Catherine de Médicis, qui gouvernera la France pendant trente ans.	La paix du Cateau-Cambrésis met un terme aux guerres d'Italie et entérine l'hégémonie espagnole dans la péninsule.
1560	Charles IX, âgé de dix ans, succède à son frère François II. Jean Nicot introduit en France l'usage de la pipe et de l'herbe à Nicot, autrement dit du tabac.	Profitant d'une querelle de succession, Philippe II se fait proclamer roi du Portugal. L'union des deux royaumes se prolongera jusqu'en 1640.
1562	**Des protestants sont assassinés à Wassy par les partisans du duc de Guise. C'est le début des guerres de Religion qui vont dévaster la France entière jusqu'en 1598.**	Sainte Thérèse d'Avila fonde le premier couvent de l'ordre des carmélites réformées.

Monde	Arts et Sciences	Date
La Chine reconnaît aux Portugais la possession de Macao, qu'ils avaient atteint dès 1516.		1557
		1558
		1559
		1560
	Disciple de Titien, le Tintoret commence les *Miracles de saint Marc* pour la Scuola di San Marco, à Venise. Le peintre milanais Giuseppe Arcimboldo s'installe à Prague, à la cour des Habsbourg. Il va se spécialiser dans l'exécution de « caprices » – extraordinaires portraits composés de natures mortes.	1562

DATE	FRANCE	EUROPE
1563		**Fin du concile de Trente au terme de vingt-cinq sessions échelonnées sur dix-huit ans. Menacée par un péril mortel, l'Eglise de Rome engage une vaste réorganisation intérieure et une reconquête du terrain perdu face aux protestants : la Contre-Réforme catholique.**
1566		Révolte des « Gueux ». Reprenant fièrement le sobriquet insultant que leur ont conféré leurs adversaires, les calvinistes des Pays-Bas se soulèvent contre leurs maîtres espagnols. Philippe II confie la répression des troubles au duc d'Albe. C'est le début de la guerre de Quatre-Vingts Ans.
1567	Les chefs protestants Condé et Coligny tentent d'enlever la régente et Charles IX afin de prendre le pouvoir. Ce complot amène Catherine de Médicis à abandonner sa politique de conciliation entre les deux camps pour rejoindre le parti catholique.	
1568		

Monde	Arts et Sciences	Date
	Sur l'ordre de Philippe II, début de la construction de l'Escurial, près de Madrid. Ce monastère, conçu pour abriter les sépultures des rois d'Espagne, est la meilleure illustration architecturale du Siècle d'or. **Après avoir travaillé à Anvers et voyagé en Italie, le Flamand Pieter Bruegel (dit le Vieux) s'installe à Bruxelles. C'est là qu'il va peindre ses toiles les plus célèbres, telles *la Moisson* ou *la Parabole des aveugles.***	1563
		1566
		1567
Venu du nord du Japon, Oda Nobunaga s'empare de Kyoto et prend le titre de shogun. Cinq ans plus tard, il donne le coup de grâce à la dynastie des Ashikaga, au pouvoir depuis 1333.		1568

Date	France	Europe
1571		Les forces navales espagnoles, génoises, vénitiennes et pontificales commandées par don Juan d'Autriche défont la flotte turque à Lépante. Même si elle n'a pas de conséquences immédiates, cette victoire saluée dans toute l'Europe annonce le lent déclin de l'Empire ottoman.
1572	**La reine mère Catherine de Médicis fait massacrer plusieurs milliers de huguenots durant la nuit de la Saint-Barthélemy (24 août).** Avec la mort de l'amiral de Coligny, le parti protestant est décapité, mais Henri de Navarre (le futur Henri IV) abjure sa foi pour sauver sa vie. C'est l'épisode le plus atroce et le point culminant des guerres de Religion.	
1574	Henri III, élu roi de Pologne l'année précédente, succède à son frère Charles IX. Il reste très influencé par sa mère, Catherine de Médicis.	
1577		
1578		
1579		**Les sept provinces calvinistes du nord des Pays-Bas forment**

Monde	Arts et Sciences	Date
Cinquante ans après la découverte de l'archipel par Magellan, les Espagnols prennent possession des Philippines (ainsi baptisées en hommage à Philippe II) et installent leur capitale à Manille.		1571
Au Pérou, l'exécution de l'Inca Tupac Amaru sonne le glas de la résistance à la colonisation espagnole.	Luis de Camoëns chante la gloire des navigateurs portugais dans *les Lusiades*, ouvrage fondateur de la littérature lusitanienne. L'astronome danois Tycho Brahe étudie l'étoile temporaire, avant de consacrer ses recherches à la Lune et à Mars.	1572
		1574
Plus d'un demi-siècle après Magellan, l'Anglais Francis Drake entame le second tour du monde, qu'il accomplira en trois ans.		1577
	Fidèle compagnon de sainte Thérèse d'Avila et poète mystique, le carme espagnol saint Jean de la Croix achève la rédaction du *Cantique spirituel.*	1578
		1579

Date	France	Europe
		l'Union d'Utrecht, rompent avec l'Espagne et jettent les bases de la république indépendante des Provinces-Unies. Ainsi naît l'opposition entre, d'une part, les futurs Pays-Bas, à majorité protestante, et, d'autre part, la future Belgique et le Luxembourg, à majorité catholique.
1580		
1582		
1584	Le conflit religieux se double d'une querelle dynastique. Henri III n'ayant pas d'héritier, deux prétendants se disputent par avance sa	

Monde	Arts et Sciences	Date
	Michel de Montaigne publie la première édition des *Essais.*	1580
Le pape Grégoire XIII corrige le calendrier julien, décalé de dix jours sur le cycle solaire : en France, on passe donc directement du 9 au 20 décembre. La Russie n'adoptera le calendrier grégorien qu'en 1918, la Grèce en 1923. Le jésuite italien Matteo Ricci arrive en Chine. Il va s'imposer à la cour de l'empereur Wanli, de la dynastie des Ming, grâce à ses compétences en mathématiques et en astronomie. Sa mission d'évangélisation débouchera sur l'élaboration d'une sorte de syncrétisme entre confucianisme et christianisme. Après l'assassinat d'Oda Nobunaga, son lieutenant Toyotomi Hideyoshi lui succède et entreprend de détruire le pouvoir des grands féodaux.		1582
Au nom de la reine Elisabeth Ire, Walter Raleigh fonde la colonie anglaise de « Virginie » (actuelle Caroline du Nord). Mais comme		1584

DATE	FRANCE	EUROPE
	succession : le huguenot Henri de Navarre et le duc de Guise, chef de la Ligue catholique et allié aux Espagnols.	
1586		
1587		
1588	Henri III fait assassiner le duc de Guise à Blois, ce qui provoque des révoltes dans toute la France.	Philippe II arme une flotte de 130 vaisseaux pour conquérir l'Angleterre et y rétablir le catholicisme. Défaite au large de Plymouth, l'« Invincible Armada » regagne l'Espagne réduite de moitié.
1589	**Henri III est poignardé par un ligueur fanatique, le moine Jacques Clément. Avec lui disparaît la dynastie des Valois. Avec son successeur, Henri IV, débute celle des Bourbons.** Mais le nouveau souverain ne l'est qu'en titre, tant ses ennemis sont nombreux.	
1592		

Monde	Arts et Sciences	Date
toutes les autres tentatives d'installation en Amérique du Nord, celle-ci avorte au bout de quelques années.		
	Le Greco, peintre d'origine crétoise installé à Tolède depuis une décennie, exécute son chef-d'œuvre : *l'Enterrement du comte d'Orgaz.*	1586
Avènement du chah de Perse, Abbas Ier, le plus grand souverain de la dynastie des Séfévides. Il va réorganiser son armée avec l'aide d'officiers anglais, repousser ses voisins ottomans et embellir sa capitale, Ispahan.		1587
		1588
		1589
Une fois le Japon unifié, Toyotomi Hideyoshi lance ses troupes à la conquête de la Corée. Après des succès initiaux, l'expédition tourne au désastre du fait de l'interven-		1592

Date	France	Europe
1594	Après s'être définitivement converti au catholicisme l'année précédente (par réalisme politique plus que par conviction), Henri IV peut rallier la majorité des Français. Il se fait sacrer à Chartres et entre dans Paris.	
v. 1594		
1596		
1598	Henri IV promulgue l'édit de Nantes, qui assure aux protestants la liberté de culte et leur garantit une centaine de « places de sûreté », tout en leur imposant un certain nombre de restrictions. Ce compromis, rendu possible par l'épuisement des combattants et par la grande habileté du roi, met fin aux guerres de Religion – et aux prétentions espagnoles sur le trône de France. Le duc de Sully est nommé surintendant général des Finances. Il va incarner le redressement économique de la France après trente-cinq ans de guerre civile et son	La mort de Philippe II marque symboliquement la fin du Siècle d'or. Après une période d'hégémonie en Europe et dans le monde, l'Espagne s'engage dans un processus de déclin au profit de la France, de l'Angleterre et des Provinces-Unies.

Monde	Arts et Sciences	Date
tion des Chinois aux côtés des Coréens (1598).		
	Mort du compositeur flamand Roland de Lassus, qui laisse derrière lui une œuvre immense (motets, messes, *Stabat Mater*, *Magnificat*).	1594
	William Shakespeare écrit ses premiers chefs-d'œuvre : *la Mégère apprivoisée* et *Roméo et Juliette.*	v. 1594
	Le style du Caravage, fondé sur un violent contraste entre ombres et lumières, rompt avec la tradition maniériste et s'impose dès ses premières années à Rome : *la Conversion de saint Paul.*	1596
		1598

Date	France	Europe
	retour au premier plan des puissances européennes.	
1600		
1601	A la suite d'un conflit avec le duc de Savoie, Henri IV annexe le pays de Gex, le Bugey et la Bresse.	
1602	Le protestant Barthélemy de Laffemas est nommé contrôleur général du commerce. Il instaure un régime protectionniste et encourage le développement des industries de luxe, telle la production de soieries et de tapisseries.	
1604	Début des travaux du canal de Briare, destiné à relier la Seine à la Loire.	
1605		

Monde	Arts et Sciences	Date
La guerre civile engendrée par l'assassinat de Toyotomi Hideyoshi s'achève par la victoire de Tokugawa Ieyasu. Celui-ci unifie et centralise définitivement le Japon, et fonde une nouvelle dynastie de shoguns qui demeurera au pouvoir jusqu'en 1868. En 1603, le gouvernement quitte Kyoto pour s'installer à Edo (l'actuelle Tokyo). Aussi les historiens ont-ils baptisé cette nouvelle période ère Tokugawa ou ère d'Edo.	Le philosophe italien Giordano Bruno, qui refuse de considérer la Terre comme le centre de l'univers, est condamné à mort par le tribunal du Saint-Office et brûlé vif à Rome. Olivier de Serres publie un traité d'agronomie appelé à faire date : *Théâtre d'agriculture et mesnage des champs.*	1600
		1601
		1602
		1604
Trois ans après sa fondation, la Compagnie hollandaise des Indes orientales prend pied dans l'archipel des Moluques. C'est le début de la colonisation de l'Indonésie.	**Le Castillan Miguel de Cervantès publie la première partie de *l'Ingénieux Hidalgo Don Quichotte de la Manche.* L'accueil enthousiaste du public et les tentatives de pla-**	1605

DATE	FRANCE	EUROPE
1606		
1607		
1608		
1609		

Monde	**Arts et Sciences**	**Date**
En Inde, avènement de Djahangir. Son règne et celui de son successeur Chah Djahan correspondent à l'apogée de l'Empire moghol.	**giat le conduisent à donner une suite en 1615.** A Paris, Henri IV achève la construction du Pont-Neuf et ordonne la création de la place Royale (actuelle place des Vosges), à partir de laquelle se développera le quartier du Marais.	
	C'est l'époque des grandes tragédies shakespeariennes : après *Hamlet* (1601), *Othello* (1604) et *Macbeth* (1605), le dramaturge élisabéthain donne *le Roi Lear*. La même année, son confrère Ben Jonson fait représenter sa plus célèbre comédie, *Volpone*.	1606
	Orfeo, du compositeur italien Claudio Monteverdi, est considéré comme le premier opéra véritable de l'histoire de la musique.	1607
Samuel de Champlain fonde la ville de Québec et s'allie aux Algonquins et aux Hurons contre les Iroquois. Près de trois quarts de siècle après le premier voyage de Cartier, les Français commencent à coloniser la vallée du Saint-Laurent. Débuts modestes, puisque la Nouvelle-France ne comptera que 2 000 habitants en 1660 et environ 16 000 en 1700.		1608
Les jésuites créent au Paraguay la première « réduction » dans laquelle sont abolis l'esclavage et l'oppression des Indiens guaranis. L'en-	Après huit ans de formation en Italie, Pierre-Paul Rubens rentre à Anvers où les commandes commencent aussitôt à affluer :	1609

DATE	FRANCE	EUROPE
1610	La perspective d'une guerre avec les Habsbourg pousse un catholique fanatique nommé François Ravaillac à assassiner Henri IV. Son fils Louis XIII n'ayant que neuf ans, la régence est assurée par la reine Marie de Médicis, qui confie le pouvoir à son compatriote, l'aventurier florentin Concino Concini.	
1613		Michel Fédérovitch Romanov est élu tsar. Le fondateur de la dynastie qui règnera jusqu'à la révolution d'Octobre entreprend de tirer la Russie de l'anarchie dans laquelle elle avait sombré au siècle précédent.
1614		
1616		

Monde	Arts et Sciences	Date
semble de ces villages indigènes forme vite une sorte de république chrétienne qui suscite la convoitise des colons espagnols. Cette expérience se terminera à la fin du siècle suivant par l'expulsion des jésuites et par l'expropriation des Guaranis.	tableaux religieux inspirés par la Contre-Réforme catholique, puis sujets profanes et commandes royales.	
La querelle des Rites chinois débute à la mort de Matteo Ricci. Pendant un siècle et demi, les jésuites vont défendre une approche tolérante à l'égard des pratiques religieuses antérieures à la christianisation, tandis que d'autres ordres missionnaires condamnent résolument tout vestige d'idolâtrie.		1610
		1613
	Le mathématicien écossais John Napier, inventeur d'une machine à calculer, publie les premières tables de logarithmes.	1614
Peu de temps avant sa mort, Tokugawa Ieyasu promulgue des édits interdisant l'accès du Japon aux missionnaires étrangers, qu'il considère comme des agents des puissances européennes.		1616

Date	France	Europe
1617	Agé de seize ans, Louis XIII ne supporte plus d'être tenu à l'écart des affaires par sa mère et fait assassiner Concini. Celui-ci est remplacé à la tête de l'Etat par le fauconnier du roi, le duc de Luynes. C'est le début d'une période troublée au cours de laquelle les Grands et les huguenots retrouvent une autonomie certaine par rapport au pouvoir royal.	
1618		**Défenestration de Prague : des protestants tchèques jettent par la fenêtre des émissaires de l'empereur germanique. Cet incident déclenche la guerre de Trente Ans. Ce conflit, qui oppose initialement les princes allemands protestants aux Habsbourg catholiques, va bientôt concerner l'ensemble des puissances européennes, à commencer par la France et ses grandes rivales, l'Autriche et l'Espagne.**
1619		
1620		

Monde	Arts et Sciences	Date
		1617
		1618
Les Hollandais fondent la ville de Batavia (l'actuelle Jakarta) sur l'île de Java.	Dix ans après avoir énoncé ses deux premières lois du mouvement des planètes dans *Astronomia nova*, l'Allemand Johannes Kepler livre la troisième dans *Harmonices mundi.* Ses travaux annoncent la loi de l'attraction universelle de Newton.	1619
Les 102 passagers du *Mayflower*, parmi lesquels se trouvent une quarantaine de puritains, débarquent près du Cap Cod, en Nouvelle-Angleterre, et fondent		1620

Date	France	Europe
1624	Armand Jean du Plessis, cardinal de Richelieu, est appelé par Louis XIII au Conseil et devient au bout de quelques mois son « principal ministre ». Les deux hommes vont gouverner la France de concert pendant dix-huit ans et engager une politique déterminée de renforcement du pouvoir central.	
1625		Charles Ier succède à son père Jacques Ier Stuart sur les trônes d'Angleterre et d'Ecosse. Son règne est marqué par la montée des antagonismes religieux. D'une part, les royalistes épiscopaliens, qui défendent les évêques et les survivances du catholicisme au sein de l'anglicanisme. D'autre part, les puritains, calvinistes violemment opposés aux évêques : ceux qui n'émigrent pas en Amérique du Nord se radicalisent politiquement.
1626		
1627	Pour briser la puissance politique et militaire des huguenots, qualifiés	

Monde	**Arts et Sciences**	**Date**
la ville de Plymouth. Les « Pères pèlerins » seront considérés par la suite comme les ancêtres quasi mythiques de la nation américaine.		
		1624
		1625
Le gouverneur hollandais Peter Minuit achète l'île de Manhattan aux Indiens pour la somme de 24 dollars et fonde Nieuw-Amsterdam.		1626
		1627

Date	France	Europe
	d'« Etat dans l'Etat », Richelieu et Louis XIII assiègent La Rochelle. La ville fortifiée tombe l'année suivante malgré l'intervention des Anglais aux côtés des protestants français. On peut noter que le véritable d'Artagnan est alors âgé d'une douzaine d'années…	
v. 1628		
1629	Après la défaite des huguenots languedociens, l'édit d'Alès confirme la liberté de culte accordée par l'édit de Nantes, mais supprime les places de sûreté qui leur garantissaient une trop grande autonomie par rapport au pouvoir royal.	
1630	Journée des Dupes. Le parti dévot, favorable à la monarchie catholique des Habsbourg, croit Richelieu disgracié le 10 novembre. Mais Louis XIII confirme le ministre dans ses fonctions et décide de soutenir les princes protestants allemands contre l'Autriche.	Alors que la guerre de Trente Ans est sur le point de tourner à l'avantage de l'empereur Ferdinand II, Richelieu encourage le roi de Suède Gustave II Adolphe à se porter au secours des protestants. Celui-ci remporte une série de victoires retentissantes jusqu'à sa mort, en 1632.
1631	Théophraste Renaudot fonde *la Gazette*, le premier journal français, avec le soutien de Richelieu, qui en fait une sorte d'organe officieux du gouvernement.	

Monde	Arts et Sciences	Date
	Peintre de la liesse collective et de la bonhomie néerlandaise, Frans Hals exécute *la Bohémienne* (aujourd'hui au Louvre).	v. 1628
		1629
		1630
	A Venise, début de la construction de l'église baroque Santa Maria della Salute, par Baldassare Longhena.	1631

Date	France	Europe
1632		Christine de Suède succède à son père Gustave Adolphe à l'âge de six ans. Durant la régence du chancelier Oxenstierna, puis durant son règne personnel, la Suède connaît son apogée et exerce un contrôle presque absolu sur la mer Baltique. La reine Christine abdiquera en 1654, avant de mener une vie errante.
1633	Après avoir secouru les galériens, les enfants trouvés et les pauvres des campagnes, Saint-Vincent-de Paul fonde la communauté des Filles de la Charité.	
1634	Richelieu fonde l'Académie française, qu'il conçoit comme un instrument politique au service de la monarchie : il contrôle dès le début les nominations.	
1635	Après plusieurs années de soutien à la Suède et aux princes protestants	

MONDE	ARTS ET SCIENCES	DATE
	L'empereur moghol Chah Djahan fait édifier, à Agra, le Tadj Mahall, mausolée de marbre blanc destiné à son épouse Mumtaz Mahall (l'« Elue du harem »), morte en donnant naissance à son neuvième enfant. **Le jeune Rembrandt Van Rijn, qui s'est installé l'année précédente à Amsterdam, peint *La Leçon d'anatomie du docteur Tulp.*** Ancien assistant de Rubens, le peintre anversois Anton Van Dyck s'installe à Londres, où il devient le portraitiste attitré de l'aristocratie britannique.	1632
	L'Italien Galileo Galilei, l'un des plus grands physiciens des Temps modernes, est déféré devant le tribunal de l'Inquisition pour avoir publié l'année précédente un ouvrage dans lequel il décrivait la rotation de la Terre autour du Soleil. Galilée doit abjurer à genoux la thèse copernicienne, mais la légende veut qu'il se soit écrié en se redressant : « *Eppure si muove!* » (« Et pourtant elle tourne ! »).	1633
		1634
Pierre Belain d'Esnambuc débarque à la Martinique et fonde le port	Soldat de métier comme son compatriote Cervantès, Pedro Calde-	1635

DATE	FRANCE	EUROPE
	allemands, Richelieu s'engage ouvertement dans la guerre de Trente Ans en affrontant les Espagnols. Cette politique énergique débouchera sur d'importantes annexions en Artois, en Alsace et en Roussillon – et à terme sur l'établissement d'une véritable hégémonie française en Europe.	
1636		
1637		
1638	Condamnation de l'abbé de Saint-Cyran, disciple du théologien hollandais Jansénius et adversaire résolu de Richelieu. Antoine Arnauld et les solitaires de Port-Royal prennent alors le relais : c'est le début de la querelle janséniste, dans laquelle les convictions purement religieuses rejoignent un refus de la royauté absolue. Ce combat attirera des intellectuels et des artistes de premier plan et se prolongera jusqu'au début du XVIIIe siècle.	

MONDE	ARTS ET SCIENCES	DATE
de Saint-Pierre. La culture de la canne à sucre se développe rapidement grâce à l'aide de planteurs hollandais.	ron de la Barca fait jouer *la Vie est un songe.*	
Six ans après la fondation de Boston, le collège de Harvard est créé pour dispenser des cours de théologie aux colons du Massachussets.		1636
	Philosophe et mathématicien français installé aux Pays-Bas, Descartes publie à Leyde le *Discours de la méthode.* D'abord auteur de comédies, le Rouennais Pierre Corneille triomphe avec *le Cid.* Il écrit alors coup sur coup une série de tragédies classiques : *Horace* (1640), *Cinna* et *Polyeucte* (1641).	1637
Les Français prennent possession d'un île pratiquement déserte au large de Madagascar et la baptisent île Bourbon dix ans plus tard (actuelle Réunion).		1638

Date	**France**	**Europe**
1639		
v. 1640		
1642	Le procès et l'exécution du marquis de Cinq-Mars, le jeune favori de Louis XIII, illustre la détermination de Richelieu face à une noblesse insoumise, au point de comploter avec l'ennemi – en l'occurrence l'Espagne.	**Le « Long Parlement », réuni depuis 1640 et constitué d'une majorité d'opposants, lance un ultimatum au roi Charles Ier, soupçonné de complaisance à l'égard des catholiques. C'est le début de la première Révolution d'Angleterre, qu'on désigne aussi sous le nom de Grande Rebellion.** Beaucoup d'historiens voient dans cette parenthèse bourgeoise et « républicaine » une répétition générale de la Révolution française.
1643	**Mort de Louis XIII, quelques mois après la disparition de Richelieu. Son fils Louis XIV étant âgé de cinq ans, la régence est assurée par la reine Anne d'Autriche et par**	Huit ans après l'entrée effective de la France dans la guerre de Trente Ans, le duc d'Enghien, futur prince de Condé (le Grand Condé), écrase l'infanterie espa-

Monde	Arts et Sciences	Date
Le Japon se ferme totalement aux étrangers – à l'exception des Chinois et des marchands hollandais, qui sont autorisés à commercer dans le port de Nagasaki. De même, les armes à feu sont bannies afin de préserver l'esprit samouraï. Le Japon va vivre en vase clos jusqu'au milieu du XIXe siècle.		1639
	Peintre français établi à Rome, Nicolas Poussin mêle personnages mythologiques et paysage allégorique dans *les Bergers d'Arcadie.*	v. 1640
Trente-six ans après que ses compatriotes eurent atteint la côte australienne, le Hollandais Tasman découvre l'île méridionale qui porte aujourd'hui son nom (Tasmanie), mais ne parvient pas à la distinguer de l'île-continent voisine. Il faudra attendre le voyage de Cook en 1770 pour que cette partie du monde soit systématiquement explorée. Paul de Chomedey de Maisonneuve fonde un établissement sur une île du Saint-Laurent, près du village indien d'Hochelaga, où avait séjourné Jacques Cartier. C'est la naissance de Montréal.		1642
Pronis, un navigateur de La Rochelle, fonde le comptoir de Fort-Dauphin au sud de Madagascar. La grande île est annexée à la France, mais, en 1674, Colbert		1643

Date	France	Europe
	le cardinal Jules Mazarin, homme de confiance de Richelieu depuis une douzaine d'années.	gnole à Rocroi. Les Français, alliés aux Suédois, peuvent alors intervenir en Allemagne.
1644		Le puritain Oliver Cromwell, chef des « Têtes Rondes », défait les troupes de Charles Ier à la bataille de Marston Moor et accentue son avantage l'année suivante à Naseby. Les éléments les plus déterminés de la bourgeoisie anglaise se regroupent derrière lui.
1648	**Début de la Fronde, soulèvement provoqué par le poids fiscal écrasant de la guerre de Trente Ans et par l'impopularité de Mazarin.** La révolte du parlement de Paris, qui prétend jouer un rôle politique durant la minorité de Louis XIV, culmine avec les journées des Barricades.	**Les traités de Westphalie mettent fin à la guerre de Trente Ans. L'Allemagne, morcelée politiquement et saignée à blanc (près de 10 millions de morts), ne retrouvera un rôle de premier plan sur l'échiquier européen qu'en 1871. L'Espagne non plus ne se remettra pas du désastre : elle est contrainte de reconnaître l'indépendance des Provinces-Unies. A la faveur de ce double effacement, la France de Mazarin s'impose comme la puissance hégémonique sur le continent.**
1649	Mazarin, la reine Anne d'Autriche et le jeune roi se réfugient à Saint-Germain-en-Laye dans la nuit du 5 au 6 janvier. La siège de Paris aboutit rapidement à la signature de la paix de Rueil.	**Exécution du roi Charles Ier. La monarchie est remplacée par la dictature militaire de Cromwell, qui établit officiellement en 1653 le régime du Protectorat sur l'Angleterre, l'Ecosse et l'Irlande.**
1650	**La Fronde entre dans sa deuxième phase : la Fronde des princes, dont le moteur est l'ambition débridée**	

Monde	**Arts et Sciences**	**Date**
décide de l'abandonner afin de pouvoir concentrer ses efforts sur l'île Bourbon (la Réunion).		
Les Mandchous prennent Pékin, renversent la dynastie des Ming et fondent celle des Qing, qui règnera jusqu'à la proclamation de la République en 1911. Ils imposent aux Chinois le port de la natte.		1644
	Le Bernin fait triompher l'art baroque à Rome avec la fontaine des Quatre-Fleuves de la place Navone. Il commencera à édifier en 1656 la colonnade de la place Saint-Pierre. Chah Djahan transfère la capitale de l'Empire moghol d'Agra à Delhi après y avoir fait édifier deux œuvres marquantes de l'architecture islamique : le fort Rouge et la Grande Mosquée.	1648
		1649
		1650

Date	France	Europe
	de certains hauts personnages : le Grand Condé et son frère le prince de Conti ; Paul de Gondi, cardinal de Retz ; le maréchal de Turenne ; Gaston d'Orléans et sa fille la Grande Mademoiselle. La France est plongée dans l'anarchie. Mais le combat légitimiste de Mazarin finit par venir à bout d'une haute noblesse divisée, incohérente, voire fantasque. En février 1653, l'homme le plus haï du royaume rentre en vainqueur dans Paris.	
v. 1650		
1652		Une guerre éclate entre les deux grandes puissances maritimes que sont l'Angleterre et les Provinces-Unies. Les rivalités commerciales et coloniales sont à l'origine de ce conflit qui va se raviver plusieurs fois jusqu'au rapprochement des années 1680 et à l'accession de Guillaume d'Orange à la couronne anglaise.
1655		

Monde	**Arts et Sciences**	**Date**
	Spécialiste des tableaux religieux, mais aussi des scènes quotidiennes, le peintre sévillan Murillo exécute *le Jeune Mendiant* (aujourd'hui au Louvre).	v. 1650
Fondation du Cap : afin de disposer d'une étape sur la route de leurs colonies asiatiques, les Hollandais construisent une ville fortifiée à la pointe sud de l'Afrique.	Mort du peintre lorrain Georges de La Tour, qui laisse derrière lui une œuvre divisée en deux types de tableaux : scènes diurnes (*la Diseuse de bonne aventure*) et scènes nocturnes (*Saint Sébastien soigné par Irène*).	1652
Quelques années après s'être installés dans l'archipel des Bahamas, les Anglais s'emparent de la Jamaïque.	Le physicien hollandais Christiaan Huygens accroît le grossissement des lunettes astronomiques, ce qui lui permet de découvrir l'anneau de Saturne et d'observer la rotation de Mars, ainsi que la nébuleuse d'Orion.	1655

Date	France	Europe
1656		
1658		

Monde	Arts et Sciences	Date
	Cinq ans avant sa mort, le Sévillan Diego Velasquez représente la famille du roi Charles IV dans l'une des compositions les plus extraordinaires de l'histoire de la peinture : *les Ménines.* En France, le surintendant Fouquet confie le chantier de Vaux-le-Vicomte à Le Vau et Le Nôtre. La fête fastueuse donnée à l'issue des travaux, en 1661, provoquera la colère de Louis XIV et la disgrâce du surintendant. **Retiré à Port-Royal, le mathématicien et physicien Blaise Pascal publie ses premières *Lettres provinciales* dans lesquelles il défend ses amis jansénistes contre les jésuites. A la même époque, il commence à songer à une *Apologie de la religion chrétienne.* Ce sont ces notes éparses qui seront réunies après sa mort, survenue en 1662, dans le recueil des *Pensées.***	1656
Les Hollandais prennent le contrôle de Ceylan (Sri Lanka) – du moins des régions côtières. Ils les exploiteront jusqu'en 1796, date à laquelle ils en seront expulsés par les Anglais. Les Français chassent les derniers Indiens caraïbes de l'île de la Guadeloupe, qui reviendra à la Couronne en 1674, en même temps que la Martinique. En Inde, avènement d'Aurengzeb. S'il remporte de brillantes victoires militaires, son intolérance reli-		1658

Date	France	Europe
1659	Par la paix des Pyrénées, conclue avec l'Espagne, la France acquiert l'Artois et le Roussillon.	Après la victoire du maréchal de Turenne à la bataille des Dunes (1658), Philippe IV doit signer avec Mazarin la paix des Pyrénées. Ainsi prend fin le long conflit franco-espagnol, qui constituait un prolongement de la guerre de Trente Ans.
1660	Sur la lancée de la paix des Pyrénées, Mazarin organise le mariage de Louis XIV avec l'infante Marie-Thérèse d'Espagne, fille de Charles IV, qui rend possible le regroupement ultérieur des deux couronnes sur une même tête. Avec environ vingt millions d'habitants, la France est le pays le plus peuplé d'Europe.	**Après la mort d'Oliver Cromwell en 1658 et l'abdication de son fils Richard en 1659, le général Monk restaure la monarchie des Stuarts en la personne de Charles II.**
v. 1660		
1661	**Formé patiemment par Mazarin au « métier de roi », Louis XIV, âgé de 23 ans, entame son règne personnel à la mort de son ministre. Les souvenirs humiliants de la Fronde le poussent d'emblée à mater tous ceux qui menacent son autorité : aristocrates rebelles,**	

Monde	Arts et Sciences	Date
gieuse suscite des révoltes chez les non-musulmans et prépare le déclin de l'Empire moghol au siècle suivant.		
Les Français fondent Saint-Louis sur le site de Ndar, à l'embouchure du fleuve Sénégal.		1659
Originaire du Tafilalet, au pied du Haut Atlas, Mulay al-Rachid impose son autorité à tout le Maroc et fonde la dynastie des Alawites, qui règne aujourd'hui encore sur le pays.		1660
	Abandonnant provisoirement l'intimisme de ses scènes d'intérieur, le peintre hollandais Johannes Vermeer représente un panorama de sa ville natale : *Vue de Delft*.	v. 1660
	Louis XIV décide d'édifier un gigantesque château autour du pavillon de chasse construit par Louis XIII à Versailles. Jusqu'à 40 000 ouvriers y travailleront simultanément sous la direction de l'architecte Le Vau, du décorateur Le Brun et du « jardinier »	1661

DATE	FRANCE	EUROPE
	ministres trop indépendants, parlementaires, protestants, jansénistes, puissances étrangères. La première victime de l'absolutisme est le surintendant Nicolas Fouquet, dont le faste et la puissance financière sont les seuls crimes. Condamné à la réclusion, celui-ci mourra en captivité en 1680. Jean-Baptiste Colbert lui succède et devient le principal collaborateur de Louis XIV, sans jamais occuper la fonction de Premier ministre. Les axes de la politique qu'il mettra en œuvre jusqu'à sa mort, en 1683, sont l'assainissement des finances publiques, la création de manufactures, le développement de la marine de guerre et de commerce.	
1662	Louis XIV achète Dunkerque à l'Angleterre. La ville deviendra trente ans plus tard le port d'attache du corsaire Jean Bart.	
1664		
1666		Le grand incendie de Londres détruit presque toute la ville – et la purge définitivement de la peste.

Monde	Arts et Sciences	Date
	André Le Nôtre. Cet ensemble majestueux servira de modèle à l'Europe entière, de Caserte (Naples) à Potsdam (Berlin) et de la Granja (Espagne) à Schönbrunn (Vienne).	
Début du règne de l'empereur Kangxi, l'un des plus longs de l'histoire chinoise (soixante ans). Il asseoira la puissance de la dynastie mandchoue tout en adoptant la civilisation traditionnelle chinoise et en ouvrant son pays aux missionnaires et aux commerçants occidentaux.	Peintre de cour très influencé par l'esprit austère de Port-Royal, Philippe de Champaigne atteint le sommet de son art dans le double portrait de *la Mère Catherine-Agnès Arnaud* et de *la Sœur de Sainte-Suzanne Champaigne.*	1662
Après la victoire du duc d'York sur les troupes hollandaises de Peter Stuyvesant, la Nouvelle-Amsterdam est rebaptisée New York.	Le duc de La Rochefoucauld compense ses échecs d'homme d'action (il a participé à la Fronde) en ouvrant la lignée des moralistes français avec ses *Maximes.*	1664
	Antonio Stradivarius, luthier à Crémone, signe le premier des 650 instruments qui ont survécu	1666

DATE	FRANCE	EUROPE
1667		
1668	Après un nouveau conflit avec l'Espagne, la France annexe la ville de Lille.	
1669	Colbert promulgue l'ordonnance des Eaux et Forêts, qui protège les forêts royales et vise à produire de grands chênes pour les constructions navales.	
1673		

Monde	Arts et Sciences	Date
	jusqu'à nos jours. Mais c'est entre 1700 et 1720 qu'il fabriquera ses plus beaux violons.	
	Première représentation d'*Andromaque*, de Jean Racine. Celui-ci écrit la plupart de ses grandes tragédies au cours de la décennie suivante : *Britannicus* (1669), *Bérénice* (1670) et *Phèdre* (1677), généralement considérée comme son chef-d'œuvre. Bossuet porte l'art oratoire à son sommet avec l'oraison funèbre d'Anne d'Autriche. Celle d'Henriette d'Angleterre suivra en 1669, celle d'Henriette de France en 1670.	1667
	Jean de La Fontaine publie son premier recueil de *Fables*, qui rencontre un succès immédiat.	1668
	La marquise de Sévigné marie Françoise, sa fille adorée, au comte de Grignan, qui est bientôt nommé lieutenant-général de Provence. La séparation déchirante qui en résulte est à l'origine de la correspondance la plus célèbre de la littérature française.	1669
	Après avoir donné *Tartuffe* (1664), *Dom Juan* (1665), *le Misanthrope* (1666), *l'Avare* (1668) et *le Bourgeois gentilhomme* (1670), Molière meurt durant la quatrième représentation du *Malade imaginaire.*	1673

DATE	FRANCE	EUROPE
1674		
1675		
1677		
1678	Le traité de Nimègue, qui met fin à la guerre de Hollande, accorde à la France de nouveaux territoires, dont la Franche-Comté.	
1679	L'affaire des Poisons révèle l'existence de réseaux d'empoisonneurs et met en cause des personnages importants de la Cour – en particulier Mme de Montespan, la favorite de Louis XIV. Celui-ci est amené à confisquer des pièces à conviction, puis à interrompre le procès.	**Le Parlement anglais vote l'Habeas Corpus Act, qui interdit l'emprisonnement d'une personne sans motif précis. Cette loi, qui garantit les libertés fondamentales de tout individu, déterminera l'évolution des pays anglo-saxons et, de manière indirecte, de tous les Etats démocratiques.**

Monde	Arts et Sciences	Date
François Martin, agent de la Compagnie des Indes orientales, fonde le comptoir de Pondichéry.		1674
	Neuf ans après l'incendie de Londres, Christopher Wren engage la construction de la nouvelle cathédrale Saint-Paul, qui sera achevée en 1710.	1675
Les Français s'emparent de l'île de Gorée, près de l'actuelle Dakar, et poursuivent l'exploitation du comptoir hollandais spécialisé dans la traite des Noirs. L'île sera vite convoitée par les Anglais. Après être passée plusieurs fois sous la tutelle des Hollandais et des Anglais, la Guyane est définitivement reconquise par l'amiral d'Estrées et mise en valeur avec le soutien de Colbert.	**L'année même de la mort du philosophe hollandais Baruch Spinoza, publication posthume de l'*Ethique*, à laquelle il travaillait depuis plus de quinze ans.**	1677
	Madame de La Fayette publie *la Princesse de Clèves*, l'un des premiers romans modernes.	1678
	L'architecture baroque s'impose à Turin avec le palais Carignano de Guarino Guarini.	1679

DATE	FRANCE	EUROPE
1680		
1681	Louis XIV annexe la ville indépendante de Strasbourg et confie à Vauban le soin de la fortifier. Louis XIV, par l'intermédiaire de son secrétaire d'Etat à la Guerre, Louvois, autorise les intendants à recourir à l'armée pour persécuter les huguenots. Des « dragonnades » seront menées en Poitou, en Béarn et en Languedoc jusqu'à la fin du siècle.	
1682	**La Cour quitte définitivement Paris, ville entachée, aux yeux du roi, des souvenirs de la Fronde, pour s'installer à Versailles. Celle-ci sera la véritable capitale de la France jusqu'en 1789.**	
1683		Un siècle et demi après Soliman le Magnifique, le grand vizir Kara Mustafa met en vain le siège devant Vienne. Cette tentative provoque l'intervention du roi de Pologne Jean III Sobieski et l'alliance de la Pologne, de l'Autriche, de la Russie et de la République de Venise au sein d'une Sainte Ligue qui engage une vigoureuse contre-offensive.

Monde	Arts et Sciences	Date
	Dix ans après le début de la construction de l'hôtel des Invalides, Jules Hardouin-Mansart édifie le Dôme qui accueillera le tombeau de Napoléon.	1680
Pour régler une dette, le roi d'Angleterre Charles II concède un vaste territoire au quaker William Penn, qui fonde l'année suivante la ville de Philadelphie. La Pennsylvanie devient alors un refuge pour les minorités religieuses persécutées.		1681
Neuf ans après que le fleuve eut été découvert par le père Marquette et Joliet, Cavelier de La Salle descend le Mississippi jusqu'au golfe du Mexique. Il prend possession au nom du roi de France d'une immense contrée, qu'il baptise Louisiane.	L'astronome anglais Halley observe la comète qui porte son nom et calcule son retour périodique tous les soixante-quinze ans.	1682
L'empereur Kangxi annexe à la Chine l'île de Taïwan, baptisée Formose un siècle plus tôt par les Portugais.		1683

DATE	FRANCE	EUROPE
1684		
1685	La révocation de l'édit de Nantes est l'aboutissement d'une politique de vexations à l'égard des huguenots, puis de conversions forcées. Elle met fin à l'existence légale du protestantisme et entraîne le départ d'environ 300 000 personnes, appartenant pour beaucoup aux professions libérales et aux métiers du négoce et de l'artisanat. La plupart s'installent aux Pays-Bas, en Angleterre, en Prusse et en Suisse, avant d'essaimer jusqu'en Amérique du Nord et en Afrique du Sud.	Jacques II, qui s'est converti au catholicisme, succède à son frère Charles II. Cet avènement exacerbe l'hostilité d'une grande partie des Anglais contre la monarchie des Stuarts.
1686		L'expansionnisme français entraîne la formation de la ligue d'Augsbourg, coalition regroupant l'Autriche, plusieurs princes allemands, l'Espagne et la Suède – puis dans un second temps l'Angleterre, les Provinces-Unies et la Savoie.
1687		

Monde	**Arts et Sciences**	**Date**
Le roi du Siam, Phra Narai, envoie des ambassadeurs à Versailles. C'est le point culminant d'un étonnant rapprochement avec la France, marqué par la nomination de l'aventurier grec Constantin Phaulkon au poste de Premier ministre. Une brutale réaction xénophobe mettra fin à cette expérience à la mort du roi, en 1688.		1684
		1685
	Jean de La Bruyère publie la première édition des *Caractères.*	1686
	L'Anglais Isaac Newton est le premier physicien à formuler la loi de la gravitation universelle, qui se	1687

Date	France	Europe
1688	A partir de la formation de la ligue d'Augsbourg, et pratiquement jusqu'à sa mort, Louis XIV doit lutter contre l'Europe entière, effrayée par sa politique de conquête et de conversion forcée au catholicisme. Les hostilités incessantes et le poids de la fiscalité vont ternir la dernière partie de son règne.	Seconde révolution d'Angleterre. Quarante ans après la Grande Rebellion, les mêmes causes produisent les mêmes effets – mais cette fois-ci de manière plus pacifique. Les protestants font appel au stathouder de Hollande, Guillaume III d'Orange. Celui-ci débarque en Angleterre en novembre, un mois avant que Jacques II ne se réfugie en France. Il accède au trône l'année suivante sous le nom de Guillaume III avec le soutien du Parlement : la monarchie perd son caractère absolu pour devenir constitutionnelle.
1689		La constitution de la ligue d'Augsbourg provoque la réaction brutale de Louis XIV, qui ordonne à ses troupes de ravager le Palatinat. Cette région, qui avait déjà perdu les trois quarts de sa population pendant la guerre de Trente Ans, sort exsangue de cette nouvelle épreuve.
1690		

Monde	Arts et Sciences	Date
	manifeste dans la pesanteur terrestre comme dans l'attraction entre les corps célestes. Louis XIV confie à Hardouin-Mansart la construction du Grand Trianon dans le parc de Versailles.	
		1688
	Le compositeur anglais Henry Purcell donne son opéra *Didon et Enée.*	1689
Déjà installée depuis une vingtaine d'années à Bombay, la Compagnie anglaise des Indes orientales fonde un comptoir à Kalikata, puis construit Fort William six ans plus tard.	L'Anglais John Locke expose sa philosophie matérialiste dans l'*Essai sur l'entendement humain.*	1690

Date	France	Europe
v. 1690	Développement de la guerre de course, qui devient un instrument dans la lutte contre les Anglais, les Hollandais et les Espagnols. Les plus illustres corsaires de Louis XIV seront le Dunkerquois Jean Bart, puis le Malouin Duguay-Trouin.	
1692		Durant la guerre de la ligue d'Augsbourg, la flotte française subit un désastre à la Hougue (Saint-Vaast-la-Hougue, dans le Cotentin). La supériorité maritime des Anglais s'affirme : elle jouera un rôle essentiel dans la rivalité franco-britannique jusqu'au XIXe siècle.
1697		
1698		**Au retour d'un long voyage en Europe de l'Ouest, le tsar Pierre Ier le Grand lance un vaste programme de modernisation de la Russie. Le symbole de cette politique est la fondation de Saint-Petersbourg en 1703, et son accession au rang de capitale en 1712.**
1699		Paix de Karlowitz. Après une série de défaites, Istanbul doit renoncer à la Hongrie, à la Dalmatie et à

MONDE	ARTS ET SCIENCES	DATE
Telle est l'origine de Calcutta, qui sera la capitale de l'empire des Indes jusqu'en 1912, date à laquelle elle sera remplacée par New Delhi.		
		v. 1690
Les puritains de Salem, Massachussets, engagent une gigantesque chasse aux sorcières qui aboutira à dix-neuf pendaisons.		1692
	Charles Perrault rassemble huit récits en prose traditionnels dans les *Contes de ma mère l'Oye.*	1697
		1698
		1699

DATE	FRANCE	EUROPE
		une partie de la Grèce. C'est le début du démembrement de l'Empire ottoman, qui se poursuivra inexorablement jusqu'au lendemain de la Première Guerre mondiale.
1700		Le roi d'Espagne Charles II meurt sans héritier, mais après avoir eu le temps de désigner son successeur : le duc d'Anjou, petit-fils de Louis XIV, qui prend le nom de Philippe V.
1701		**Début de la guerre de la Succession d'Espagne, dont la raison principale est le danger que fait peser sur les Etats européens la perspective d'une union de la France et de l'Espagne.** L'empereur, les Provinces-Unies, l'Angleterre, le Danemark et plusieurs princes allemands s'allient contre les Bourbons. Les premières années du conflit tourneront à l'avantage des coalisés, commandés par le prince Eugène et le duc de Marlborough.
1702	Les calvinistes des Cévennes se soulèvent contre l'administration royale. La guerre des Camisards, très meurtrière, oblige Louis XIV à envoyer les troupes d'élite du maréchal de Villars. Elle connaîtra une première accalmie en 1704, avant de s'achever en 1710.	Des lois draconiennes sont votées par le Parlement londonien pour soumettre la masse des catholiques irlandais, réduits à l'état de parias par les deux révolutions d'Angleterre et par le triomphe des protestants.
1703		Par le traité commercial de lord Methuen, le Portugal unit son des-

Monde	Arts et Sciences	Date
		1700
		1701
	Début de la construction de l'abbaye bénédictine de Melk, au bord du Danube, sur les plans de Jakob Prandtauer. Ce chef-d'œuvre du baroque autrichien sera achevé en 1736.	1702
Après la mort de leur maître, quarante-sept samourais feignent de	Antoine Galland entreprend la traduction française des *Mille et Une*	1703

DATE	FRANCE	EUROPE
		tin économique à celui de l'Angleterre.
1707		L'Acte d'Union lie définitivement l'Ecosse à l'Angleterre – les deux royaumes ayant jusqu'alors conservé leur indépendance malgré un souverain commun. **Déjà vainqueur des Danois, des Russes et des Polonais, le roi de Suède Charles XII envahit l'Empire de Pierre le Grand. Cette expédition calamiteuse se conclut en 1709 par le désastre de Poltava. Napoléon en 1812 et Hitler en 1941 commettront la même erreur dans des conditions étonnamment similaires.**
1709	Au terme de trois quarts de siècle de mesures répressives contre le jansénisme, les religieuses de l'abbaye de Port-Royal-des-Champs, dans la vallée de Chevreuse, sont expulsées par la troupe. Les bâtiments sont rasés l'année suivante.	Bataille de Malplaquet : sans remporter de victoire décisive, le maréchal de Villars inflige de lourdes pertes à Marlborough et au prince Eugène.
1710		Le duc de Vendôme écrase les Anglais et les troupes de l'empereur à Villaviciosa. Cette victoire permet à Philippe V de conserver la couronne d'Espagne.

Monde	Arts et Sciences	Date
sombrer dans la déchéance afin de tromper la vigilance de l'assassin et de pouvoir le tuer. La vengeance des quarante-sept ronins va devenir le symbole de l'esprit du bushido et la légende la plus populaire du Japon.	*Nuits*, qui connaîtra un prodigieux succès.	
		1707
	L'Anglais Darby réussit à fondre du minerai de fer avec du « charbon de terre » au lieu de charbon de bois : c'est la naissance de la métallurgie moderne.	1709
		1710

DATE	FRANCE	EUROPE
1712		
1713		Les traités d'Utrecht et de Rastatt (signés l'année suivante avec l'empereur) mettent fin à la guerre de la Succession d'Espagne. Philippe V est reconnu roi d'Espagne, mais doit renoncer à toute prétention sur le trône de France. Outre de nombreux avantages commerciaux, l'Angleterre reçoit Terre-Neuve et Gibraltar. Enfin, l'empereur Charles VI acquiert les Pays-Bas espagnols (actuelle Belgique), le Milanais, Naples et la Sardaigne (qu'il échangera avec le duc de Savoie contre la Sicile en 1720).
1714		**L'Electeur de Hanovre devient roi de Grande-Bretagne et d'Irlande sous le nom de George Ier. Il fonde ainsi la dynastie (rebaptisée Windsor en 1917) qui règne encore aujourd'hui.**
1715	**Mort de Louis XIV, au terme du plus long règne de l'histoire de France (soixante-douze ans, dont cinquante-quatre de pouvoir personnel). Son arrière-petit-fils Louis XV étant âgé de cinq ans, la régence est assurée par le duc Philippe d'Orléans. C'est le début de la période connue sous le nom de Régence, qui se caractérise par une vive réaction contre l'interminable**	

MONDE	ARTS ET SCIENCES	DATE
	Dans la lignée des recherches du Français Denis Papin, l'Anglais Newcomen construit la première machine à vapeur à piston.	1712
Par le traité d'Utrecht, la France cède l'Acadie à l'Angleterre. Pour les quelques milliers d'habitants de cette terre canadienne, c'est le début d'un long siècle d'oppression, de travail forcé et de déportation. La Jamaïque devient la plaque tournante du commerce négrier britannique à destination de l'Amérique espagnole. Elle comptera 300 000 esclaves noirs à la fin du siècle.	L'évêque irlandais George Berkeley écrit les *Dialogues entre Hylas et Philonous,* dans lesquels il expose sa philosophie idéaliste.	1713
	Le philosophe allemand Leibniz tire la synthèse de ses travaux dans la *Monadologie.*	1714
Les Français prennent possession de l'île de France (l'actuelle île Maurice) et la peuplent d'esclaves. Elle va devenir l'un des fleurons de l'empire colonial français jusqu'à l'installation des Anglais en 1810.	Le physicien allemand Fahrenheit met au point le thermomètre actuel en remplaçant l'alcool par le mercure.	1715

DATE	**FRANCE**	**EUROPE**
	règne du Roi-Soleil. La Cour quitte Versailles pour s'installer à Paris, au Palais-Royal, l'austérité fait place au libertinage, la haute noblesse chasse les bourgeois du gouvernement, les jansénistes sont tolérés.	
1716	Le financier écossais John Law fonde à Paris la Banque générale et obtient rapidement le soutien du Régent. Son idée centrale est que l'émission de papier-monnaie permet de pallier la pénurie de métaux précieux et de lever ainsi un frein au développement économique.	
1717		Fondation de la Grande Loge de Londres, qui fixe les principes de la franc-maçonnerie universelle.
v. 1717		
1718		
1719		

Monde	**Arts et Sciences**	**Date**
		1716
	Antoine Watteau peint l'*Embarquement pour Cythère.*	1717
	Le Vénitien Tommaso Albinoni compose ses *5 sonates pour violon et basse continue.* On sait aujourd'hui que son fameux *Adagio* est en fait l'œuvre de R. Giazotto.	v. 1717
Fondation de La Nouvelle-Orléans pour le compte de la compagnie de John Law – (elle est ainsi baptisée en l'honneur du régent Philippe d'Orléans). Elle devient quatre ans plus tard la capitale de la Louisiane, colonie française beaucoup plus vaste que l'actuel Etat du même nom.	Claude Mollet construit l'hôtel d'Evreux (l'actuel palais de l'Elysée) pour le comte du même nom. Acheté par Mme de Pompadour en 1753, offert par Napoléon à sa sœur Caroline en 1805, il deviendra en 1873 la demeure officielle du président de la République.	1718
	Daniel Defoe publie *Robinson Crusoé*, roman mythique inspiré de l'histoire authentique d'Alex-	1719

Date	France	Europe
1720	**Après un succès prodigieux, la banque de John Law subit une banqueroute retentissante. Cette catastrophe financière détruit durablement la confiance des Français dans le papier-monnaie et dans le système bancaire moderne.** Peste de Marseille. La dernière grande épidémie qu'ait connue la France fait environ 85 000 morts en Provence.	
1721		
1722	Deux événements symbolisent la fin des expériences hasardeuses et le retour au régime de la monarchie absolue si chère à Louis XIV : le retour de la Cour à Versailles et la nomination de l'abbé Dubois (cardinal depuis l'année précédente) au poste de Premier ministre.	
1723	**Fin de la Régence : la majorité de Louis XV est proclamée quelques**	

MONDE	ARTS ET SCIENCES	DATE
	ander Selkirk, marin britannique qui survécut pendant plus de quatre ans sur une île déserte au large du Chili.	
Après avoir imposé son autorité en Mongolie, l'armée chinoise entre dans Lhassa. L'empire des Qing va retrouver au XVIIIe siècle l'extension territoriale qu'il avait atteinte du temps des Han et de la dynastie des Tang.		1720
Déjà installés à Pondichéry et à Chandernagor, les Français acquièrent le comptoir de Mahé. Le réseau des « établissements français dans l'Inde » s'enrichira de Karikal en 1739 et de Yanaon en 1750.	**Héritier d'une véritable dynastie de compositeurs et d'instrumentistes, Jean-Sébastien Bach compose les six *Concertos brandebourgeois.*** Montesquieu publie anonymement les *Lettres persanes*, satire de la société française de son temps. Il achèvera *l'Esprit des lois* en 1748.	1721
Le Hollandais Jacob Roggeveen aborde le jour de Pâques sur une île du Pacifique peuplée d'étranges statues, avant de poursuivre son périple vers les Tuamotu et les Samoa.		1722
		1723

DATE	FRANCE	EUROPE
	mois avant la mort de Philippe d'Orléans.	
v. 1725		
1726	Le cardinal de Fleury, ancien précepteur de Louis XV, devient son ministre principal. Jusqu'à sa mort, en 1743, il va mener une politique de redressement économique et de paix extérieure.	
1727		Avènement de George II, qui privilègiera le duché de Hanovre au détriment des intérêts britanniques.
1728		
1729	Deux ans après la mort d'un diacre janséniste de l'église Saint-Médard, des foules hystériques se rendent sur sa tombe et prétendent assister à des miracles. Le rétablissement de l'ordre public s'accompagnera d'une nouvelle mise au ban des jansénistes.	
1730		

Monde	Arts et Sciences	Date
	Le prêtre vénitien Antonio Vivaldi compose *les Quatre Saisons.* Son influence sera déterminante sur la musique instrumentale européenne.	v. 1725
	L'Irlandais Jonathan Swift publie les *Voyages de Gulliver*, réponse satirique et très pessimiste à Defoe.	1726
		1727
Le navigateur danois Béring franchit le détroit auquel il donnera son nom pour le compte du tsar Pierre le Grand et atteint l'océan glacial Arctique. Il démontre ainsi que l'Asie et l'Amérique forment deux continents totalement séparés.	*La Raie* et *le Buffet* ouvrent les portes de l'Académie à Jean-Baptiste Chardin. Il va passer le demi-siècle suivant à peindre des natures mortes et des scènes de la vie quotidienne sans jamais quitter Paris.	1728
		1729
	Première représentation du *Jeu de l'amour et du hasard* de Marivaux.	1730

DATE	FRANCE	EUROPE
1733		Début de la guerre de Succession de Pologne, qui oppose les partisans de Stanislas Leszczynski (la France et l'Espagne, liées par le pacte des Bourbons) à ceux du Saxon Auguste III (Autriche et Russie).
1735		
1736		
1737		
1738	Tandis que les Ponts et Chaussées modernisent le réseau routier du royaume, le chantier du canal de Saint-Quentin est lancé afin de relier l'Oise à l'Escaut.	Le traité de Vienne entérine la victoire d'Auguste III sur Stanislas Leszczynski, qui renonce à la Pologne et se voit attribuer le duché de Lorraine.
1740		**Avènement du roi de Prusse Frédéric II. Il va régner quarante-six ans et faire de son pays une grande puissance européenne. Francophone et défenseur des philosophes contre l'« obscurantisme », il protègera Voltaire. Comme l'impératrice Marie-Thé-**

MONDE	ARTS ET SCIENCES	DATE
	La navette volante de l'inventeur britannique John Kay révolutionne l'industrie textile en remplaçant l'homme par la machine.	1733
	L'Anglais Abraham Darby utilise pour la première fois du coke dans un haut-fourneau.	1735
	L'Italien Pergolèse meurt à vingt-six ans après avoir achevé son *Stabat Mater*. Un chirurgien effectue avec succès la première opération de l'appendicite. Mais à la fin du XIXe siècle, près d'un tiers des patients succomberont encore à cette intervention.	1736
	Création de *Castor et Pollux*, tragédie lyrique de Jean-Philippe Rameau.	1737
	Jacques de Vaucanson fabrique son plus étonnant automate : *le Canard*.	1738
		1740

Date	France	Europe
		rèse d'Autriche et son successeur Joseph II, comme la Grande Catherine, il va incarner le despotisme éclairé : ces souverains exercent un pouvoir absolu dans des Etats en retard sur l'Europe occidentale, tout en adhérant à l'esprit des Lumières. L'avènement de Marie-Thérèse d'Autriche entraîne des contestations et déclenche la guerre de Succession d'Autriche, qui va embraser l'Europe entière pendant huit ans. Elle a pour moteur le double antagonisme austro-prussien et franco-anglais, Louis XV et Frédéric II étant alliés contre George II et Marie-Thérèse.
1742		
1743	A la mort du cardinal de Fleury, Louis XV décide de gouverner seul. Mais son immense popularité dans le royaume ne durera pas du fait de son tempérament de dilettante et des dépenses somptuaires de la monarchie.	
1745	Par la grâce de son royal amant, Jeanne Antoinette Poisson devient marquise de Pompadour. Favorite	Le maréchal de Saxe s'affirme comme le plus grand stratège de son temps en défaisant une armée

MONDE	ARTS ET SCIENCES	DATE
Les Français reconnaissent l'archipel des Seychelles. Ils en prendront possession en 1756 et y développeront une économie prospère jusqu'à l'arrivée des Anglais en 1811.	Georg Friedrich Haendel, compositeur saxon naturalisé anglais, donne à Dublin son oratorio, *le Messie.* Physicien et pionnier des études au microscope, Réaumur achève la publication de ses *Mémoires pour servir à l'histoire des insectes.*	1742
		1743
	Knobelsdorff, l'architecte favori de Frédéric II, construit à Potsdam le château de Sans-Souci en mariant	1745

Date	France	Europe
	en titre jusqu'en 1750, puis conseillère très influente jusqu'à sa mort en 1764, elle soutiendra le parti réformateur ou philosophique contre le parti dévôt, et jouera un rôle essentiel dans la vie intellectuelle française.	anglo-hollandaise à Fontenoy (actuelle Belgique). C'est la première d'une série de victoires éclatantes : Rocourt en 1746, Lawfeld et Bergen op Zoom en 1747, Maastricht en 1748.
1746		
1748		Le traité d'Aix-la-Chapelle met fin à la guerre de Succession d'Autriche. Louis XV renonce à ses conquêtes (Pays-Bas autrichiens, Piémont, Nice, Savoie) pour ne pas déclencher un nouveau conflit avec l'Angleterre. Frédéric II, en revanche, annexe la Silésie à la Prusse.
1749		
1750		

Monde	Arts et Sciences	Date
	le baroque allemand au classicisme français.	
Avec l'aide de La Bourdonnais, Dupleix s'empare de Madras, le principal comptoir anglais en Inde. Bien qu'il soit obligé de le restituer en 1749 en vertu du traité d'Aix-la-Chapelle, cette victoire est la première étape d'une étonnante aventure : jouant sur les rivalités entre princes indiens, Dupleix va créer en quelques années un véritable empire français dans le Deccan.		1746
	Avec son *Introduction aux infiniment petits*, le Suisse Leonhard Euler s'impose comme le plus grand mathématicien de son temps.	1748
	Parution des trois premiers volumes de l'*Histoire naturelle* de Buffon, dont la publication s'échelonnera jusqu'en 1804.	1749
	Jean-Sébastien Bach meurt à Leipzig en laissant *l'Art de la fugue* inachevé.	1750

DATE	FRANCE	EUROPE
1751	Cédant aux pressions de la Cour, Louis XV dispense le clergé du nouvel impôt, le vingtième. C'est la première victoire de l'aristocratie, qui va défendre ses privilèges bec et ongles durant les dernières décennies de l'Ancien Régime.	
1752		
1753		
1754		
1755		En six secondes, le tremblement de terre de Lisbonne tue 30 000 personnes et détruit 9 000 édifices. La ville sera reconstruite grâce à l'or brésilien.
1756		**Début de la guerre de Sept Ans, dont l'origine est le désir de**

MONDE	ARTS ET SCIENCES	DATE
	Emmanuel Héré engage les travaux de la place Stanislas à Nancy.	
	Parution du premier volume de l'*Encyclopédie* de Diderot et d'Alembert, qui en comptera 35 au total. Rédigé par 150 collaborateurs prestigieux, acheté par 4 000 souscripteurs, cet ouvrage monumental qui résume l'idéal des Lumières fera vivre 1 000 ouvriers pendant vingt-cinq ans.	1751
	Benjamin Franklin découvre la nature électrique de l'éclair et invente le paratonnerre.	1752
	Le Suédois Carl von Linné publie *les Espèces des plantes* et établit le système de dénomination binominale encore en vigueur aujourd'hui pour classifier les êtres vivants.	1753
A la suite d'une série d'échecs contre les Anglais, Dupleix est destitué. La France se limite à la défense de ses intérêts commerciaux et renonce à toute colonisation en Inde.		1754
	L'architecte Germain Soufflot est choisi pour reconstruire l'église Sainte-Geneviève (l'actuel Panthéon) dans le style néoclassique.	1755
		1756

Date	France	Europe
		Marie-Thérèse de reprendre la Silésie à la Prusse. Celle-ci est désormais alliée à l'Angleterre contre la France, l'Autriche, l'Espagne, la Suède, la Russie et les princes allemands. Elle va se dérouler simultanément sur plusieurs théâtres d'opérations : le continent européen, l'Amérique du Nord et l'Inde.
1757	Un valet du nom de Damiens blesse Louis XV d'un coup de couteau. Cet attentat fait prendre conscience au roi de l'hostilité suscitée chez de nombreux Français par ses gaspillages et sa politique étrangère incohérente. L'année suivante, il confie le gouvernement au duc de Choiseul, qui entreprend aussitôt de rénover l'armée et la marine.	A Rossbach, Frédéric II de Prusse défait les Impériaux et les Français commandés par Soubise.
1759		

Monde	Arts et Sciences	Date
		1757
Longtemps réservée à certaines compagnies, la traite des Noirs devient libre. C'est l'apogée du commerce triangulaire : les bateaux négriers quittent les ports d'Europe chargés de pacotille ; ils embarquent des cargaisons de « bois d'ébène » (plusieurs dizaines de milliers d'Africains des deux sexes par an) entre le Sénégal et l'Angola ; puis ils vont les revendre sur les marchés aux esclaves des Antilles et du continent américain. Après avoir tenu tête aux Anglais pendant trois ans, le marquis de	Voltaire publie *Candide ou l'Optimisme*, résumant en cent pages vibrantes d'ironie les espoirs, les indignations et les désillusions de son temps.	1759

DATE	FRANCE	EUROPE
1760		George III succède à son grand-père George II sur le trône de Grande-Bretagne. Son règne de soixante ans, entaché de graves accès de folie, sera marqué par la constitution d'un gigantesque empire colonial et par une lutte à mort avec la France royale, révolutionnaire, puis impériale.
1761		Sous l'impulsion de Marie-Thérèse, l'Autriche se dote d'un système bureaucratique appelé à devenir tentaculaire et à assurer la cohésion de l'Empire austro-hongrois jusqu'à la Première Guerre mondiale.
1762	Les jésuites, ennemis jurés des parlementaires, des encyclopédistes et des réformateurs, sont expulsés du royaume de France. Exécution du protestant toulousain Calas, accusé d'avoir tué son fils pour l'empêcher de se convertir au catholicisme. L'affaire Calas, dans laquelle intervient Voltaire, va symboliser la lutte de l'esprit des Lumières contre l'obscurantisme.	Après avoir subi une série de revers, Frédéric II remporte une victoire décisive sur les Autrichiens à Burkersdorf. **Avènement de Catherine II la Grande. En trente quatre ans de règne, cette princesse allemande va annexer de vastes régions, réformer l'administration, lutter contre l'image arriérée et asiatique de la Russie, et favoriser l'éclosion d'une intelligentsia tournée vers l'Europe.**
1763		**Fin de la guerre de Sept Ans.** Tandis que le traité de Paris règle le

MONDE	ARTS ET SCIENCES	DATE
Montcalm est tué aux plaines d'Abraham, près de Québec. L'année suivante, la capitulation de Montréal entraîne la disparition de la Nouvelle-France.		
	Denis Diderot écrit *la Religieuse*, qui ne sera publié qu'en 1796.	1760
Les Anglais, qui se sont déjà emparés des autres établissements français en Inde, détruisent Pondichéry.		1761
	Jean-Jacques Rousseau publie *Du contrat social* et *Emile ou De l'éducation.* Après la place de la Concorde, Jacques-Ange Gabriel débute la construction du Petit Trianon dans le parc de Versailles.	1762
Le traité de Paris, qui met fin à la guerre de Sept Ans, consacre la	**L'Ecossais James Watt entreprend d'améliorer la machine à vapeur**	1763

Date	France	Europe
		contentieux franco-anglais, le traité parallèle de Hubertsbourg donne définitivement la Silésie à Frédéric II et consacre l'hégémonie prussienne en Europe du Nord.
1764	L'affaire Sirven, presque identique à l'affaire Calas, provoque elle aussi l'intervention de Voltaire, qui finira par obtenir l'acquittement de l'accusé.	
1766	A la mort du duc Stanislas Leszczynski, beau-père de Louis XV, la Lorraine revient à la France Exécution du chevalier de La Barre, un jeune homme de dix-huit ans accusé d'avoir profané un crucifix à Abbeville. Cette nouvelle affaire d'intolérance religieuse apporte de l'eau au moulin du parti philosophique.	
1767		
1768	Gênes cède la Corse à la France. L'année suivante, les troupes royales défont l'armée indépendantiste de Pascal Paoli à Ponte-Novo (trois mois avant la naissance de Napoléon Bonaparte).	

Monde	Arts et Sciences	Date
suprématie de la puissance coloniale britannique en Inde, au Sénégal, aux Antilles et au Canada. La France ne sauve du désastre que ses cinq comptoirs indiens, la Martinique, la Guadeloupe, Saint-Domingue et Saint-Pierre-et-Miquelon.	de Newcomen. L'engin qu'il met au point au cours des vingt années suivantes sera déterminant pour l'essor de la révolution industrielle puisqu'il s'adaptera aussi bien à la production manufacturière qu'aux transports maritimes et ferroviaires.	
		1764
		1766
	Fin de la publication de *Vie et opinions de Tristram Shandy* de Laurence Sterne, l'un des romans le plus novateurs du XVIIIe siècle.	1767
A bord de la *Boudeuse*, Bougainville arrive à Tahiti. La découverte de ce « jardin d'Eden » est l'illustration parfaite du mythe du « bon sauvage » cher aux hommes des Lumières et en particulier à Jean-Jacques Rousseau.		1768

Date	France	Europe
1769		
1770	Choiseul est disgracié pour avoir soutenu les parlementaires contre l'absolutisme royal. Il est remplacé par l'abbé Terray et le chancelier de Maupeou, avec la bénédiction de Mme du Barry, la nouvelle favorite de Louis XV.	L'Empire ottoman subit un nouveau revers : sa flotte est détruite par les Russes au large de Smyrne.
v. 1770		
1771	La « révolution royale » orchestrée par Maupeou débute par une mesure spectaculaire : la dispersion du parlement de Paris, qui voulait jouer un rôle de contre-pouvoir politique.	
1772		Premier partage de la Pologne. La Prusse, l'Autriche et la Russie s'entendent pour annexer chacun des territoires importants : au total, 200 000 kilomètres carrés et plus du tiers de la population. La Pologne amputée est réduite à l'état de protectorat russe.
1773		La Compagnie de Jésus, déjà expulsée du Portugal, de France et d'Es-

Monde	Arts et Sciences	Date
	Le pharmacien Parmentier prône l'introduction de la pomme de terre, tubercule connu en Europe depuis 1534. Dix ans plus tard, il tentera une première mise en culture dans la plaine des Sablons, à l'ouest de Paris.	1769
Après avoir reconnu les côtes de Nouvelle-Zélande, le capitaine Cook prend possession de l'Australie au nom du roi d'Angleterre.	Le fardier à vapeur de Joseph Cugnot est le lointain ancêtre des locomotives, mais aussi des automobiles.	1770
	Les Baigneuses de Jean Honoré Fragonard incarnent à merveille le siècle du libertinage et de la douceur de vivre.	v. 1770
		1771
La Grande-Bretagne est la première puissance européenne à abolir l'esclavage sur son territoire par le Mansfield Act.		1772
« *Boston Tea Party* » : des habitants du Massachussets jettent une car-		1773

DATE	FRANCE	EUROPE
		pagne, est supprimée par le pape Clément XIV. Mais Catherine II accorde l'asile aux jésuites, qui reprendront leurs activités au grand jour en 1814, après leur rétablissement par Pie VII. Pougatchev se proclame « tsar des cosaques et des moujiks » et tente de renverser Catherine II. Cette immense jacquerie, dont l'objectif est l'abolition du servage, sera écrasée l'année suivante, mais demeurera longtemps une véritable hantise pour la noblesse russe.
1774	**Louis XVI, âgé de vingt ans, succède à son grand-père Louis XV. Son avènement met fin à la tentative de rétablissement de l'absolutisme : Terray et Maupeou sont renvoyés, et les Finances confiées à Turgot.**	Par le traité de Kutchuk-Kaïnardji, l'Empire ottoman cède à la Russie victorieuse toute la rive septentrionale de la mer Noire, y compris la Crimée. Catherine II s'impose alors comme la protectrice des peuples orthodoxes balkaniques vivant encore sous la domination d'Istanbul.
1775		
1776	Turgot, qui tentait une fois de plus de faire supporter l'impôt par la totalité des Français, se heurte à l'intransigeance des privilégiés et doit quitter le gouvernement.	

Monde	Arts et Sciences	Date
gaison de thé dans les eaux du port de Boston en signe de révolte contre les droits de douane que leur impose la métropole. Cette action symbolique annonce la Révolution américaine.		
	Goethe publie *Les Souffrances du jeune Werther*, œuvre majeure de l'école allemande du *Sturm und Drang* (« tempête et élan ») et plus généralement du romantisme européen.	1774
Début de la guerre de l'Indépendance américaine : le commandant en chef des « Insurgents », George Washington, assiège Boston.	Pionnier de l'urbanisme visionnaire, l'architecte Claude Nicolas Ledoux engage les travaux des salines de Chaux à Arc-et-Senans. Pierre-Augustin Caron de Beaumarchais triomphe avec *le Barbier de Séville*. Il récidivera dix ans plus tard avec *le Mariage de Figaro*.	1775
Les treize colonies britanniques en guerre contre leur métropole adoptent la Déclaration d'indépendance, texte dont le principal rédacteur est Thomas Jefferson :	L'Ecossais Adam Smith publie ses *Recherches sur la nature et les causes de la richesse des nations*, traité fondateur des sciences économiques modernes.	1776

Date	France	Europe
1777	Louis XVI fait appel au banquier genevois Necker pour tenter de juguler les difficultés financières, mais celui-ci échoue à son tour face à l'impossibilité de réformer une société bloquée. Il se retirera en 1781.	
1778		
1780		

Monde	**Arts et Sciences**	**Date**
« Tous les hommes, créés égaux, sont pourvus par le Créateur de certains droits inaliénables, parmi lesquels le droit à la vie, à la liberté et à la poursuite du bonheur… » La création de la vice-royauté de la Plata (actuelle Argentine) permet à une bourgade du nom de Buenos Aires de prendre son essor.		
	En effectuant l'une des expériences les plus remarquables de l'histoire de la chimie, Lavoisier identifie l'oxygène et l'azote, avant de les remélanger pour obtenir de l'air. Par lettre de cachet, le marquis de Sade est interné au donjon de Vincennes pour avoir commis de multiples crimes à caractère sexuel. Son œuvre littéraire va naître de cette captivité.	1777
Lors de son troisième voyage d'exploration dans le Pacifique, le capitaine Cook découvre les îles Hawaii. C'est là qu'il est tué l'année suivante. **Un an après l'engagement du marquis de La Fayette, la France s'allie officiellement aux Insurgents, trouvant ainsi un moyen de prendre sa revanche après sa défaite dans la guerre de Sept Ans.**	**Mort, à moins d'un mois de distance, de Voltaire et de Rousseau, les deux frères ennemis des Lumières, les deux inspirateurs de la Révolution française.**	1778
Le comte de Rochambeau débarque en Amérique avec 6 000 volontaires français.		1780

DATE	FRANCE	EUROPE
1781	L'édit de Ségur, qui réserve les grades d'officier à la noblesse, fournit une cause d'amertume supplémentaire aux roturiers.	
1782		
1783	Après Turgot et Necker, Calonne s'efforce à son tour de combler un déficit encore creusé par la guerre d'Amérique. Il arrive aux mêmes conclusions que ses prédécesseurs : la nécessité d'une réforme fiscale.	**William Pitt, dit le second Pitt, devient Premier ministre en Grande-Bretagne. Chef du gouvernement jusqu'à sa mort en 1806, il va d'abord redresser un pays affaibli par la perte de ses colonies américaines, puis l'aider à traverser l'une des périodes les plus périlleuses de son histoire.**
1784		La quatrième guerre anglo-néerlandaise, déclenchée en 1780, se termine par une défaite des Provinces-Unies et par un effondrement durable de leur grand commerce maritime.
1785	Affaire du Collier. Le cardinal de Rohan est poursuivi à la suite d'une escroquerie dans lequel le nom de la reine Marie-Antoinette a été abusivement prononcé. Non seulement la noblesse tout entière fait bloc derrière le cardinal, mais l'opinion	

Monde	Arts et Sciences	Date
La flotte de l'amiral de Grasse contraint les troupes anglaises de Cornwallis à capituler à Yorktown. Ce tournant décisif dans la guerre de l'Indépendance américaine est fêté triomphalement à Paris. Les Français, désireux de développer leur commerce avec la Tunisie, fondent des établissements au cap Bon.	**Emmanuel Kant achève la *Critique de la raison pure.***	1781
	Choderlos de Laclos publie *les Liaisons dangereuses*, roman épistolaire et quintessence de l'esprit libertin.	1782
Le traité de Versailles consacre la naissance des Etats-Unis d'Amérique (encore au nombre de treize). La Grande-Bretagne leur cède les territoires situés au sud du Canada et restitue à la France ses comptoirs sénégalais.	En présence de Louis XVI et de la Cour, Pilâtre de Rozier et le marquis d'Arlandes effectuent le premier vol humain au-dessus de Paris à bord d'un ballon mis au point par les frères Montgolfier.	1783
		1784
	En exécutant *le Serment des Horaces*, le peintre Louis David signe un véritable manifeste de l'école classique (ou néoclassique), qui va triompher sous la Révolution et l'Empire. Jean-Pierre Blanchard effectue la	1785

DATE	FRANCE	EUROPE
	publique rend la famille royale responsable d'un scandale dans lequel elle n'a pourtant aucune part.	
1786	Calonne signe un traité de commerce avec la Grande-Bretagne. L'ouverture du marché français aux produits industriels britanniques, qui vient se greffer sur une mauvaise conjoncture économique, entraîne de multiples faillites.	
	Balmat et Paccard effectuent la première ascension du mont Blanc. Le premier récidive l'année suivante avec une vingtaine de personnes, dont le naturaliste genevois Horace de Saussure.	
1787	Calonne présente son projet d'impôt foncier pesant sur toutes les propriétés du royaume devant l'Assemblée de notables convoquée par le roi. Une fois de plus, les ordres privilégiés refusent tout compromis et obtiennent son renvoi. Son successeur, Loménie de Brienne, tente lui aussi de faire passer des édits fiscaux et engage l'épreuve de force avec les parlementaires. Ceux-ci sont exilés à Troyes, mais les émeutes parisiennes obligent Louis XVI à les rappeler.	
1788	**La situation devient insurrectionnelle. Des émeutes se déclenchent à Pau, Toulouse, Rennes, Dijon et Grenoble, où la population lapide les troupes royales du haut des**	

MONDE	ARTS ET SCIENCES	DATE
	première traversée de la Manche en montgolfière, de Douvres à Calais.	
	Première représentation des *Noces de Figaro* de Wolfgang Amadeus Mozart, un an avant son *Don Giovanni.*	1786
A la suite de campagnes antiesclavagistes, les Anglais fondent une colonie en Sierra Leone pour y accueillir les esclaves noirs affranchis désireux de regagner l'Afrique de leurs aïeux. Les premiers viendront de Nouvelle-Angleterre et des Antilles. La convention de Philadelphie rédige la Constitution fédérale des Etats-Unis, texte capital qui acquerra au cours des deux siècles suivants un caractère quasi sacré.		1787
La colonisation de l'Australie par les Britanniques débute avec l'installation de forçats à Port Jackson (l'actuelle Sidney). Après avoir sillonné les mers du		1788

Date	France	Europe
	toits (journée des Tuiles du 7 juin). En août, contraint de céder face à une vaste coalition de forces antagonistes, Louis XVI annonce la convocation des Etats généraux pour l'année suivante et rappelle Necker.	

Monde	Arts et Sciences	Date
globe pendant trois ans, l'expédition de La Pérouse disparaît en plein Pacifique. Dumont d'Urville découvrira des vestiges d'un des vaisseaux en 1828.		

CINQUIÈME PARTIE

L'époque contemporaine

1789-2000

Date	France	Europe
1789	5 mai. Réunion à Versailles des Etats généraux. 20 juin. Serment du Jeu de paume : exaspérés par les résistances du roi, de la noblesse et du clergé, les députés du tiers état jurent de ne pas se séparer avant d'avoir donné une constitution à la France. 9 juillet. Les Etats généraux prennent le nom d'Assemblée nationale constituante. Celle-ci va accomplir une immense œuvre réformatrice jusqu'au 30 septembre 1791. 14 juillet. Alarmé par le renvoi de Necker et des mouvements de troupes autour de la capitale, le peuple parisien se soulève et s'attaque au symbole de l'absolutisme royal : c'est la prise de la Bastille. Nuit du 4 août. Tandis que la grande peur des campagnes débouche sur de sanglantes jacqueries, la Constituante vote l'abolition des privilèges.	

MONDE	ARTS ET SCIENCES	DATE
4 mars. George Washington est le premier président des Etats-Unis d'Amérique. Il sera réélu pour un second mandat en novembre 1792. Avril. Mutinerie du navire britannique le *Bounty*. L'équipage révolté fonde une colonie sur l'île de Pitcairn avec des Tahitiennes.		1789

DATE	FRANCE	EUROPE
	26 août. Après avoir institué la liberté religieuse et la liberté de la presse, la Constituante vote la Déclaration des droits de l'homme et du citoyen, dont l'article premier proclame : « Les hommes naissent et demeurent libres et égaux en droits ; les distinctions sociales ne peuvent être fondées que sur l'utilité commune. »	
		Octobre. La Révolution brabançonne, qui chasse les Autrichiens, et la réunion à Bruxelles des Etats généraux, renforcent dans toute l'Europe monarchique la peur d'une contagion de la Révolution française.
	6 octobre. Une foule de Parisiens marche sur Versailles et ramène la famille royale aux Tuileries, où celle-ci vivra désormais sous une étroite surveillance.	
	2 novembre. Les biens de l'Eglise sont nationalisés, ce qui permet le mois suivant d'émettre une monnaie-papier : les assignats.	
1790		
		11 janvier. La Révolution brabançonne débouche sur la déclaration d'indépendance des « Etats bel-

Monde	Arts et Sciences	Date
Le Congrès ayant déterminé le site de la future capitale fédérale, le Français L'Enfant dessine le plan en damier de Washington. La ville ne sera achevée qu'en 1870.	Le Japonais Utamaro crée un style nouveau de portraits en gros plan qui vont faire de lui le peintre inégalé du charme féminin.	1790

Date	France	Europe
		giques unis ». Mais ceux-ci sont de nouveau soumis par l'armée autrichienne en décembre.
	26 février. La France est découpée en 83 départements. 14 juillet. La fête de la Fédération célèbre l'unité de la nation en présence du roi, mais cette apparente réconciliation dissimule une aggravation des tensions. 27 novembre. Obligation est faite aux ecclésiastiques de prêter serment à la Constitution civile du clergé votée en juillet. Lorsque celle-ci sera condamnée par le pape en mars 1791, l'Eglise se divisera entre jureurs et réfractaires. Les persécutions qui en résulteront conduiront de nombreux Français à rompre avec la Révolution.	
1791		
	21 juin. La fuite de la famille royale vers la frontière de l'est et	

Monde	Arts et Sciences	Date
Toussaint Louverture dirige la révolte des esclaves noirs sur l'île de Haïti.		1791
	30 mars. Un décret de la Constituante ordonne de mesurer la distance et la différence de latitude entre Dunkerque et Barcelone afin de fixer la valeur du mètre, défini par l'Académie des sciences comme la dix millionième partie du quart du méridien terrestre.	

Date	France	Europe
	son arrestation à Varennes entraînent une rupture entre les monarchistes modérés et les républicains.	
	30 juin. Le drapeau tricolore remplace le drapeau blanc.	
	14 septembre. Annexion d'Avignon et du comtat Venaissin.	
	27 septembre. Les Juifs deviennent les égaux des autres citoyens français.	
	1er octobre. La Constituante cède la place à l'Assemblée législative.	
1792		
		20 avril. La France déclare la guerre à l'Autriche.

MONDE	ARTS ET SCIENCES	DATE
	5 décembre. Mozart meurt à Vienne deux mois après la création de la *Flûte enchantée*, mais sans avoir pu achever son *Requiem.*	
	Début de la construction de la Maison-Blanche à Washington. **Francisco Goya est atteint de surdité : cette date marque le grand tournant de son œuvre, qui prend un tour plus sombre, plus violent et plus grandiose.**	1792
Avril. Les Etats-Unis se dotent d'une nouvelle monnaie d'argent : le dollar (le mot est une déformation de l'allemand thaller).		

Date	France	Europe
	26 avril. Quelques jours après la déclaration de guerre, Rouget de Lisle entonne le *Chant de guerre pour l'armée du Rhin* à Strasbourg. Celui-ci deviendra l'hymne national le 14 juillet 1795 sous le nom de *la Marseillaise.*	
	20 juin. Après que Louis XVI eut opposé son veto à deux décrets, les sans-culottes envahissent les Tuileries. La famille royale est internée le 10 août.	
		26 juillet. Par le manifeste de Brunswick, l'Autriche et la Prusse menacent de détruire Paris si les révolutionnaires s'en prennent à la personne de Louis XVI.
	2 septembre. Début des massacres de septembre, au cours desquels les sans-culottes exécutent sommairement plus de 1 100 prisonniers politiques et de droit commun.	
		20 septembre. Les troupes de Kellermann et de Dumouriez arrêtent l'armée prussienne à Valmy. Si cette victoire est modeste du point de vue militaire, elle revêt une grande importance symbolique puisqu'elle constitue l'acte de naissance d'une armée de citoyens.
	21 septembre. La Convention succède à l'Assemblée législative et proclame l'abolition de la royauté et l'instauration de la république.	

Monde	Arts et Sciences	Date

DATE	**FRANCE**	**EUROPE**
	Le lendemain est le premier jour de l'an I de la république. La nouvelle assemblée est dominée par les Girondins, républicains modérés très attachés aux libertés et au droit de propriété.	
		6 novembre. Dumouriez remporte la victoire de Jemmapes sur les Autrichiens.
1793		Après avoir annexé à la Russie la rive nord de la mer Noire, Catherine II fonde le port d'Odessa.
	21 janvier. Exécution de Louis XVI (suivie le 16 octobre de celle de Marie-Antoinette).	
		Février. L'exécution de Louis XVI entraîne la formation d'une vaste coalition : Prusse, Autriche, Angleterre, Hanovre, Bade, Russie, Espagne, Sardaigne, Toscane, Naples.
	11 mars. La levée de 300 000 hommes pour défendre les frontières, qui vient s'ajouter aux persécutions à l'encontre des prêtres réfractaires, déclenche une guerre civile dans l'ouest du pays, principalement en Vendée.	
	6 avril. Création du Comité de salut public, dans lequel s'impose bientôt l'autorité dictatoriale de Robespierre, Danton, Carnot et Saint-Just.	

MONDE	ARTS ET SCIENCES	DATE
		1793

Date	France	Europe
	2 juin. Les Montagnards l'emportent sur les Girondins, qui sont incarcérés avant d'être exécutés.	
	13 juillet. Assassinat de Marat par Charlotte de Corday d'Armont.	
	23 août. Le décret de levée en masse est le premier cas dans l'Histoire d'une mobilisation générale de tous les Français en fonction de leurs possibilités. Cette mesure qui va rendre possiblse les victoires de l'automne 1793 et sauver la république.	
	5 septembre. La Convention met la Terreur à l'ordre du jour : la patrie étant en danger, la guillotine devient un outil de gouvernement.	
		16 octobre. Carnot et Jourdan mettent un coup d'arrêt à l'invasion du nord de la France à Wattignies, près de Maubeuge.
	17 octobre. L'armée vendéenne de La Rochejacquelein et Stofflet est écrasée à Cholet.	
	24 octobre. Adoption du calendrier républicain, qui restera en vigueur jusqu'au 31 décembre 1805.	
		19 décembre. Reprise de Toulon, qui était tombée aux mains des Anglais, grâce au capitaine Bonaparte.

Monde	Arts et Sciences	Date

Date	France	Europe
1794		24 mars. Poussés à bout par le deuxième partage de la Pologne effectué l'année précédente, les patriotes se soulèvent sous la direction de Tadeusz Kosciuszko. Les Prussiens et les Russes noient la révolte dans le sang.
	Avril. Après s'être débarrassé de ses opposants d'extrême-gauche, les Hébertistes, Robespierre fait exécuter Danton et ses partisans, les Indulgents, qui souhaitaient mettre fin à la Terreur.	
	8 juin. Robespierre tente de fonder une nouvelle religion : le culte de l'Etre suprême.	
	10 juin. Début de la « Grande Terreur » : la loi du 22 prairial supprime l'interrogatoire avant l'audience et l'assistance d'un avocat, et ne laisse au jury d'autre alternative que l'acquittement ou la guillotine.	

Monde	Arts et Sciences	Date
	L'ingénieur Claude Chappe achève l'installation de la première ligne de télégraphie aérienne entre Paris et Lille.	1794
29 janvier. Le décret de la Convention supprimant l'esclavage permet aux Français de reprendre le contrôle d'Haïti. Mais cette décision sera abrogée par le Premier Consul en 1802.		

DATE	FRANCE	EUROPE
		26 juillet. Jourdan remporte une victoire décisive sur les Anglais et les Hollandais à Fleurus.
	27 juillet. Opposés à une dictature que plus rien ne justifie, et craignant pour leur vie, les anciens alliés de Robespierre organisent le coup d'Etat du 9 thermidor. C'est la fin de la Terreur. Avec la Convention thermidorienne, la Révolution entre dans une phase de reflux ou, si l'on préfère, de consolidation.	
1795	**7 avril. Institution du système décimal (métrique) dans les poids et mesures et dans la monnaie.**	
		16 mai. Conquises par le genéral Pichegru, les Provinces-Unies prennent le nom de République batave et deviennent un protectorat français.
	27 juin. Une armée d'émigrés débarque dans la baie de Quiberon avec le soutien de la flotte anglaise. Elle est écrasée dès le mois suivant par Hoche.	
		Octobre. Troisième partage de la Pologne. La Prusse, l'Autriche et

Monde	Arts et Sciences	Date
		1795
Juin. L'explorateur écossais Mungo Park commence à remonter le cours du fleuve Gambie. Au cours des deux années suivantes, il s'enfonce dans le continent noir en suivant la vallée du Niger.		

Date	France	Europe
		la Russie annexent les derniers territoire indépendants. La Pologne sera désormais une nation sans Etat (hormis la parenthèse napoléonienne) jusqu'au lendemain de la Première Guerre mondiale.
		1er octobre. La France annexe la Belgique, la divise en départements, et la soumet aux principes révolutionnaires. L'union des deux pays durera jusqu'en 1815.
	5 octobre. L'insurrection royaliste du 13 vendémiaire est réprimée à Paris par le général Bonaparte.	
	26 octobre. La Convention cède sa place au Directoire, qui va gouverner la France pendant quatre ans.	
1796		
	Mars. Après la victoire militaire et l'exécution de Stofflet et Charette, le général Hoche entreprend la pacification de la Vendée en pratiquant une politique de tolérance religieuse.	

MONDE	ARTS ET SCIENCES	DATE
	Le médecin anglais Edward Jenner met au point le vaccin contre la variole. Après avoir expérimenté sur lui-même des remèdes tels que le quinquina, la belladonne et la digitale, le médecin allemand Samuel Hahnemann fonde une nouvelle méthode thérapeutique : l'homéopathie.	1796

Date	France	Europe
		26 mars. Le général Bonaparte arrive à Nice pour prendre le commandement de l'armée d'Italie. C'est le début d'une des campagnes militaires les plus remarquables de l'histoire.
		Avril. Bonaparte remporte les victoires de Montenotte, Dego et Mondovi, et contraint les Sardes à signer un armistice séparé.
		L'annexion de Genève par la France annonce la constitution d'un Etat satellite, la République helvétique.
	Mai. Répression de la conspiration des Egaux dirigée par Gracchus Babeuf, qui souhaitait renverser la république embourgeoisée et rétablir le régime robespierriste.	
		10 mai. Bonaparte bat les Autrichiens à Lodi et entre dans Milan le 14. Il va alors assiéger la place-forte de Mantoue, véritable verrou sur la route de l'Autriche.
		5 août. Victoire de Castiglione.
		8 septembre. Victoire de Bassano.
		17 novembre. Victoire du pont d'Arcole.
1797		14 janvier. La défaite des Autrichiens à Rivoli conduit à la capitulation de Mantoue.

Monde	Arts et Sciences	Date
		1797

DATE	FRANCE	EUROPE
		13 avril. Les Autrichiens signent l'armistice de Leoben.
	4 septembre. Le coup d'Etat du 18 fructidor est dirigé contre l'opposition de droite, dont les chefs sont déportés.	
		18 octobre. Paix de Campo-Formio. L'Autriche doit renoncer à la Belgique et reconnaître la République cisalpine, qui correspond à la Lombardie. En guise de compensation, elle reçoit la plus grande partie des territoires de la République de Venise, supprimée d'un trait de plume par Bonaparte.
1798		

Monde	Arts et Sciences	Date
	La campagne d'Egypte, essentiellement militaire, se double d'une expédition scientifique. Monge, Berthollet, Geoffroy Saint-Hilaire et les nombreux savants qui accompagnent Bonaparte vont accomplir un immense travail, dont les résultats seront consignés dans les 33 volumes illustrés de la *Description de l'Egypte.* Joseph Haydn, que les historiens de la musique ont associé à Mozart et à Beethoven dans la « trinité classique viennoise », donne son oratorio *la Création.* L'économiste anglais Thomas Robert Malthus publie son *Essai sur le principe de population*, dans lequel il expose le principe de ce qu'on appellera le malthusianisme : il faut	1798

Date	France	Europe
	11 mai. Par un mouvement de balancier, le coup d'Etat du 22 floréal neutralise la gauche jacobine.	
1799		

Monde	Arts et Sciences	Date
	contrôler les naissances si l'on veut éviter que la population n'augmente plus vite que les richesses. La publication des *Ballades lyriques* de Samuel Coleridge et William Wordsworth marque l'émergence en Grande-Bretagne du courant romantique déjà apparu en France (Rousseau) et en Allemagne (Goethe).	
1er juillet. Bonaparte débarque à la tête d'un corps expéditionnaire français près d'Alexandrie. L'objectif de la campagne d'Egypte est de nuire aux intérêts britanniques en Inde. 21 juillet. Bonaparte défait la cavalerie des Mamelouks à la bataille des Pyramides. 1er août. Nelson anéantit la flotte française à Aboukir : les Français sont prisonniers de leur conquête.		
	Le naturaliste allemand Alexander von Humboldt, secondé par le botaniste français Aimé Bonpland, entreprend une expédition scientifique appelée à faire date dans l'histoire des sciences naturelles : Venezuela, Colombie, Pérou, Amazonie, Mexique. Le poète allemand Friedrich Hölderlin achève la publication de son	1799

Date	France	Europe
		Mars. Un an et demi après le traité de Campo-Formio, qui avait rétabli la paix sur le continent, une deuxième coalition se forme contre la France.
		26 septembre. Masséna bat les Austro-Russes à Zurich. Cette victoire, à laquelle s'ajoutent des succès en Hollande le mois suivant, arrête net la progression des coalisés.
	9 novembre. Avec l'appui efficace de Sieyès, le général Bonaparte, de retour d'Egypte, organise le coup d'Etat du 18 brumaire et institue le	

MONDE	ARTS ET SCIENCES	DATE
	roman *Hyperion*, parfaite illustration de l'esprit romantique. Le Tchèque Alois Senefelder, qui a eu l'idée en 1793 de remplacer la plaque de cuivre par une pierre calcaire, achève de mettre au point le procédé de la lithographie.	
Mars. Mort de Tippoo Sahib, le plus redoutable adversaire des Anglais, au cours du siège de Seringapatam. Le gouverneur général Wellesley peut dès lors établir son autorité sur la majeure partie du Deccan et de la vallée du Gange. 16 avril. Après s'être emparé de Gaza et de Jaffa, Bonaparte bat les Turcs au mont Thabor. Mais il échoue le mois suivant devant Saint-Jean-d'Acre. 25 juillet. Nouvelle victoire sur les Turcs à Aboukir. 25 août. Bonaparte s'embarque en secret pour la France en laissant le commandement au général Kléber.		

DATE	FRANCE	EUROPE
	Consulat, qui va gouverner la France pendant quatre ans et demi. Il est d'usage de dater de ce jour la fin de la Révolution française.	
1800	Janvier. Fondation de la Banque de France.	
	17 février. La loi fondamentale du 28 pluviôse an VIII, d'inspiration très centralisatrice, crée les découpages administratifs encore en vigueur aujourd'hui.	
		14 juin. La seconde campagne d'Italie se conclut par la victoire de Bonaparte à Marengo.
		3 décembre. La victoire de Moreau à Hohenlinden oblige les Autrichiens à signer la paix de Lunéville le 9 février 1801.
1801	Le Premier consul rétablit durablement la paix religieuse en signant un concordat avec le pape Pie VII. La religion catholique est désormais « celle de la majorité des Français ». Cependant, les acquéreurs de biens nationaux sont assurés de conserver leurs propriétés.	

MONDE	ARTS ET SCIENCES	DATE
	Jean-Charles Pellerin commence à imprimer les images d'Epinal, qui joueront un grand rôle dans l'imaginaire collectif des Français, et en particulier dans la diffusion de la légende napoléonienne. Le physicien italien Alessandro Volta découvre le principe de la pile électrique.	1800
L'Anglais Malcolm obtient le droit de naviguer le long des côtes iraniennes. L'Iran perd son indépendance effective et devient l'enjeu d'une lutte d'influence entre la Russie et la Grande-Bretagne.	Le succès d'*Atala* fait de François-René de Chateaubriand l'idole de la jeunesse romantique. Premières démonstrations du métier à tisser imaginé par le Lyonnais Jacquard en 1790. Il consacrera le reste de sa vie à tenter de convaincre les canuts inquiets de cette concurrence.	1801

DATE	FRANCE	EUROPE
1802		25 mars. Le traité d'Amiens, signé par la France et l'Angleterre, ramène la paix en Europe après dix ans de conflits. Mais celle-ci durera moins d'un an, Londres se sentant directement menacée par la présence des Français à Anvers.
	1er mai. Bonaparte crée les lycées (de garçons) afin de former les cadres civils et militaires du pays.	
	19 mai. Création de la Légion d'honneur.	
	2 août. L'instauration du consulat à vie est une étape vers la restauration de la monarchie.	

MONDE	ARTS ET SCIENCES	DATE
Août. Epilogue de la campagne d'Egypte : le général Menou, successeur de Kléber, obtient des Anglais le rapatriement des troupes françaises. L'Egypte est restituée aux Ottomans.		
Nguyen Anh, aidé par les Français, restaure la dynastie des Nguyen et devient empereur sous le nom de Gia Long. Il est le premier souverain à régner sur un territoire correspondant à l'actuel Vietnam, depuis le golfe du Tonkin jusqu'au golfe du Siam.	Le sculpteur néoclassique Antonio Canova représente Bonaparte en héros romain avant de donner à sa sœur Pauline la grâce de l'*Aphrodite* de Praxitèle (1808). Louis Joseph Gay-Lussac publie *Sur la dilatation des gaz et des vapeurs.* La construction du pont des Arts à Paris marque l'avènement de l'architecture métallique (il n'existait jusqu'alors que deux ponts en fer en Angleterre).	1802

Date	France	Europe
1803	Mars. Création du franc germinal, dont la valeur demeurera inchangée jusqu'à la Première Guerre mondiale.	
1804	9 mars. L'arrestation du chef royaliste Georges Cadoudal constitue l'épilogue de onze années de guerre civile ouverte ou larvée entre les Blancs et les Bleus. 21 mars. L'exécution du duc d'Enghien, à la suite d'une conspiration royaliste, anéantit tout espoir d'accord entre le Premier Consul et Louis XVIII.	

Monde	Arts et Sciences	Date
Le président Thomas Jefferson achète la Louisiane au Premier Consul pour 15 millions de dollars. Les Etats-Unis acquièrent ainsi un gigantesque territoire qui double leur superficie et va leur permettre de créer treize nouveaux Etats (dont celui de Louisiane).	L'ingénieur anglais Richard Trevithick met au point la première véritable locomotive à vapeur.	1803
William Clark et Merriweather Lewis entreprennent un voyage d'exploration de deux ans depuis la haute vallée du Missouri jusqu'à l'océan Pacifique. 1er janvier. Jean-Jacques Dessalines, ancien esclave noir et ancien compagnon de Toussaint Louverture, proclame l'indépendance d'Haïti.	**Compositeur allemand installé à Vienne, Ludwig van Beethoven compose la plus célèbre de ses sonates pour piano, *l'Appassionata.*** Le percement de la rue de Rivoli, axe parallèle à la Seine, s'inscrit dans un vaste programme de modernisation de la capitale : quais, égouts, trottoirs, institution du numérotage des maisons. Il annonce les grands travaux haussmanniens.	1804

DATE	FRANCE	EUROPE
	21 mars. Promulgation du Code civil (ou Code Napoléon) largement inspiré par les grands principes de 1789. **18 mai. Napoléon Bonaparte est proclamé empereur des Français. C'est le début du premier Empire.** 19 mai. La création de 18 maréchaux d'Empire donne aux militaires une place prééminente dans la nouvelle hiérarchie sociale née de la Révolution. 2 décembre. Napoléon Ier est sacré à Notre-Dame par le pape Pie VII.	
1805		26 mai. Napoléon ceint la couronne du royaume d'Italie, qui remplace la République italienne. Août. Confronté à une nouvelle coalition continentale, Napoléon quitte le camp de Boulogne, construit dès 1803 en vue d'un débarquement en Angleterre. **21 octobre. L'amiral Nelson détruit la flotte franco-espagnole au large du cap Trafalgar, près de Cadix.**

MONDE	ARTS ET SCIENCES	DATE
Le chef des troupes albanaises Méhémet Ali prend le pouvoir en Egypte et contraint les Ottomans à lui donner le titre de pacha. Il va lancer un programme de réformes pour moderniser le pays.	Le Polonais Jan Potocki publie le début d'un des classiques du fantastique : *le Manuscrit trouvé à Saragosse.*	1805

DATE	FRANCE	EUROPE
		2 décembre. Les Austro-Russes sont écrasés à Austerlitz. Les données fondamentales des guerres napoléoniennes sont désormais réunies : suprématie française sur terre, suprématie anglaise sur mer.
		26 décembre. L'Autriche doit signer la paix de Presbourg.
1806		
	10 mai. Création de l'Université, divisée en académies ayant chacune à leur tête un recteur. L'enseignement est dispensé dans des facultés de lettres, de droit, de sciences, de médecine et de théologie.	
		12 juillet. Après avoir donné Naples à son frère Joseph et la Hollande à Louis, Napoléon pousse 16 Etats allemands à se regrouper dans la Confédération du Rhin, qui entraîne la disparition du Saint Empire romain germanique, fondé par Otton Ier en 962.

MONDE	ARTS ET SCIENCES	DATE
	Goethe achève la première partie de *Faust*, l'œuvre majeure de sa vie puisqu'il y travailla de 1773 à 1832.	1806
	15 août. Pose de la première pierre de l'Arc de Triomphe, commandé par Napoléon au lendemain d'Austerlitz et dessiné par Chalgrin. Il sera inauguré en 1836. L'amiral Francis Beaufort élabore une échelle pour évaluer la force du vent, de O (calme) à 12 degrés (ouragan).	

Date	France	Europe
		14 octobre. Napoléon bat les Prussiens à Iéna et entre dans Berlin le 27.
		21 novembre. L'instauration du Blocus continental, censé affamer l'Angleterre, exacerbe l'hostilité des pays européens contre la France.
1807		8 février. Les Russes et les Prussiens sont battus à Eylau au prix de pertes énormes.
		14 juin. Victoire de Friedland.
		25 juin. Napoléon rencontre le tsar Alexandre Ier au milieu du Niémen.

Monde	Arts et Sciences	Date
La Grande-Bretagne interdit la traite des Noirs. Elle sera suivie par la France en 1815.	**Après avoir construit le premier sous-marin à hélice, l'Américain Robert Fulton inaugure une liaison commerciale à bord d'un bateau à vapeur sur l'Hudson, entre New York et Albany.** Le philosophe Johann Fichte prononce 14 leçons à l'université de Berlin : ses *Discours à la nation allemande* vont encourager les Prussiens à reprendre la lutte contre Napoléon et favoriser la montée des nationalismes au XIXe siècle. La même année, son collègue de l'université d'Iena, G. W. F. Hegel, publie son premier ouvrage majeur, la *Phénoménologie de l'esprit.* Trois ans après *les Pestiférés de Jaffa*, le peintre Antoine Jean Gros poursuit sa fresque napoléonienne avec la *Bataille d'Eylau.*	1807

DATE	FRANCE	EUROPE
		Le traité de Tilsit, qui découle de cette entrevue, démembre la Prusse au profit du royaume de Westphalie, donné à Jérôme Bonaparte, et du grand-duché de Varsovie.
1808		18 mars. Soulèvement d'Aranjuez contre la politique pro-française de Godoy, le ministre de Charles IV. Ce dernier est contraint d'abdiquer.
		5 mai. Après la féroce répression des Dos et Tres de Mayo (2 et 3 mai), Napoléon installe son frère Joseph sur le trône d'Espagne. Il s'enlise ainsi dans une interminable guerre d'usure qui va coûter 300 000 hommes à la Grande Armée.
		Juillet. Le maréchal Murat succède à Joseph Bonaparte sur le trône de Naples. Il ne pourra jamais prendre la Sicile aux Bourbons, appuyés par les Anglais.
		22 juillet. La guerre d'Espagne s'ouvre par la capitulation du général Dupont à Bailen : cette première défaite française va entamer durablement le moral des troupes.
1809		6 juillet. Les Autrichiens étant de nouveau entrés en guerre, Napoléon les écrase à Wagram.
1810		

MONDE	ARTS ET SCIENCES	DATE
		1808
		1809
La guerre qui ravage l'Espagne et l'interruption des relations maritimes régulières favorisent les mou-	L'inventeur des conserves alimentaires, le Français Nicolas Appert, publie son *Art de conserver pendant*	1810

DATE	FRANCE	EUROPE
	11 mars. Parvenu au sommet de sa puissance, Napoléon s'efforce d'enraciner une nouvelle dynastie en épousant Marie-Louise d'Autriche, fille de l'empereur François Ier. Un héritier naît de ce mariage le 20 mars 1811 : le roi de Rome, qui sera surnommé l'Aiglon.	
		Juillet. Après l'abdication de Louis Bonaparte, la Hollande est annexée par l'Empire français.
		Août. A la mort du prince héritier de Suède, Charles XIII choisit le maréchal Bernadotte comme successeur. Celui-ci deviendra roi de Suède sous le nom de Charles XIV en 1818, non sans avoir d'abord trahi Napoléon.
1811	**L'Empire français à son apogée déborde largement des frontières traditionnelles, puisqu'il compte 130 départements et 45 millions d'habitants, sans compter les multiples dépendances gouvernées par**	

Monde	**Arts et Sciences**	**Date**
vements indépendantistes dans ses colonies américaines.	*plusieurs années toutes les substances animales et végétales.* Il abandonnera par la suite les récipients en verre au profit du fer-blanc.	
25 mai. Le Rio de la Plata (actuelle Argentine) est la première colonie à acquérir son indépendance. Elle sera aussi la seule à échapper à la reconquête espagnole.		
		1811

Date	France	Europe
	des parents ou des proches de Napoléon.	
1812		Juin. Pour en finir avec le tsar Alexandre Ier, qu'il soupçonne de collusion avec l'Angleterre, Napoléon engage la campagne de Russie à la tête de 600 000 hommes.
		14 septembre. La Grande Armée entre dans Moscou après la victoire de la Moskova, mais l'incendie de la capitale la contraint au départ.
	Octobre. Tandis que Napoléon combat en Russie, la conspiration du général Malet, et surtout les hésitations de l'appareil d'Etat, mettent en lumière les faiblesses du régime impérial.	
		Novembre. Début du mouvement luddite en Grande-Bretagne : pendant plus de dix ans, des groupes d'ouvriers menacés par la mécanisation détruisent des machines dans des filatures et autres entreprises textiles.

MONDE	ARTS ET SCIENCES	DATE
Les révoltes indiennes encouragées par la Grande-Bretagne et surtout les mesures visant à interdire tout commerce avec la France déclenchent un conflit anglo-américain. La seconde guerre de l'Indépendance prendra fin en 1815 sans résultat notable.	Avec les *Contes d'enfants et du foyer*, les frères Grimm ressuscitent des pans entiers du folklore germanique (*Blanche-Neige*). **Avec son *Pèlerinage de Childe Harold*, Lord Byron s'affirme comme une sorte de Chateaubriand anglais : un poète romantique dont l'œuvre se confond avec la vie.**	1812

Date	France	Europe
		26-29 novembre. Le passage de la Bérésina est le point culminant de la retraite de Russie, qui coûte la vie à près d'un demi-million d'hommes.
1813		Février. Le désastre russe encourage les anciens alliés de Napoléon à former une sixième coalition. 21 juin 1813. Les Français sont battus par les Anglo-Espagnols du duc de Wellington à Vitoria, ce qui les contraint à repasser en catastrophe les Pyrénées. **16-19 octobre. Après une série de victoires au printemps, Napoléon est battu à Leipzig. La « bataille des nations » met fin à la campagne d'Allemagne.**
1814		

MONDE	ARTS ET SCIENCES	DATE
	Gioacchino Rossini crée à Venise son opéra *l'Italienne à Alger.* Trois **ans plus tard, il obtiendra la consécration avec *le Barbier de Séville.***	1813
Une fois les Français chassés d'Espagne, Madrid entreprend de soumettre ses colonies américaines révoltées (Chili, Venezuela, Mexique), mais cette reprise en main sera très éphémère.	**Goya évoque la répression française à Madrid en 1808 dans deux toiles jumelles : les *Dos* et *Tres de mayo.*** Installé à Rome depuis 1806, Ingres atteint le sommet de sa première manière avec le portrait de *Madame de Senonnes* et avec *la Grande Odalisque.* L'Ecossais Walter Scott lance la vogue du roman historique avec *Waverley. Ivanhoé* suivra en 1819, puis *Quentin Durward* en 1823.	1814

Date	France	Europe
		25 janvier. Napoléon engage avec de maigres troupes la campagne de France contre les coalisés qui envahissent le territoire français.
		Février. Retrouvant le sens tactique dont il avait fait preuve pendant la campagne d'Italie, Napoléon remporte une ultime série de victoires : Champaubert, Montmirail, Montereau.
		31 mars. Forts d'une écrasante supériorité numérique, les Alliés entrent dans Paris.
	4 avril. Quelques jours après l'entrée des Alliés dans Paris et le vote de sa déchéance organisé par Talleyrand, Napoléon abdique.	
	3 mai. Tandis que Napoléon part en exil à l'île d'Elbe, Louis XVIII, frère cadet de Louis XVI, rentre à Paris. C'est le début de la première Restauration, qui va durer jusqu'aux Cent-Jours.	
	4 juin. Conformément à ses promesses, Louis XVIII promulgue la Charte constitutionnelle qui apaise les craintes d'un retour à la monarchie absolue.	
1815		

MONDE	ARTS ET SCIENCES	DATE
Hormis Malte et certaines îles grecques, les territoires conquis pendant les guerres napoléoniennes et octroyés à la Grande-Bretagne par le congrès de Vienne sont extra-euro-	L'ingénieur écossais McAdam est chargé de rénover les routes du comté de Bristol avec son procédé de revêtement des chaussées à base de pierres concassées et agglomérées avec du sable.	1815

DATE	FRANCE	EUROPE
	1er mars. Profitant des maladresses commises par le nouveau gouvernement des Bourbons, Napoléon débarque à Golfe-Juan. Il entame alors le « Vol de l'Aigle » vers la capitale, ralliant les uns après les autres ses anciens généraux.	
	20 mars. Napoléon entre dans Paris, que Louis XVIII a fuie quelques heures plus tôt. C'est le début des Cent-Jours.	
		9 juin. Signature de l'acte final du congrès de Vienne, au terme d'un an de discussions entre les vainqueurs. La carte de l'Europe est entièrement remodelée. La Russie annexe la majeure partie de la Pologne et la Finlande. La Prusse s'étend en Allemagne occidentale, jusqu'à la frontière française, et devient membre de la Confédération germanique, qui regroupe 38 Etats. L'Autriche de Metternich s'empare du Tyrol, de la Lombardie, de la Vénétie et de la Dalmatie. Le Danemark cède la Norvège à la Suède. La Confédération helvétique absorbe Genève, Neuchâtel et le Valais et se voit attribuer une neutralité perpétuelle. La Belgique et les anciennes Provinces-Unies sont réunies dans un

Monde	Arts et Sciences	Date
péennes : l'île de France (qui devient l'île Maurice), les Seychelles, Ceylan, la ville du Cap, Sainte-Lucie, Trinité-et-Tobago.		

Date	France	Europe
		royaume des Pays-Bas dominé par les Hollandais. Les Bourbons sont rétablis sur les trônes d'Espagne et de Naples. La France, enfin, dont les intérêts sont habilement défendus par Talleyrand, retrouve à peu près ses frontières de 1789. Mais la plupart de ces redécoupages, qui ignorent les aspirations nationales, seront remis en cause durant les décennies suivantes.
		18 juin. Napoléon est battu par les Anglo-Prussiens du duc de Wellington à Waterloo, au sud de Bruxelles. C'est la fin de l'Empire et de vingt-trois années de guerre presque ininterrompue.
	22 juin. Après la défaite de Waterloo, Napoléon signe sa seconde abdication, qui met fin aux Cent-Jours.	
	24 juin. Début de la Terreur blanche à Marseille. Jusqu'au mois de septembre, des royalistes du Midi et de l'Ouest massacrent des partisans de la république ou de l'Empire, la plus illustre de leurs victimes étant le maréchal Brune.	
	8 juillet. Les Alliés, qui occupent la France, autorisent finalement Louis XVIII à rentrer à Paris. C'est le début de la seconde Restauration, qui va durer jusqu'en 1830.	

MONDE	ARTS ET SCIENCES	DATE

Date	France	Europe
	22 août. Election de la Chambre « introuvable » : 350 des 402 députés sont des ultras, autrement dit des partisans du retour pur et simple à l'Ancien Régime. 7 décembre. L'épuration de l'administration et de l'armée culmine avec l'exécution du maréchal Ney.	
1816	5 septembre. Craignant que les excès des ultras ne provoquent une nouvelle révolution, Louis XVIII dissout la Chambre introuvable et obtient une majorité de modérés. Des ministères constitutionnels vont se succéder durant les quatre années suivantes.	
1817		
1818	Décembre. Le duc Decazes devient l'inspirateur de la politique française, comme ministre de l'Intérieur puis comme président du Conseil à partir de novembre 1819. Il prend des mesures favorables à la bourgeoisie et favorise la liberté de la presse.	

Monde	Arts et Sciences	Date
	Le Français Nicéphore Niepce invente la photographie. Il s'associera en 1829 à Louis Daguerre, qui mettra au point, en 1839, le procédé du daguerréotype.	1816
La libération du Chili par le général argentin José de San Martin inaugure la seconde étape des guerres d'indépendance de l'Amérique latine.	Mary Shelley, l'épouse du grand poète romantique, crée un nouveau mythe en publiant *Frankenstein ou le Prométhée moderne.*	1817
		1818

DATE	FRANCE	EUROPE
1819		
1820	13 février. L'assassinat du duc de Berry, fils du comte d'Artois (le futur Charles X), par un républicain provoque la chute du ministère Decazes et le retour des ultras aux affaires.	
1821	**5 mai. La mort de l'Empereur déchu à Sainte-Hélène se conjugue**	

Monde	**Arts et Sciences**	**Date**
	Bien que les chevaux soient son sujet de prédilection, c'est la mer qui inspire à Théodore Géricault son plus illustre tableau : *le Radeau de la Méduse.* Quelques années après avoir mis au point le stéthoscope, le médecin français Laennec publie *De l'auscultation médiate,* ouvrage fondamental pour la connaissance des maladies pulmonaires. Le philosophe allemand Arthur Schopenhauer publie *le Monde comme volonté et comme représentation.*	1819
7 août. Simon Bolivar défait les Espagnols à Boyaca. Au cours des années suivantes, il réunit la Colombie, le Venezuela et l'Equateur actuels dans une République de Grande-Colombie. Les Etats-Unis rachètent aux Espagnols la Floride, qui deviendra le 27ᵉ Etat de l'Union en 1845.		
		1820
24 février. Agustin de Iturbide proclame l'indépendance du Mexique.		1821

Date	France	Europe
	au mécontentement de nombreux Français à l'égard des Bourbons pour donner naissance à la légende napoléonienne. Celle-ci jouera un grand rôle dans la genèse des révolutions de 1830 et 1848, et dans l'avènement du second Empire. 14 décembre. Accession au pouvoir du comte de Villèle, le chef des ultras. D'abord ministre des Finances, il sera président du Conseil de septembre 1822 à janvier 1828.	
1822		12 janvier. A la suite de l'insurrection déclenchée en mars 1821, le congrès national d'Epidaure proclame l'indépendance de la Grèce. Les Turcs réagissent brutalement en avril avec le massacre de Chio, qui suscite l'indignation de l'opinion occidentale.
	21 septembre. Exécution des quatre sergents de La Rochelle, membres de la Charbonnerie, société secrète regroupant des bonapartistes et des	

Monde	Arts et Sciences	Date
	L'étude de la pierre de Rosette permet à Jean-François Champollion de déchiffrer l'écriture hiéroglyphique des Egyptiens.	1822
7 septembre. Après avoir acquis une grande autonomie pendant les guerres napoléoniennes, le Brésil proclame son indépendance. Dom Pedro, le fils du roi du Portugal Jean VI, en devient l'empereur.		

Date	France	Europe
	républicains. Ils deviennent des martyrs de l'opposition.	
1823		Avec l'accord des puissances européennes réunies au congrès de Vérone à l'automne 1822, un corps expéditionnaire français intervient en Espagne pour aider Ferdinand VII à restaurer la monarchie absolue. L'épisode principal de cette campagne est au mois d'août la prise du village de Trocadero, près de Cadix.
1824		

Monde	Arts et Sciences	Date
		1823
2 décembre. Dans son message annuel au Congrès, le président James Monroe expose la doctrine qui porte son nom : les Etats-Unis se désintéressent de l'Europe, mais condamnent par avance toute intervention des puissances coloniales sur le continent américain. Autrement dit, les Etats-Unis considèrent désormais l'Amérique latine comme leur chasse gardée.		
	Trois ans avant sa mort, Beethoven compose sa 9e symphonie en ré mineur avec chœurs, appelée à devenir l'une des œuvres les plus populaires de toute l'histoire de la musique. La même année, Franz Schubert donne *la Jeune Fille à la mort*, l'un de ses quinze quatuors. Eugène Delacroix s'impose comme le chef de file de la peinture romantique avec *les Massacres de Scio.*	1824

Date	France	Europe
	6 mars. Les ultras triomphent aux élections : c'est la « Chambre retrouvée ».	
	16 septembre. Charles X, âgé de 66 ans, succède à son frère Louis XVIII et poursuit la politique « réactionnaire » incarnée par Villèle.	
1825		
	Avril. La loi contre le sacrilège (qui ne sera jamais appliquée) rétablit la peine de mort pour la profanation d'hosties consacrées, tandis que la loi dite « du milliard des émigrés » organise l'indemnisation des anciens propriétaires de biens nationaux.	
	29 mai. De manière très symbolique, Charles X se fait sacrer à	

Monde	Arts et Sciences	Date
9 décembre. Sucre, l'un des compagnons de Bolivar, remporte une victoire décisive à Ayacucho, au Pérou. L'Espagne abandonne alors toute velléité de reconquérir son Empire colonial, qui se divise en une série de républiques indépendantes. Seuls Cuba, Porto Rico et les Philippines demeureront sous sa tutelle jusqu'en 1898.		
	L'Anglais Stephenson inaugure la première ligne de chemin de fer ouverte aux voyageurs. Le monde comptera 35 000 kilomètres de voies ferrées en 1850, 1 million en 1914.	1825

DATE	FRANCE	EUROPE
	Reims avec un faste digne de l'Ancien Régime.	
		25 décembre. Le tsar Nicolas Ier succède à son frère Alexandre Ier. Le lendemain éclate l'insurrection des décembristes, jeunes officiers favorables à l'instauration d'un régime constitutionnel. La révolte est rapidement matée.
1827		20 octobre. La France, l'Angleterre et la Russie interviennent dans la guerre d'indépendance grecque et détruisent la flotte ottomane à Navarin.
	24 novembre. Les élections amènent une majorité libérale et provoquent la chute du ministère Villèle.	
1828	4 janvier. Le ministère dirigé par le vicomte de Martignac tente de mettre en œuvre une politique modérée afin de gagner le soutien de la bourgeoisie à la monarchie.	

MONDE	ARTS ET SCIENCES	DATE
	Retiré à Bordeaux, où il mourra l'année suivante, Francisco Goya peint un ultime chef-d'œuvre dans une veine très adoucie : *la Laitière*. Formé dans l'atelier de David, le peintre animalier John James Audubon publie les cent planches de ses *Oiseaux d'Amérique*, dont la qualité artistique n'a d'égale que la valeur scientifique.	1827
		1828

Date	France	Europe
1829	8 août. Charles X renvoie Martignac et fait appel au prince de Polignac pour former un ministère de combat contre les libéraux.	
1830		**3 février. La France, l'Angleterre et la Russie accordent leur protection à la Grèce et reconnaissent son indépendance *de facto.***
	18 mars. Par l'« Adresse des 221 », les députés libéraux rappellent à Charles X les principes de la Charte.	
	Juillet. La Chambre ayant été dissoute en mai, de nouvelles élections renforcent l'opposition.	

Monde	Arts et Sciences	Date
20 avril. Parti du Sénégal sous une fausse identité musulmane, le Français René Caillié est le premier Occidental à entrer dans Tombouctou.		
		1829
	L'année des Trois Glorieuses voit la confirmation du talent de Stendhal (*Le Rouge et le Noir*), et de Balzac (*La Maison du Chat-qui-pelote*), tandis que la bataille d'*Hernani* oppose romantiques et classiques à propos du drame de Victor Hugo. Première exécution de la *Symphonie fantastique* d'Hector Berlioz.	1830
5 juillet. Les troupes du général de Bourmont s'emparent d'Alger. Cette expédition, dont le but		

Date	France	Europe
	25 juillet. Charles X opte pour l'affrontement et signe quatre ordonnances : suspension de la liberté de la presse, nouvelle dissolution de la Chambre, modification de la loi électorale et organisation de nouvelles élections.	
	27, 28 et 29 juillet. Les Trois Glorieuses. Paris se couvre de barricades, mais la révolution est aussitôt détournée par les chefs de l'opposition libérale (Thiers, Laffitte, Casimir Perier) au profit du duc d'Orléans.	
	9 août. Une semaine après l'abdication de Charles X, le duc d'Orléans prête serment à la Charte et est proclamé roi des Français sous le nom de Louis-Philippe Ier. Les premières mesures de la monarchie de Juillet sont l'adoption du drapeau tricolore et l'abaissement du cens qui permet d'élever le pourcentage des électeurs à 0,5 % de la population.	
		25 août. Dans le prolongement des Trois Glorieuses parisiennes, une insurrection éclate à Bruxelles. Après l'évacuation de la Belgique

Monde	Arts et Sciences	Date
affiché est de liquider un nid de pirates barbaresques, inaugure la conquête de l'Algérie et, près de deux siècles après Colbert, relance la constitution d'un vaste empire colonial.		

DATE	FRANCE	EUROPE
		par les troupes néerlandaises, l'indépendance est proclamée le 4 octobre.
	2 novembre. Le parti du Mouvement (libéral) arrive au pouvoir en la personne de Laffitte.	
		29 novembre. Insurrection de Varsovie. L'armée russe mettra près d'un an à écraser les patriotes polonais, dont beaucoup se réfugieront à l'Ouest, et en particulier en France.
1831		
		20 janvier. La conférence de Londres reconnaît la séparation de la Belgique et des Pays-Bas.

Monde	Arts et Sciences	Date
17 décembre. Simon Bolivar meurt, désespéré d'avoir « labouré la mer » : après avoir lutté pour construire une Amérique latine indépendante et unifiée, il assiste impuissant aux guerres intestines et à l'émiettement des confédérations en petits Etats rivaux.		
	Agé de 21 ans, le Polonais Frédéric Chopin s'installe à Paris. C'est là qu'il va composer son œuvre, presque entièrement dédiée au piano, jusqu'à sa mort en 1849. L'Américain Cyrus Hall McCormick met au point la première moissonneuse mécanique. Il fondera en 1847 la première fabrique de machines agricoles.	1831

Date	France	Europe
	13 mars. Laffitte est remplacé par Casimir Perier, chef du parti de la Résistance (conservateur).	
		21 juillet. Après le désistement du duc de Nemours, fils de Louis-Philippe, le prince de Saxe-Cobourg-Gotha devient roi des Belges sous le nom de Léopold Ier.
	Novembre. A Lyon, la révolte des canuts prend l'allure d'une révolution, jusqu'à l'arrivée des troupes du maréchal Soult.	
1832		
	Juin. Echec du complot légitimiste (assez fantaisiste) dirigé par la duchesse de Berry pour mettre son fils Henri sur le trône de France.	
1833		

Monde	Arts et Sciences	Date
	Publication de *De la guerre*, du général prussien Karl von Clausewitz, ancien adversaire de Napoléon. Ce traité exercera une influence fondamentale sur la stratégie militaire des XIXe et XXe siècles. L'Américain Samuel Morse invente le télégraphe électrique. Il lui faudra cinq ans de travaux pour fabriquer un prototype. La première ligne sera inaugurée en 1844 entre Washington et Baltimore.	1832
Abolition de l'esclavage dans les colonies britanniques.	Publication de *la Dame de pique* de Pouchkine, deux ans avant celle du *Journal d'un fou* de Gogol : la littérature russe accède à l'un des premiers rangs en Europe.	1833

Date	France	Europe
		29 septembre. Mort de Ferdinand VII, qui a légué la couronne d'Espagne à sa fille Isabelle, lésant ainsi son frère don Carlos. Les partisans de ce dernier, nombreux dans les provinces du Nord, déclenchent l'année suivante les guerres carlistes, qui vont agiter le pays par intermittence jusqu'en 1876.
1834		1er janvier. Création du Zollverein, union douanière regroupant les principaux Etats allemands autour de la Prusse. Il va jouer un rôle essentiel dans l'harmonisation économique de l'Allemagne et préparer la réunification.
	13 avril. L'émeute de la rue Transnonain, à Paris, et l'intervention brutale de la troupe inspireront une lithographie fameuse à Daumier et seront utilisées par l'opposition.	
1835		

Monde	Arts et Sciences	Date
Début du Grand Trek des Boers. Plusieurs milliers de colons d'origine hollandaise quittent la colonie du Cap tombée aux mains des Anglais et s'enfoncent dans le continent noir. Poussés par une foi mystique, ces pionniers vont fonder les Etats indépendants du Transvaal (1852) et d'Orange (1854).	**Alors qu'il écrit *le Père Goriot*, Balzac a soudain l'idée du « retour des personnages » d'un livre à l'autre. Cette innovation débouchera en 1841 sur la réunion de tous ses romans au sein de *la Comédie humaine*.** **Tandis qu'Hiroshige évoque la nature japonaise dans ses *Cinquante-trois étapes de la route du Tokaido*, son compatriote Hokusai grave les *Cent vues du mont Fuji*, qui exerceront une grande influence sur les impressionnistes français.**	1834
	Aveugle depuis l'âge de 4 ans, le Français Louis Braille élabore un système d'écriture en points saillants qui sera adopté dans presque tous les pays du monde. Alexis de Tocqueville commence à	1835

DATE	FRANCE	EUROPE
	28 juillet. Attentat manqué de Joseph Fieschi contre Louis-Philippe.	
1836	6 novembre. A la mort de Charles X (en Bohême), son petit-fils le comte de Chambord devient le prétendant de la branche aînée à la couronne de France sous le nom d'Henri V. Tous les espoirs des légitimistes reposeront sur lui jusqu'en 1873.	
1837		**20 juin. Avènement de Victoria, qui règnera soixante-trois ans, jusqu'en 1901. Après la domination française en Europe, incarnée par Louis XIV et Napoléon, l'ère victorienne est celle de l'hégémonie britannique sur le monde.**
	26 août. Inauguration de la première ligne ferroviaire transportant	

Monde	Arts et Sciences	Date
	publier *De la démocratie en Amérique*, ouvrage fondateur de la sociologie et de la science politique modernes.	
Après la défaite de Fort Alamo, les Texans révoltés contre la domination mexicaine remportent la victoire de San Jacinto qui leur assure l'indépendance. Le Texas sera annexé par les Etats-Unis en 1845.		1836
	Charles Dickens devient célèbre à 25 ans grâce aux *Aventures de Mr. Pickwick.*	1837

Date	France	Europe
	des passagers entre Paris et Le Pecq, près de Saint-Germain-en-Laye.	
1839		
1840		Emission du premier timbre-poste de l'Histoire en Grande-Bretagne : le fameux *one penny* noir.

Monde	Arts et Sciences	Date
	Publication à Paris de *la Chartreuse de Parme*, le second grand roman de Stendhal. L'Américain Charles Goodyear découvre la vulcanisation du caoutchouc, procédé qui sera à l'origine de l'industrie des pneumatiques.	1839
Face à la vive résistance de l'émir Abd el-Kader, Louis-Philippe renonce à limiter l'expansion française aux régions côtières et charge le général Bugeaud de conquérir toute l'Algérie. L'armateur anglais Samuel Cunard crée une ligne de navigation transatlantique, la première traversée commerciale s'effectuant en moins de treize jours. Il sera concurrencé à partir de 1847 par la compagnie Hambourg-America Line. Ces liaisons maritimes régulières permettront l'émigration de millions d'Européens vers l'Amérique du Nord. 21 janvier. Dumont d'Urville prend possession au nom de la France d'une terre située sur le continent antarctique et lui donne le prénom de sa femme, Adélie. Juin. La lutte énergique du gouvernement chinois contre la contrebande d'opium pratiquée par les Anglais déclenche la guerre de	Le Français Joseph Proudhon devient célèbre grâce à *Qu'est-ce que la propriété ?* Il exercera une grande influence sur le mouvement ouvrier européen avant d'être supplanté par Marx et Engels. Franz Liszt commence à composer ses dix-neuf *Rhaposodies hongroises.* Les quatre dernières ne seront achevées qu'en 1880.	1840

DATE	FRANCE	EUROPE
	6 août. Après une première tentative à Strasbourg en 1836, Louis-Napoléon Bonaparte essaie de gagner à sa cause la garnison de Boulogne. Il est incarcéré au fort de Ham, dans la Somme. **Octobre. François Guizot, qui a occupé divers ministères depuis 1830, devient l'homme fort de la politique française, d'abord comme ministre des Affaires étrangères, puis comme président du Conseil à partir de 1847. Sa formule célèbre, « Enrichissez-vous », résume, au point en partie, l'esprit de la monarchie de Juillet.** 15 décembre. Retour des Cendres. Ramenée de Sainte-Hélène, la dépouille mortuaire de Napoléon est transférée aux Invalides.	
1842		
1843		

Monde	**Arts et Sciences**	**Date**
l'Opium. La Grande-Bretagne bombarde Canton et engage des opérations d'envergure qui aboutissent à l'occupation de Shanghai en juin 1842.		
Après Singapour (1819), les îles Falkland (1833), Aden (1839) et la Nouvelle-Zélande (1840), les Britanniques ajoutent un nouveau fleuron à leur empire colonial grâce au traité de paix qui met fin à la guerre de l'Opium : l'île de Hongkong.	Le jeune Giuseppe Verdi remporte son premier grand succès à la Scala de Milan avec *Nabucco.*	1842
	Création du *Vaisseau fantôme*, le quatrième opéra de Wagner, mais	1843

DATE	FRANCE	EUROPE
1844		
1846		Le mildiou ou maladie de la pomme de terre provoque en Irlande une famine meurtrière qui fait rage jusqu'en 1850 et pousse deux millions de personnes à émigrer aux Etats-Unis. Les effets de ce fléau seront durables, puisque la population de l'île passera de plus de 8 millions vers 1840 à 4 millions en 1900.
1847		

MONDE	ARTS ET SCIENCES	DATE
	le premier dans lequel apparaît toute l'originalité de son univers. Première exécution du *Songe d'une nuit d'été*, chef-d'œuvre de Félix Mendelssohn-Bartholdy.	
	Maître du roman-feuilleton, Alexandre Dumas publie *Les Trois Mousquetaires*, avant d'écrire l'année suivante *Vingt ans après* et *Le Comte de Monte-Cristo*. Louis-Philippe confie la restauration de Notre-Dame de Paris à l'architecte Viollet-le-Duc.	1844
L'annexion du Texas provoque une guerre entre le Mexique et les Etats-Unis.		1846
Fuyant les persécutions, les Mormons conduits par Brigham Young fondent Salt Lake City dans ce qui deviendra en 1896 l'Etat de l'Utah.	Le romantisme anglais atteint l'un de ses sommets avec les sœurs Brontë : Emily et Charlotte publient respectivement *Les Hauts de Hurlevent* et *Jane Eyre*. Naissance de l'école de Barbizon, village situé à l'orée de la forêt de Fontainebleau. Par leur pratique de la peinture en plein air, Théodore Rousseau, Jean-François Millet, Camille Corot et Gustave Courbet sont les précurseurs des impressionnistes.	1847

DATE	FRANCE	EUROPE
	9 juillet. Dans un contexte de crise économique et de montée des oppositions, début de la campagne des banquets. Les réunions publiques étant interdites, 70 banquets sont organisés pour réclamer l'abaissement du cens électoral.	
		Novembre. En Suisse, guerre du Sonderbund. Les radicaux au pouvoir dissolvent par la force la ligue formée en 1845 par les sept cantons catholiques menacés dans leurs prérogatives. Cet affrontement est le dernier soubresaut de l'histoire hélvétique : avec l'adoption de la Constitution de 1848, on entre dans une ère de paix civile.
		Décembre. A Londres, la Ligue des communistes charge les Allemands Karl Marx et Friedrich Engels de rédiger le *Manifeste du parti communiste*, qui est achevé en janvier 1848. Les deux pères fondateurs du « socialisme scientifique » vont lutter leur vie durant contre les utopistes, les anarchistes et autres composantes du mouvement ouvrier, avant de connaître un triomphe posthume en 1917.
1848		**A la suite de la révolution de Février en France, une vague insurrectionnelle déferle sur une grande partie de l'Europe, nourrie par un mélange d'aspirations libérales, démocratiques et nationales.**

Monde	Arts et Sciences	Date
Décembre. La reddition d'Abd el-Kader marque la fin de la conquête (si l'on excepte la Kabylie, qui ne sera pacifiée que dix ans plus tard, et les oasis sahariens). A cette époque, 100 000 Européens se sont déjà installés en Algérie, dont environ une moitié de Français.		
	Chateaubriand meurt en révisant l'œuvre monumentale à laquelle il travaillait depuis plus de quarante ans, les *Mémoires d'outre-tombe.*	1848

Date	France	Europe
	22 février. Révolution de Février. L'interdiction d'un banquet prévu ce jour-là à Paris déclenche une émeute populaire. Le lendemain, à la suite d'une fusillade qui fait plus de 50 morts sur le boulevard des Capucines, l'insurrection se généralise. Le 24, Louis-Philippe abdique, et la IIe République est proclamée par Lamartine, membre du gouvernement provisoire avec 10 autres membres, parmi lesquels Arago, Louis Blanc, Garnier-Pagès et Ledru-Rollin. Le 26 sont créés les Ateliers nationaux destinés à nourrir les chômeurs.	
		27 février. Le mouvement révolutionnaire touche le grand-duché de

Monde	Arts et Sciences	Date
24 janvier. La découverte de paillettes sur le domaine californien de l'émigré suisse J. A. Sutter entraîne la ruée vers l'or. Plusieurs centaines de milliers de personnes vont débarquer sur la côte pacifique en quelques années. **2 février. Le traité de Guadalupe Hidalgo sanctionne la victoire des Etats-Unis sur le Mexique. Les premiers obtiennent contre une compensation monétaire tous les territoires situés au nord du Rio Grande, c'est-à-dire la Californie, qui deviendra un Etat en 1850, ainsi que le Nouveau-Mexique et l'Arizona, qui accèderont à ce statut en 1912.**		

DATE	FRANCE	EUROPE
		Bade avant de gagner toute l'Allemagne dans les semaines suivantes.
		Mars. Des soulèvements se produisent dans tout l'empire des Habsbourg : Croatie, Roumanie, Serbie.
	4 mars. Un décret rédigé par Victor Schoelcher abolit l'esclavage dans les colonies françaises.	
		11 mars. A Prague, une manifestation réclame l'égalité des Tchèques et des Allemands.
		13 mars. Une révolution éclate à Vienne et entraîne la fuite de Metternich, incarnation de l'absolutisme en Europe centrale.
		16 mars. L'Autriche doit accorder l'autonomie à la Hongrie révoltée contre sa tutelle.
		18 mars. Milan se soulève, bientôt imitée par Venise, Parme, Plaisance, Modène et Florence. Désireux de se libérer du joug autrichien, les Etats italiens exigent leur rattachement au royaume de Piémont.
		4 avril. Le Parlement préparatoire de Francfort décide d'organiser l'élection au suffrage universel d'une assemblée nationale allemande. Celle-ci se réunira le 18 mai à Francfort.
	24 avril. Dans un contexte d'agitation ouvrière et de manifestations	

MONDE	ARTS ET SCIENCES	DATE

Date	France	Europe
	d'extrême-gauche, les élections à la Constituante, au suffrage universel masculin, donnent une majorité très hostile aux socialistes.	
	15 mai. La journée en faveur de la Pologne organisée par les socialistes entraîne une vive réaction de la Commission exécutive : Blanqui, Barbès, Raspail sont incarcérés.	
		Juin. L'armée autrichienne passe à la contre-attaque et écrase la révolution en Bohême, avant de vaincre les Piémontais le mois suivant à Custoza.
	23-26 juin. Journées de juin. L'insurrection suscitée par la fermeture des Ateliers nationaux est réprimée par le général Cavaignac (plusieurs milliers de morts et autant de déportés).	
		31 octobre. Vienne est prise d'assaut par les troupes du maréchal Windischgrätz.
		2 décembre. L'empereur d'Autriche Ferdinand Ier abdique en faveur de son neveu François-Joseph, qui régnera jusqu'en 1916.
	10 décembre. Louis-Napoléon Bonaparte, fils de Louis Bonaparte et d'Hortense de Beauharnais, est élu président de la République à une très large majorité.	

Monde	Arts et Sciences	Date

Date	France	Europe
1849		**L'année 1849 est marquée par la victoire de la contre-révolution et par le retour (très provisoire) à la situation antérieure.**
		23 mars. Le roi de Piémont Charles-Albert est battu par les Autrichiens à Novare et abdique en faveur de son fils Victor-Emmanuel II, qui va incarner l'idéal de la réunification italienne.
	13 mai. Les élections législatives viennent renforcer l'autorité du prince-président, puisque le parti de l'Ordre remporte près des deux tiers des sièges.	
		18 juin. Dispersion du Parlement de Francfort, qui subit le même sort que les autres assemblées démocratiques élues en 1848.
		2 juillet. Un corps expéditionnaire français commandé par le général Oudinot entre dans Rome pour mettre fin à la République fondée en février par Giuseppe Mazzini et rétablir le pouvoir temporel du pape.
		22 août. La capitulation de Venise sonne le glas de la révolution italienne.
		17 octobre. Au terme d'une guerre féroce qui les a contraints à demander le soutien des Russes, les Autrichiens ravalent le royaume de Hon-

MONDE	ARTS ET SCIENCES	DATE
	Dickens publie son roman le plus autobiographique, *David Copperfield.*	1849

Date	France	Europe
		grie au rang de simple province de l'Empire.
1850	Rompant avec le monopole scolaire de l'Université, la loi Falloux autorise l'Eglise à ouvrir des établissements d'enseignement.	
		29 novembre. Reculade d'Olmütz. Le roi de Prusse Frédéric-Guillaume IV cède à un ultimatum autrichien et renonce à former la « petite Allemagne », c'est-à-dire l'« Union restreinte » des Etats d'Allemagne du Nord autour de la Prusse. La rancœur qui en résulte à l'origine de la guerre de 1866.
1851		

Monde	Arts et Sciences	Date
	La Lettre écarlate de Nathaniel Hawthorne, et l'année suivante *Moby Dick* d'Herman Melville, donnent à la littérature américaine ses lettres de noblesse. Avec *l'Enterrement à Ornans*, tableau qui déclenche une vive polémique, Gustave Courbet devient le champion de l'école réaliste.	1850
Janvier. Début de la révolte des Taiping contre la dynastie mandchoue. Sous la direction de l'« Empereur céleste » Hong Xiuquan, ce mouvement populaire tente de sauver la Chine de la décadence en émancipant les femmes et en collectivisant l'agriculture. Il rapidement conquiert la région du fleuve Yangzi et établit sa capitale à Nankin en 1853.	Véritable plaidoyer en faveur de l'abolition de l'esclavage, *la Case de l'oncle Tom* contribue à créer les conditions nécessaires au déclenchement de la guerre de Sécession. Abraham Lincoln devait d'ailleurs surnommer Harriett Beecher Stowe « la jeune femme qui gagna la guerre ». L'Américain Isaac Merrit Singer met au point une machine à coudre très performante dont il va vendre des dizaines de milliers d'exemplaires à travers le monde. L'architecture métallique triomphe	1851

Date	France	Europe
	2 décembre. Le long conflit opposant le prince-président à l'Assemblée aboutit à un coup d'Etat orchestré par son demi-frère, le duc de Morny (la date choisie est éminemment symbolique puisqu'elle est celle du sacre de son oncle et de la victoire d'Austerlitz). Cette nouvelle version du 18 Brumaire débouche sur plusieurs milliers d'arrestations et sur l'établissement d'un régime dictatorial. 22 décembre. Le plébiscite organisé par le président est un triomphe : 7 millions et demi de oui.	
1852		4 novembre. Victor-Emmanuel II appelle le comte de Cavour à la présidence du conseil du Piémont. Les deux hommes vont être les principaux artisans de la réunification italienne.

MONDE	ARTS ET SCIENCES	DATE
	avec les dix pavillons des Halles de Paris édifiés par Victor Baltard.	
12 février. La découverte d'or en Australie provoque le même phénomène qu'en Californie et accélère le peuplement de l'île.		
	Le Suédois Lundström invente l'allumette de sûreté, dite « suédoise », dont l'extrémité enduite de chlorate de potassium doit être frottée sur une plaque de phosphore.	1852

Date	France	Europe
	22 novembre. Un nouveau plébiscite approuve à une majorité encore plus écrasante le rétablissement de l'Empire.	
	2 décembre. Louis-Napoléon Bonaparte est proclamé empereur sous le nom de Napoléon III. C'est le début du second Empire.	
1853		
	Juillet. Le baron Haussmann est nommé préfet de la Seine, poste qu'il conservera jusqu'en janvier 1870. Sous l'étroit contrôle de Napoléon III, il engage des travaux colossaux qui vont donner à Paris sa physionomie actuelle : percement de grands axes, dégagement des monuments et création de vastes perspectives, insertion des gares dans le tissu urbain, annexion des communes périphériques et division de la capitale en vingt arrondissements, aménagement de squares et d'espaces verts (bois de Boulogne et de Vincennes, Buttes-Chaumont, Montsouris).	
1854		

Monde	Arts et Sciences	Date
La France annexe la Nouvelle-Calédonie, dont la vocation première est pénitenciaire. Entre 1864 et 1896, le bagne de Nou, dans la rade de Nouméa, accueillera plusieurs dizaines de milliers de prisonniers. Juillet. Après plusieurs tentatives infructueuses des Occidentaux, le commodore Perry apporte une lettre du président des Etats-Unis exigeant l'ouverture du Japon au commerce international et annonçant son retour l'année suivante.	**Verdi donne la même année *le Trouvère* et *la Traviata.*** Le chimiste français Charles Gerhardt invente l'aspirine, qui ne sera commercialisée qu'au XXe siècle.	1853
Le général Faidherbe est nommé gouverneur du Sénégal. Il va fon-		1854

Date	France	Europe
		27 mars. La France et la Grande-Bretagne interviennent dans la guerre de Crimée aux côtés de la Turquie contre la Russie. Après la victoire de l'Alma, le 20 septembre, les Alliés assiègent Sébastopol.
1855		2 mars. Le tsar Alexandre II succède à son père Nicolas Ier. Il lance un programme de réformes structurelles pour sortir la Russie de son archaïsme quasi féodal. 8 septembre. La prise de Malakoff entraîne la chute de Sébastopol et la défaite de la Russie.

Monde	Arts et Sciences	Date
der le port de Dakar en 1857 et soumettre l'intérieur du pays, en particulier les régions traversées par le fleuve Sénégal et la Casamance.		
Mars. Le Japon cède face à l'escadre du commodore Perry et se résoud à ouvrir deux ports aux navires étrangers. C'est le début d'un processus qui va conduire ce pays à sortir du vase clos dans lequel il vivait depuis deux siècles et demi et à rejoindre la communauté internationale.		
		1855
15 novembre. Le Britannique David Livingstone, l'un des plus grands explorateurs du continent africain, découvre les chutes Victoria sur le cours du Zambèze.		

DATE	FRANCE	EUROPE
1856		30 mars. Le traité de Paris, qui met fin à la guerre de Crimée, renforce considérablement l'influence française dans les Balkans et au Proche-Orient.
1857		
1858	A Lourdes, la petite Bernadette Soubirous déclare avoir vu à dix-huit reprises la Vierge Marie dans une grotte au bord du gave de Pau. Ces apparitions vont donner naissance à l'un des plus importants pèlerinages de la chrétienté.	

MONDE	ARTS ET SCIENCES	DATE
	Le groupe des Cinq prône le renouveau de la musique russe : Balakirev, Borodine, Cui, Moussorgski, Rimski-Korsakov.	1856
	Des poursuites sont engagées pour immoralité contre *Madame Bovary* de Gustave Flaubert et contre *les Fleurs du mal* de Charles Baudelaire. Otis installe le premier ascenseur destiné aux clients d'un magasin new-yorkais.	1857
9 mai. Révolte des Cipayes : les troupes indigènes au service de la couronne britannique se mutinent et massacrent les Anglais dans la vallée du Gange. La réaction de la puissance colonisatrice est rapide et efficace : Delhi est reprise dès septembre, et les derniers foyers de résistance sont étouffés à la fin de l'année suivante.		
		1858

DATE	FRANCE	EUROPE
		20 juillet. Lors de l'entrevue secrète de Plombières, Napoléon III accepte de soutenir Cavour militairement en échange de la cession de la Savoie et du comté de Nice.
1859		
		Juin. La guerre d'Italie, commencée à la fin du mois d'avril, tourne à l'avantage des Franco-Piémontais qui remportent deux victoires décisives sur les Autrichiens, à Magenta le 4 et à Solferino le 24.

Monde	Arts et Sciences	Date
	Charles Darwin publie *De l'origine des espèces par voie de sélection naturelle.* Fondé sur son voyage autour du monde à bord du *Beagle*, cet ouvrage représente un tournant dans l'histoire des idées : en offrant une alternative à la conception providentialiste de la création du monde et de l'espèce humaine, le darwinisme favorise la victoire de la science sur la religion. « Dieu est mort », traduira Nietszche en langage philosophique.	1859
17 février. La prise de Saïgon par les troupes françaises est la première étape de la conquête de la Cochinchine, qui sera achevée en 1867.		
	29 août. L'Américain Edwin Drake fore le premier puits de pétrole à Titusville, Pennsylvanie, et atteint une nappe à un peu plus de 20 mètres de profondeur. Après	

Date	France	Europe
1860	24 mars. Le traité de Turin donne à la France la Savoie et le comté de Nice. Ces rattachements sont ratifiés le mois suivant par des plébiscites.	
		11 août. Soutenu par Cavour, Garibaldi débarque en Sicile à la tête de l'expédition des Mille. 7 septembre. Maîtres de la Sicile, Garibaldi et ses Chemises rouges entrent en vainqueur dans Naples, où ils accueillent Victor-Emmanuel II le 7 novembre.
	24 novembre 1860. Le rétablissement du droit d'adresse, qui ren-	

Monde	Arts et Sciences	Date
	le charbon et le fer, l'« or noir » va dominer la deuxième étape de la révolution industrielle.	
		1860
Août. Un corps expéditionnaire français commandé par le général Beaufort d'Hautpoul débarque au Liban pour mettre fin au massacre des chrétiens maronites perpétré par les Druzes avec le soutien des Ottomans.		
21 septembre. La seconde guerre de l'Opium, déclenchée en 1856, s'achève par la victoire des troupes franco-anglaises à Palikao. Après le sac du Palais d'Eté et l'occupation de Pékin le mois suivant, la Chine est contrainte d'ouvrir son territoire aux missionnaires et aux commerçants occidentaux.		

DATE	FRANCE	EUROPE
	force le rôle des députés, marque le début d'un assouplissement du régime : à l'Empire autoritaire succède l'Empire libéral.	
1861		3 mars. Alexandre II décrète l'abolition du servage. Cette réforme fondamentale, qui affranchit plus de vingt millions de paysans, va permettre une modernisation à marche forcée de la Russie au cours des vingt années suivantes : essor commercial et industriel, création de grandes banques, construction d'un réseau ferroviaire. 17 mars. Victor-Emmanuel II est proclamé roi d'Italie. La réunification est achevée, à l'exception de Venise, qui sera annexée en 1866, et de Rome, qui deviendra la capitale du nouvel Etat en 1870.

Monde	Arts et Sciences	Date
20 décembre. L'élection du républicain Abraham Lincoln, partisan de l'abolition de l'esclavage, provoque la sécession de onze Etats du Sud. Ils constituent les Etats confédérés d'Amérique et installent leur capitale à Richmond.		
		1861
12 avril. Début de la guerre de Sécession, qui oppose le Sud des Etats-Unis, agricole et esclavagiste, au Nord industriel et abolitionniste. Elle ouvre une nouvelle ère de l'histoire militaire par l'emploi des chemins de fer et d'armes		

DATE	FRANCE	EUROPE
1862		8 octobre. Guillaume Ier, roi de Prusse depuis l'année précédente, appelle Otto von Bismarck à la présidence du Conseil. Les deux hommes vont être les artisans de l'unité allemande.
1863	Dix ans après le Crédit mobilier des frères Pereire, quatre ans après la Société générale, le Crédit lyonnais voit le jour.	Naissance de la Croix-Rouge internationale, sous l'impulsion du Genevois Henri Dunant.
		Janvier. Une insurrection éclate en Pologne contre la domination russe. Elle est brutalement réprimée par l'armée tsariste au début de l'année suivante et entraîne l'émigration de nombreux patriotes.
	Juin. Napoléon III nomme Victor Duruy ministre de l'Instruction publique. Sans pouvoir donner à sa politique l'ampleur qu'il aurait	

MONDE	ARTS ET SCIENCES	DATE
nouvelles telles que les cuirassés, les torpilles et les mines.		
Janvier. Alors que les Etats-Unis sont occupés par la guerre de Sécession, un corps expéditionnaire français débarque au Mexique dans le but de créer un vaste empire catholique en Amérique latine.	A 82 ans, Ingres peint l'une de ses œuvres maîtresses, *le Bain turc.* **Dans son exil de Guernesey, Victor Hugo achève un roman commencé en 1845, *les Misérables.*** **Début de la construction de l'Opéra de Paris, de Charles Garnier. Les travaux se poursuivront jusqu'en 1875.** **Edouard Manet fait scandale avec *le Déjeuner sur l'herbe*, souvent considéré comme un manifeste de la peinture nouvelle.**	1862
	Pierre Larousse publie les premiers fascicules d'un ouvrage monumental destiné à égaler l'*Encyclopédie* de Diderot et d'Alembert, le *Grand Dictionnaire universel du XIXe siècle.*	1863

DATE	FRANCE	EUROPE
	souhaité, celui-ci développe l'enseignement primaire, ainsi que les cours pour les jeunes filles et pour les adultes.	
1864		1er février. Guerre des Duchés. La Prusse et l'Autriche interviennent contre le Danemark et obtiennent la cession du Schleswig et du Holstein, peuplés en majorité d'Allemands. Les deux duchés seront annexés par la Prusse en 1866.

Monde	Arts et Sciences	Date
7 juin. Après le sacrifice de la Légion étrangère à Camerone le 30 avril et la prise de Puebla en mai, les Français entrent en vainqueurs dans Mexico. **Juillet. Menacé par ses puissants voisins, le Siam et l'Annam, le roi Norodom place le Cambodge sous le protectorat de la France. A partir des années 1880, celle-ci incorporera progressivement le royaume dans l'ensemble indochinois.** **1er-3 juillet. La bataille de Gettysburgh marque le tournant de la guerre de Sécession : après une série de victoires, les troupes sudistes du général Robert Lee subissent une lourde défaite.** 10 juillet. L'archiduc Maximilien d'Autriche, frère de François-Joseph, accepte la couronne impériale mexicaine.		
		1864

DATE	FRANCE	EUROPE
1865	25 mai. La loi Emile Ollivier reconnaît le droit de grève aux ouvriers.	28 septembre. A Londres, Karl Marx prononce l'adresse inaugurale lors de la fondation de l'Association internationale des travailleurs, également appelée Ière Internationale.

MONDE	ARTS ET SCIENCES	DATE
19 juillet. Soutenues par les Occidentaux, les troupes de Pékin reprennent Nankin et écrasent les Taiping qui menaçaient directement le pouvoir de la dynastie mandchoue depuis treize ans.		
	Fedor Dostoïevski publie *Crime et Châtiment* tandis que Léon Tolstoï commence *Guerre et Paix.* Un an après *les Malheurs de Sophie*, de la comtesse de Ségur, la littérature enfantine s'enrichit d'un nouveau chef-d'œuvre : *Alice au pays des merveilles*, de Lewis Carroll.	1865
9 avril. Les généraux nordistes Ulysses Grant et William Sherman contraignent Lee à capituler à Appomattox. Les derniers Sudistes cessent le combat à la fin du mois. Malgré l'assassinat du président Lincoln le 14 avril, la guerre de Sécession, qui a coûté la vie à plus de 600 000 hommes, se solde par la victoire totale du Nord industriel.		

Date	France	Europe
1866		3 juillet. Bismarck attaque l'Autriche et écrase son armée à Sadowa. Cette victoire lui permet de soustraire les vingt-deux Etats de l'Allemagne du Nord à l'influence autrichienne et de préparer la phase ultime de la réunification autour de la Prusse.
1867		8 février. Affaibli par Sadowa, l'empereur François-Joseph accorde son

Monde	Arts et Sciences	Date
Décembre. Alors que l'esclavage est démantelé dans les Etats du Sud, une société secrète est fondée pour interdire la participation des Noirs aux élections : le Ku Klux Klan.		
	Paul Verlaine s'impose à 22 ans comme l'un des grands magiciens de la langue française avec ses *Poèmes saturniens.* **En décrivant ses travaux sur l'hybridation des pois, le religieux autrichien Gregor Mendel fonde une science nouvelle, la génétique.** Le chimiste suédois Alfred Nobel invente la dynamite.	1866
	Publication du premier livre du *Capital*, l'ouvrage fondamental de Karl Marx. Les deux suivants seront publiés après sa mort par son ami Friedrich Engels en 1884 et 1895. Tandis que Johann Strauss compose la plus illustre de toutes les valses, *le Beau Danube bleu*, Jean-Baptiste Clément écrit *le Temps des cerises.*	1867

DATE	FRANCE	EUROPE
		autonomie à la Hongrie. C'est la naissance de la monarchie dualiste d'Autriche-Hongrie, qui durera jusqu'en 1918.
1868		
1869		

Monde	Arts et Sciences	Date
12 mars. Incapable de venir à bout de la guérilla dirigée par le général Juarez et soutenue par les Etats-Unis, le corps expéditionnaire française rembarque à Vera Cruz.		
13 mars. Les Etats-Unis achètent l'Alaska à la Russie.		
19 juin. L'empereur Maximilien est fusillé et la république mexicaine restaurée.		
Après le renversement du dernier des Tokugawa, le shogunat est aboli et le pouvoir restitué à l'empereur Mutsuhito. Celui-ci s'installe à Edo, qui prend le nom de Tokyo. C'est le début de l'ère Meiji (« gouvernement éclairé »), qui va durer jusqu'en 1912 et voir le Japon s'engager résolument dans la voie de l'ouverture sur le monde et de la modernisation.	**Douze ans après le squelette de Neandertal, près de Düsseldorf, des restes humains sont mis au jour sur le site de Cro-Magnon, en Dordogne. Ces découvertes vont permettre l'essor des études préhistoriques.** Première exécution d'*Un requiem allemand*, la composition la plus ambitieuse de Johannes Brahms.	1868
	Auguste Renoir et Claude Monet peignent côte à côte *la Grenouillère.*	1869
10 mai. Jonction, dans l'Utah, des rails de l'Union Pacific et de la Central Pacific : une ligne ferroviaire relie désormais la côte atlantique à la Californie.		

DATE	FRANCE	EUROPE
	24 mai. Les élections révèlent une poussée des différentes oppositions : légitimistes, catholiques, libéraux et républicains regroupés autour de Gambetta.	
1870	A la fin du second Empire, un réseau ferroviaire de plus de 20 000 kilomètres dessert la majorité des grandes villes françaises.	
	12 janvier. Dix jours après la formation du ministère Emile Ollivier, d'inspiration libérale, les obsèques du journaliste Victor Noir, assassiné par le prince Pierre Bonaparte, sont l'occasion d'une grande manifestation républicaine.	
	8 mai. Un plébiscite approuve à une très large majorité la politique de réformes engagée par l'Empereur.	
		13 juillet. Au terme d'une très vive polémique, le premier concile du Vatican adopte le dogme de l'infaillibilité pontificale.
		13 juillet. Alors que le différend franco-prussien relatif à la candida-

Monde	Arts et Sciences	Date
17 novembre. L'impératrice Eugénie inaugure le canal de Suez creusé en dix ans par Ferdinand de Lesseps. Cet ouvrage d'art bouleverse les lignes de navigation commerciale et modifie en profondeur les équilibres stratégiques.		
	Jules Verne publie chez Hetzel le plus illustre de ses *Voyages extraordinaires* : *Vingt mille lieues sous les mers.*	1870

DATE	FRANCE	EUROPE
		ture d'un Hohenzollern au trône d'Espagne était sur le point de s'apaiser, Bismarck et le chef de l'état-major Moltke provoquent sciemment un incident diplomatique en tronquant un message télégraphique. C'est la fameuse dépêche d'Ems, destinée à hâter l'unité allemande au moyen d'un conflit avec la France.
		19 juillet. La France déclare la guerre à la Prusse, autour de laquelle se regroupe la totalité des Etats allemands. Très supérieures en nombre, bien commandées et dotées d'un équipement moderne, les armées de Guillaume Ier l'emportent aussitôt sur tous les fronts.
		2 septembre. La capitulation de Napoléon III, encerclé dans Sedan, entraîne la chute du second Empire.
	4 septembre. La nouvelle du désastre de Sedan entraîne la déchéance de Napoléon III, la proclamation de la république à l'hôtel de ville de Paris et la formation du gouvernement de la Défense nationale, présidé par le général Trochu. C'est la naissance de la 3e République, qui durera jusqu'au 10 juillet 1940.	
		18 septembre. Début du siège de Paris par les Prussiens. Il se prolonge jusqu'au 28 janvier 1871.

Monde	Arts et Sciences	Date

Date	France	Europe
		7 octobre. Léon Gambetta fuit Paris assiégée à bord d'un ballon. Il va lever 600 000 hommes afin de poursuivre la guerre contre la Prusse.
		27 octobre. La capitulation du maréchal Bazaine à Metz permet aux Prussiens de libérer des troupes pour arrêter la contre-offensive des armées de Gambetta sur la Loire.
1871		18 janvier. Proclamation de l'Empire allemand dans la galerie des Glaces du château de Versailles : c'est la naissance du Deuxième Reich, qui durera jusqu'en 1918. Le roi de Prusse Guillaume Ier est

MONDE	ARTS ET SCIENCES	DATE
24 octobre. Le décret Adolphe Crémieux accorde la citoyenneté française aux Juifs d'Algérie.		
Chargé de retrouver Livingstone, le journaliste britannique Henry Morton Stanley rencontre le célèbre explorateur dans des circonstances légendaires au bord du lac Tanganyka.	Désireux de donner un pendant à *la Comédie humaine* de Balzac, Emile Zola publie *la Fortune des Rougon*, premier volume d'un cycle romanesque qui en comptera 20, *les Rougon-Macquart*. Autodidacte et visionnaire, l'archéologue allemand Heinrich Schliemann met au jour les ruines de Troie, la cité de l'*Iliade*. Le communard Eugène Pottier écrit les paroles de *l'Internationale*, qui sera mise en musique par Pierre Degeyter en 1888, et qui deviendra l'hymne des partis socialistes et communistes.	1871

Date	France	Europe
		le premier souverain de l'Allemagne réunifiée et Bismarck son premier chancelier.
		28 janvier. Malgré la résistance de ses armées régionales, le gouvernement de la Défense nationale est contraint de signer l'armistice à Versailles, le jour de la capitulation de Paris.
	8 février. Conformément aux clauses de l'armistice, des élections législatives sont organisées : elles donnent une large majorité aux monarchistes favorables à la paix.	
	12 février. Le gouvernement de la Défense nationale remet ses pouvoirs à l'Assemblée nationale réunie à Bordeaux, et qui s'installe à Versailles le 20 mars.	
	17 février. Adolphe Thiers est désigné comme chef du pouvoir exécutif.	
	18 mars. Une insurrection populaire éclate dans la capitale et amène au pouvoir la Commune de Paris, constituée de blanquistes, de jacobins, de révolutionnaires de diverses tendances et de membres de la Ière Internationale. La Commune n'aura guère le temps de mettre en œuvre sa politique de réformes sociales, car Thiers organise très vite une contre-offensive.	

MONDE	ARTS ET SCIENCES	DATE

Date	France	Europe
		10 mai. Par le traité de Francfort, la France doit céder le Bas-Rhin, le Haut-Rhin et une partie de la Lorraine comprenant Metz et Thionville. La question de l'Alsace-Lorraine va dominer les relations internationales pendant les quatre décennies suivantes et contribuer au déclenchement de la Première Guerre mondiale.
	21-28 mai. Les Versaillais, autrement dit les troupes gouvernementales, écrasent la Commune au cours de la « semaine sanglante ». Le bilan de cette révolution manquée est très lourd : plus de 20 000 morts, des milliers de communards déportés en Nouvelle-Calédonie et d'importantes destructions (Tuileries, Hôtel de Ville).	
	31 août. Thiers devient le second président de la République après Louis-Napoléon Bonaparte (1848-1852).	
1872	La France, amputée de l'Alsace-Lorraine, ne compte plus que 36 millions d'habitants.	
1873		
	24 mai. La majorité monarchiste de l'Assemblée renverse Thiers et le	

Monde	Arts et Sciences	Date
	Impression, soleil levant de Claude Monet donne son nom à l'école qui va révolutionner la peinture occidentale : l'impressionnisme.	1872
	L'Américain Philo Remington entreprend la fabrication en série de machines à écrire.	1873

DATE	FRANCE	EUROPE
	remplace par l'un des siens, le maréchal de Mac-Mahon. Octobre. Bien que les orléanistes se soient ralliés au prétendant légitimiste, le comte de Chambord, l'obstination de ce dernier empêche la restauration de la monarchie : il refuse la couronne aussi longtemps que le drapeau tricolore n'aura pas été remplacé par le drapeau blanc. 20 novembre. Devant l'échec de son projet de restauration, l'Assemblée prolonge le mandat de Mac-Mahon. Dès lors, le régime républicain va rallier de nombreux conservateurs et s'enraciner dans le pays.	
1874		
1875		
	16 juillet. Une loi constitutionnelle vient compléter celles des 24 et 25 février. La constitution de la IIIe République comporte des dispositions qui demeurent long-	

Monde	Arts et Sciences	Date
	Agé de 19 ans, Arthur Rimbaud confie le manuscrit des *Illuminations* à son ami Verlaine et abandonne pour toujours la poésie. Ses voyages le conduiront jusqu'au cœur de l'Ethiopie. Le Norvégien Gerhard Hansen découvre le bacille de la lèpre.	1874
	Première représentation à Paris de *Carmen*, opéra de Georges Bizet, d'après le conte de Prosper Mérimée.	1875

DATE	FRANCE	EUROPE
	temps en vigueur : élection du président pour sept ans, Chambre des députés élue au suffrage universel, mandat de neuf ans pour les sénateurs.	
1876		
1877		

Monde	Arts et Sciences	Date
	A l'occasion de l'inauguration du théâtre des festivals à Bayreuth, le cycle complet de la *Tétralogie* wagnérienne est représenté pour la première fois : *l'Or du Rhin, la Walkyrie, Siegfried, le Crépuscule des dieux.* Tchaïkovski compose la musique du ballet *le Lac des cygnes.* L'Américain Graham Bell invente le téléphone, qui remporte aussitôt un immense succès.	1876
27 avril. A l'instigation du Premier ministre Disraeli, la reine Victoria devient impératrice des Indes. 25 juin. La victoire des Sioux de Sitting Bull sur le détachement du général Custer à Little Big Horn est l'épisode le plus fameux des guerres indiennes, qui endeuillent l'Ouest américain depuis le début des années 1860.		
	L'Américain Thomas Edison invente le phonographe un an avant de mettre au point la lampe électrique à incandescence. Au cours de sa carrière fertile, il déposera plus d'un millier de brevets.	1877

Date	France	Europe
	16 mai. A la suite d'un conflit entre le président Mac-Mahon et le ministère républicain de Jules Simon, celui-ci est renvoyé, et la Chambre est dissoute le mois suivant. 28 octobre. Les élections législatives ayant ramené une majorité républicaine grâce à une campagne vigoureuse menée par Léon Gambetta, Mac-Mahon se soumet à la voix des urnes.	
1878		3 mars. Le traité de San Stefano sanctionne la victoire d'Alexandre II dans la guerre engagée contre la Turquie en avril 1877. La Roumanie, la Serbie et le Monténégro se voient reconnaître leur indépendance ; la Bosnie et l'Herzégovine obtiennent leur autonomie ; les Russes accentuent leur influence dans les Balkans en créant une « Grande Bulgarie ». 13 juillet. Réunies au congrès de Berlin, les puissances européennes tempèrent les avantages des Russes en réduisant le territoire bulgare et en confiant l'administration de la Bosnie-Herzégovine à l'Autriche. Les Balkans deviennent alors une véritable poudrière, les luttes d'in-

Monde	Arts et Sciences	Date
Le roi des Belges Léopold II se lance peu à peu dans la conquête du Haut-Congo en puisant dans sa fortune personnelle et en obtenant l'aide de Stanley.	L'Américain George Eastman met au point la plaque photographique au gélatino-bromure d'argent, procédé à l'origine de la fondation de la compagnie Kodak en 1892.	1878

Date	France	Europe
		fluence entre les grandes puissances s'ajoutant aux rivalités qui opposent les nouveaux Etats.
1879		
	30 janvier. Ses adversaires ayant conquis la majorité au Sénat, Mac-Mahon démissionne. C'est la victoire de la « République des républicains », qui se traduit par l'élection de Jules Grévy à la présidence et par le retour des deux assemblées à Paris, après huit ans de séjour à Versailles.	
1880		
	21 juin. Une loi d'amnistie est votée en faveur des condamnés de la Commune.	

MONDE	ARTS ET SCIENCES	DATE
	L'Allemand Werner von Siemens fabrique la première locomotive électrique.	1879
	Gustave Flaubert meurt dans sa maison de Croisset, près de Rouen, en laissant inachevé l'un des romans les plus étranges du XIXe siècle, *Bouvard et Pécuchet.* Son héritier spirituel, Guy de Maupassant, était devenu célèbre quelques mois plus tôt grâce à *Boule de Suif.* Auguste Rodin achève le plâtre du *Penseur*, dont le bronze ne sera réalisé qu'en 1904 dans sa version définitive.	1880
29 juin. Abdication du roi Pomaré V, qui cède ses droits à la France : Tahiti et ses dépendances deviennent une colonie française.		

Date	France	Europe
	23 septembre. Jules Ferry devient président du Conseil. Dans un contexte d'instabilité gouvernementale, il sera le seul à pouvoir mener une politique à long terme dans ses trois domaines de prédilection : liberté de la presse et de réunion, éducation, essor de l'Empire colonial.	
1881		13 mars. Après une série d'attentats manqués, le tsar Alexandre II est victime d'une bombe. Abandonnant l'esprit réformateur de son père, Alexandre III engage une politique de répression contre les groupes révolutionnaires et de rétablissement de l'autocratie.
1882		

MONDE	ARTS ET SCIENCES	DATE
10 septembre. Pierre Savorgnan de Brazza signe un traité avec le chef des Tékés, qui concède à la France le futur Congo-Brazzaville.		
Lesseps lance les travaux du canal de Panama, qui sera achevé en 1914 par les Américains.		1881
12 mai. Un mois après une intervention militaire ordonnée par Jules Ferry, le traité du Bardo place la Tunisie sous protectorat français.		
	L'Allemand Robert Koch publie une étude sur le bacille de la tuberculose auquel il a donné son nom. Il découvrira l'année suivante le bacille du choléra. Un an avant sa mort, Wagner crée à Bayreuth son dernier opéra, *Parsifal*.	1882

Date	France	Europe
	28 mars. Après la loi du 16 juin 1881 qui instituait la gratuité de l'école primaire, une seconde loi précise qu'elle est désormais laïque et obligatoire. C'est le début d'une œuvre immense qui est confiée aux instituteurs, les « hussards noirs de la République ». Ces mesures s'accompagnent de la création des premiers lycées de jeunes filles.	
1883		
1884	21 mars. La loi Waldeck Rousseau, qui autorise les associations professionnelles, est à l'origine du développement des syndicats ouvriers.	

Monde	Arts et Sciences	Date
Septembre. Après s'être emparée de Chypre (1878) et du Nigeria (1879), la Grande-Bretagne impose à l'Egypte un protectorat de fait. Ses troupes occuperont le pays jusqu'en 1936.		
Reprenant un processus de colonisation interrompu au XVIIe siècle, Jules Ferry engage la conquête de Madagascar.	L'architecte catalan Antonio Gaudi commence à édifier l'église de la Sagrada Familia à Barcelone.	1883
		1884
15 novembre. Ouverture de la conférence de Berlin, au cours de laquelle les puissances coloniales délimitent leurs zones d'influence en Afrique. Elle reconnaît en particulier l'indépendance du Congo, dont le roi des Belges Léopold II est le souverain à titre personnel.		

Date	France	Europe
1885	30 mars. L'incident de Lang Son (revers provisoire durant la guerre franco-chinoise) provoque la chute de Jules Ferry, surnommé « le Tonkinois » pour son action en faveur de l'expansion coloniale. La IIIe République entre dans une ère	

Monde	Arts et Sciences	Date
Décembre. A la faveur de la conférence de Berlin, l'Allemagne instaure un protectorat dans le nord-ouest de la Nouvelle-Guinée. A la même époque, elle se prépare à rejoindre les autres puissances coloniales en affirmant ses visées sur le Cameroun, le Togo, le Sud-Ouest africain et l'Afrique Orientale allemande ou Tanganyka.		
	En organisant de grandioses funérailles nationales pour Victor Hugo, la IIIe République rend hommage au poète le plus populaire de son temps, mais aussi à l'irréductible opposant au second Empire. **Louis Pasteur applique son vaccin contre la rage au petit Alsacien Joseph Meister. Ce formidable succès est le couronnement d'un demi-siècle de recherches sur les fermentations lactiques et alcooliques, et sur les maladies des vers à soie, des poules et des porcs. L'Institut Pasteur sera inauguré le 14 novembre 1888.** Désireux de faire « du Poussin sur nature », Paul Cézanne peint *la Sainte-Victoire.*	1885

Date	France	Europe
	d'instabilité aggravée par les difficultés économiques et les mouvements sociaux.	
1886		Après avoir fait voter en 1881 une importante loi agraire pour l'Irlande, le Premier ministre britannique William Gladstone se rallie aux partisans du Home Rule, autrement dit de l'autonomie. Mais le Parlement s'oppose à ses projets. Il échouera de nouveau en 1893, le Home Rule n'étant finalement accordé à l'Irlande qu'en mai 1914.
1887	**20 avril. L'affaire Schnaebelé, simple incident diplomatique avec**	

Monde	Arts et Sciences	Date
9 juin. A la suite de la victoire de l'amiral Courbet dans la guerre sino-française engagée deux ans plus tôt, Pékin reconnaît le protectorat français sur l'Annam et le Tonkin. En 1887, ces deux régions formeront avec la Cochinchine et le Cambodge l'Union indochinoise (à laquelle le Laos sera incorporé en 1893).		
La défaite des Apaches dirigés par Geronimo marque la fin des combats dans le sud-ouest des Etats-Unis. 1er janvier. Au terme de trois guerres de conquête (1824-1826, 1852, 1885), la Birmanie devient une province de l'empire des Indes.	**Les Allemands Gottlieb Daimler et Carl Benz fabriquent les premières automobiles à essence.** Trois ans après *l'Ile au trésor*, l'Ecossais Robert Louis Stevenson publie *Docteur Jekyll et Mister Hyde*. **Erection dans la rade de New York de *la Liberté éclairant le monde*, œuvre du sculpteur français Auguste Bartholdi, sur une armature en fer de Gustave Eiffel.**	1886
	Naissance d'un mythe littéraire : Sherlock Holmes et le Dr Watson font leur première apparition dans *Une étude en rouge* d'Arthur Conan Doyle. Le Polonais Zamenhof invente une langue universelle, l'esperanto, dans l'espoir de rapprocher les peuples.	1887

Date	France	Europe
	l'Allemagne, met en valeur l'attitude très ferme du ministre de la Guerre, le général Georges Boulanger. Celui-ci rassemble autour de sa personne les déçus de la république : monarchistes, bonapartistes, nationalistes passionnément attachés à l'Alsace-Lorraine.	
	2 décembre. La découverte d'un trafic de décorations organisé par Daniel Wilson, le gendre du président Jules Grévy, entraîne la démission de celui-ci et accentue la crise boulangiste.	
1888	31 mars. Mise à la retraite du général Boulanger. En avril et en août, il remporte des scrutins législatifs dans toute une série de départements et mesure ainsi sa grande popularité.	
1889		

Monde	Arts et Sciences	Date
Les Français construisent au débouché du canal de Suez la ville de Djibouti, qui deviendra en 1896 la capitale de la Côte française des Somalis.	**A Turin, juste avant le nouvel an, Friedrich Nietzsche sombre dans la folie. Au cours des années suivantes, l'auteur obscur de *Par-delà le bien et le mal* va devenir le philosophe le plus lu d'Europe occidentale.** **A vingt-huit ans, Anton Tchekhov rejoint Dostoïevski et Tolstoï au panthéon de la littérature russe avec *la Steppe.***	1888
Après s'être établis en Erythrée, les Italiens signent une série de traités de protectorat avec les chefs de la côte somalienne.	**Principale attraction de l'Exposition, la tour en fer érigée sur le Champ-de-Mars par Gustave Eiffel devient dans le monde entier le monument symbolique de Paris.**	1889

DATE	FRANCE	EUROPE
	27 janvier. Boulanger est élu triomphalement député de Paris. L'armée et la police basculent dans son camp. Mais alors qu'il ne lui reste plus qu'à marcher sur Paris pour établir un régime autoritaire, il perd courage.	
	1er avril. La fuite de Boulanger en Belgique est l'épilogue d'une crise politique dont la IIIe République sort renforcée.	
		21 juillet. Treize ans après la dissolution de la Ière Internationale, les socialistes de 23 pays réunis en congrès à Paris fondent la IIe Internationale. Celle-ci sera profondément divisée par les querelles opposant réformistes et révolutionnaires.
1890		Deux ans après la mort de Guillaume Ier, Guillaume II renvoie Bismarck afin de pouvoir gouverner en personne. Ses chanceliers successifs, Caprivi, Hohenlohe, Bülow et Bethmann-Hollweg ne seront que des exécutants.

Monde	Arts et Sciences	Date
	Deux ans après *Otello,* Verdi triomphe une dernière fois à la Scala de Milan avec *Falstaff.* Vincent Van Gogh peint l'*Autoportrait à l'oreille coupée* un an avant de se suicider.	
Grand artisan de l'instauration du protectorat britannique sur le Bechuanaland puis sur les territoires qui formeront la Rhodésie, Cecil Rhodes est élu Premier ministre de la colonie du Cap. Il prône la création d'une vaste colonie englobant toute l'Afrique australe et la construction d'une voie ferrée remontant jusqu'au Caire.		1890

DATE	FRANCE	EUROPE
1892	Septembre. Révélation du scandale de Panama, lié à la liquidation judiciaire de la Compagnie fondée par Ferdinand de Lesseps. Les accords passés entre des hommes d'affaires véreux, plusieurs ministres et une centaine de députés discréditent la classe politique et engendrent un climat antisémite dans lequel va éclater l'affaire Dreyfus.	
1894	24 juin. Une vague d'attentats anarchistes (Ravachol, Vaillant)	

MONDE	ARTS ET SCIENCES	DATE
29 décembre. Deux semaines après l'assassinat de Sitting Bull, le massacre de près de 400 Sioux à Wounded Knee tient lieu d'épilogue aux guerres indiennes.		
	Tandis que Paul Gauguin accomplit son premier séjour à Tahiti, Henri de Toulouse-Lautrec peint *Au Moulin-Rouge.*	1892
Quatre ans après s'être installés au Kenya, les Britanniques s'emparent de l'Ouganda.	Rudyard Kipling évoque les splendeurs de l'empire des Indes dans *le Livre de la jungle.* Le Français Alexandre Yersin découvre à Hongkong le microbe de la peste.	1894
23 juin. Sous l'impulsion du baron Pierre de Coubertin, le congrès de Paris décide le rétablissement des jeux Olympiques après quinze siècles d'interruption. Les premiers Jeux de l'ère moderne s'ouvriront à Athènes deux ans plus tard.		

Date	France	Europe
	culmine avec l'assassinat du président de la République, Sadi Carnot par Caserio.	
	24 septembre. Une femme de ménage travaillant à l'ambassade d'Allemagne découvre dans une corbeille à papiers un bordereau envoyé par un officier français. C'est le début de l'affaire Dreyfus, du nom du capitaine accusé à tort d'espionnage, dégradé et déporté en Guyane le 22 décembre.	
		1er novembre. Le tsar Nicolas II succède à son père Alexandre III quelques mois après la conclusion de l'alliance franco-russe, élément essentiel des relations internationales jusqu'à la Première Guerre mondiale.
1895		

Monde	Arts et Sciences	Date
27 juillet. Début de la guerre sino-japonaise. La destruction de la flotte chinoise à Weihaiwei débouche en août 1895 sur le traité de Shimonoseki, qui autorise le Japon à occuper l'île de Formose et à établir un protectorat en Corée.		
	Les frères Auguste et Louis Lumière inventent le cinématographe et réalisent les premiers films de l'histoire du septième art : *la Sortie des usines Lumière à Lyon* ou encore *l'Arrivée d'un train en gare de La Ciotat.*	1895
16 juin. Fondation de l'Afrique-occidentale française (A.-O. F.),		

Date	France	Europe
1896		

MONDE	ARTS ET SCIENCES	DATE
qui regroupe la Mauritanie, le Sénégal, le Soudan, le Niger, la Haute-Volta, la Guinée française, la Côte-d'Ivoire et le Dahomey). Trois ans plus tard, la conquête de ces immenses territoires trouve son épilogue dans la capture de Samory Touré, le plus grand adversaire des Français, par le capitaine Gouraud.		
	Création de *la Bohême* de Giacomo Puccini. *La Tosca* suivra en 1900, *Madame Butterfly* en 1904. **L'Italien Guglielmo Marconi met au point le procédé de télégraphie sans fil (T.S.F.), c'est-à-dire la radio.** Le physicien français Henri Becquerel découvre le phénomène de la radioactivité en étudiant les sels d'uranium.	1896
1er mars. Les tentatives d'expansion des Italiens en Ethiopie débouchent sur la bataille d'Adoua, où le négus Melik anéantit leur corps expéditionnaire.		
6 août. Annexion de Madagascar par la France et début des réformes administratives et économiques du général Gallieni, qui en sera le gouverneur jusqu'en 1905.		
17 août. La découverte de métal jaune dans un affluent du Klondike provoque une nouvelle ruée vers l'or dans le Nord-Ouest canadien et en Alaska.		

Date	France	Europe
1897		Août. Très impressionné par l'affaire Dreyfus et par les pogroms qui affectent les communautés israélites de Pologne et de Russie, le journaliste hongrois Theodor Herzl réunit à Bâle le premier congrès sioniste. Son action conduira à l'installation de nombreux Juifs en Palestine, et indirectement à la fondation de l'Etat d'Israël.
1898		L'amiral von Tirpitz lance un programme de constructions navales qui portera la marine de guerre allemande au deuxième rang mondial et qui menacera l'hégémonie britannique, contribuant ainsi au déclenchement de la Première Guerre mondiale.
	13 janvier. Dans les colonnes de *l'Aurore*, Emile Zola publie *J'accuse*, lettre ouverte au président de la République dans laquelle il dénonce les manigances par lesquelles l'état-major a fait condamner un innocent pour couvrir le vrai coupable, le commandant Esterhazy. L'affaire Dreyfus déchaîne	

MONDE	ARTS ET SCIENCES	DATE
	Cyrano de Bergerac* remporte l'un des triomphes les plus fracassants de l'histoire du théâtre français. Edmond Rostand récidivera en 1900 avec *l'Aiglon. L'ingénieur allemand Rudolf Diesel fait fonctionner le moteur à combustion interne qui porte son nom.	1897
	En traitant des échantillons de pechblende, Pierre et Marie Curie parviennent à isoler le polonium et le radium. Stéphane Mallarmé meurt en laissant derrière lui l'œuvre poétique la plus originale du XIXe siècle.	1898

DATE	FRANCE	EUROPE
	alors les passions, à commencer par l'antisémitisme. La France se divise en deux camps radicalement opposés : dreyfusards et antidreyfusards.	
1899	Juillet. Première parution de l'*Action française.* Cette revue nationaliste et royaliste va donner naissance à un mouvement politique dont les chefs seront Charles Maurras et Léon Daudet. Elle aura une	

Monde	Arts et Sciences	Date
25 avril. Début de la guerre hispano-américaine, qui va se dérouler sur deux fronts : les Antilles et les Philippines.		
10 juillet. La colonne Marchand plante le drapeau tricolore à Fachoda, sur le cours supérieur du Nil. L'arrivée du Britannique Kitchener en septembre provoque une tension très vive entre les deux grandes puissances coloniales. L'incident se conclut le 7 novembre par le retrait des troupes françaises.		
10 décembre. Contrainte de signer le traité de Paris après une défaite complète, l'Espagne abandonne les derniers lambeaux de son empire colonial. Elle reconnaît l'indépendance de Cuba et cède aux Etats-Unis les Philippines et Porto Rico.		
	Grâce aux pneumatiques des frères Michelin, l'automobile électrique de Jenatzy atteint pour la première fois la vitesse de 100 km/h.	1899

DATE	FRANCE	EUROPE
	grande audience jusqu'à la Seconde Guerre mondiale.	
	Août. Une expertise démontre que le bordereau attribué à Dreyfus est un faux, ce qui provoque le suicide du colonel Henry et une série de démissions.	
	19 septembre. Le président de la République Emile Loubet gracie Dreyfus, qui est libéré peu après. Mais il faudra attendre juillet 1906 pour qu'Alfred Dreyfus soit réhabilité et réintégré dans l'armée.	
1900		

Monde	Arts et Sciences	Date
12 octobre. Début de la guerre des Boers, opposant les colons d'origine néerlandaise de la république du Transvaal et de l'Etat libre d'Orange aux Britanniques. Face à la résistance acharnée des Boers, le général Kitchener mettra en œuvre des mesures de répression féroces, allant jusqu'au regroupement des femmes et des enfants dans des camps de concentration.		
	Trois ans après avoir défini le complexe d'Œdipe, Freud publie *L'Interprétation des rêves*, pierre angulaire de la théorie psychanalytique. L'Autrichien Karl Landsteiner découvre les groupes sanguins. Sous le nom de son mari Willy, Colette publie son premier roman, *Claudine à l'école*.	1900

DATE	FRANCE	EUROPE
	14 avril. Ouverture de l'Exposition universelle, qui modifie le visage de Paris : construction du Grand Palais, du Petit Palais, du pont Alexandre III, de la gare d'Orsay et surtout du métropolitain, dix ans après Londres et quatre ans après Budapest.	
1901		22 janvier. Mort de la reine Victoria au terme d'un règne de soixante-trois ans. Son fils Edouard VII lui succède.
	1er juillet. Le ministère Waldeck-Rousseau fait voter une loi sur les associations visant à restreindre la place des congrégations religieuses dans l'enseignement.	
1902		

Monde	Arts et Sciences	Date
20 juin. Les Boxers, membres d'une société secrète nationaliste, abattent le ministre d'Allemagne Ketteler et assiègent les légations étrangères : c'est le début des 55 jours de Pékin. Les puissances coloniales réagissent par l'envoi d'un corps expéditionnaire international qui entre dans Pékin le 14 août.		
		1901
	Création de *Pelléas et Mélisande*, opéra de Claude Debussy tiré de la pièce de Maurice Maeterlinck. *Le Voyage dans la Lune* de Georges Méliès explore grâce à ses truquages les fabuleuses possibilités du cinéma.	1902
31 mai. La guerre des Boers s'achève avec le traité de Vereeniging,		

Date	France	Europe
	7 juin. Un mois après la victoire électorale du Bloc des gauches, Emile Combes devient président du Conseil. Accentuant la politique anticléricale de Waldeck-Rousseau, il fait fermer 2 500 écoles catholiques dès le 27 juin.	
1903		
	1er-19 juillet. Le premier tour de France cycliste voit la victoire de Maurice Garin.	
		Août. Au congrès de Bruxelles, le parti ouvrier social-démocrate de Russie se divise entre les majoritaires (bolcheviks), dirigés par Lénine et favorables à la dictature du prolétariat, et les minoritaires (mencheviks), beaucoup plus modérés.

Monde	**Arts et Sciences**	**Date**
qui donne à la Grande-Bretagne les Etats boers d'Orange et du Transvaal. En 1910, ceux-ci seront réunis avec le Natal et la province du Cap au sein de l'Union sud-africaine.		
L'Américain Henry Ford fonde la Ford Motor Company, entreprise qui va révolutionner l'industrie automobile mondiale. Il créera le modèle T en 1908 (qui sera fabriqué à 15 millions d'exemplaires) et lancera la construction en série et la standardisation des pièces.	Conformément au testament d'Edmond de Goncourt, l'académie Goncourt décerne son premier prix. Celui-ci jouera vite un rôle essentiel dans la vie littéraire française. Le médecin russe Ivan Pavlov expose pour la première fois à Madrid la notion de réflexe conditionné.	1903

Date	France	Europe
1904		8 avril. La France et la Grande-Bretagne règlent les différents litiges qui les opposaient depuis l'affaire de Fachoda, ce qui permet un rapprochement connu sous le nom d'Entente cordiale et dirigé contre l'Allemagne.
	7 juillet. Le ministère Combes fait voter une loi interdisant aux membres des congrégations religieuses d'exercer tout enseignement.	
1905		

Monde	Arts et Sciences	Date
	17 décembre. A Dayton, Ohio, les frères Wilbur et Orville Wright effectuent les premiers vols propulsés et soutenus à bord du *Flyer*.	
	Anton Tchekhov meurt l'année du triomphe de *la Cerisaie*.	1904
8 février. L'attaque surprise de Port-Arthur par la flotte nippone déclenche la guerre russo-japonaise.		
	E = mc2 : l'Allemand Albert Einstein énonce la théorie de la relativité, qui va révolutionner la physique et permettre, en particulier, la maîtrise de l'énergie nucléaire. Parce qu'un critique a parlé de « cage aux fauves », le terme fauvisme apparaît pour regrouper des peintres tels que Derain, Marquet, Matisse, Van Dongen, Dufy et Vlaminck. Heckel, Kirchner et quelques autres	1905

Date	France	Europe
		22 janvier. « Dimanche rouge » à Saint-Petersbourg. Le massacre de plusieurs centaines de manifestants déclenche la révolution de 1905, au cours de laquelle les défaites militaires infligées par le Japon viennent exacerber les revendications sociales et politiques.
	23 avril. Fondation de la section française de l'internationale ouvrière (S.F.I.O.), résultant de la fusion de plusieurs partis. Dès l'année suivante, les réformistes emmenés par Jean Jaurès l'emportent sur les révolutionnaires marxistes dirigés par Jules Guesde.	

Monde	Arts et Sciences	Date
	peintres forment le groupe *Die Brücke*, qui est à l'origine de l'école expressionniste allemande. **Née à la fin du XIXe siècle, la bande dessinée connaît son premier chef-d'œuvre avec *Little Nemo*, de l'Américain Winsor McCay.**	
31 mars. Lors d'une visite à Tanger, Guillaume II défend l'indépendance marocaine, ce qui provoque une très vive tension avec la France.		
27 mai. Après un échec relatif sur terre (bataille de Moukden en février-mars), la Russie subit un désastre naval à Tsushima. Cet événement a des répercussions immenses dans toute l'Asie : pour		

DATE	FRANCE	EUROPE
		Juin. La mutinerie du cuirassé *Potemkine*, au large d'Odessa, est le point d'orgue d'une série de grèves et de révoltes paysannes.
		7 juin. Le Parlement norvégien prononce la rupture de l'Union avec la Suède. (la capitale, Christiana, prendra le nom d'Oslo le 1er janvier 1925.)
		30 octobre. Nicolas II est contraint d'annoncer la création d'une Douma (assemblée législative) élue au suffrage universel. Cette décision aggrave les divergences entre les différentes composantes de l'opposition et permet au Premier ministre, le comte Witte, d'écraser les derniers foyers de rebellion en janvier 1906.
	9 décembre. La loi de séparation des Eglises et de l'Etat est l'aboutissement des mesures laïques prises par les ministères Waldeck-Rousseau et Combes. Elle s'inscrit	

Monde	Arts et Sciences	Date
la première fois, une nation blanche et colonisatrice est vaincue par un peuple de couleur.		
23 août. Le traité de Portsmouth met fin à la guerre russo-japonaise. La Russie recule en Mandchourie, cède au Japon Port-Arthur et le sud de Sakhaline, et lui reconnaît le droit d'établir un protectorat en Corée.		

DATE	FRANCE	EUROPE
	dans un contexte de rupture des relations diplomatiques avec le Vatican et s'accompagne d'expulsions et de violences. Les querelles religieuses commenceront à s'apaiser à partir de 1907 sous le ministère Clemenceau.	
1906	10 mars. La catastrophe de Courrières, dans le Pas-de-Calais, coûte la vie à 1 200 mineurs et entraîne une grève qui est brutalement réprimée par le ministre de l'Intérieur Georges Clemenceau.	
		7 avril. Fin de la conférence d'Algésiras. Les grandes puissances réussissent à désamorcer l'affrontement franco-allemand provoqué par la visite de Guillaume II à Tanger, tout en reconnaissant les droits de la France sur le Maroc.
		Juillet. En faisant de Stolypine son Premier ministre, Nicolas II entend vider de leur contenu les réformes accordées l'année précédente et réduire les pouvoirs de la Douma.
	13 octobre. La Confédération générale du travail (C.G.T.), fondée en 1895, adopte la charte d'Amiens, dont les deux principes sont l'indépendance absolue du syndicalisme vis-à-vis des partis politiques	

Monde	Arts et Sciences	Date
		1906
18 avril. Un tremblement de terre suivi d'un incendie détruit San Francisco.		

DATE	FRANCE	EUROPE
	et l'engagement sur le terrain de la lutte des classes jusqu'à l'abolition du salariat. 25 octobre. L'accession à la présidence du Conseil de Georges Clemenceau entraîne une rupture entre radicaux et socialistes.	
1907		
	Juin. L'agitation sociale culmine avec la révolte des vignerons du Languedoc. L'armée ayant été engagée par Clemenceau, deux bataillons du 17e régiment d'infanterie se mutinent le 20.	
1908		
1909		

Monde	Arts et Sciences	Date
	Inspirées par Cézanne et le Gréco, mais aussi par l'art nègre, *les Demoiselles d'Avignon* de Pablo Picasso constituent l'acte de naissance du cubisme.	1907
20 août. Conformément au souhait de Léopold II, qui mourra l'année suivante, le Congo devient une colonie belge.		1908
Des militants sionistes créent le premier kibboutz à Deganiyal, en Palestine.	Le poète italien Marinetti publie dans *le Figaro* le premier *Manifeste du futurisme.* Ce mouvement va rassembler des artistes de toutes les disciplines et de nombreux pays, et connaître un essor particulièrement remarquable en Russie. André Gide et quelques amis fondent la Nouvelle revue française (N.R.F.), qui va jouer un rôle de premier plan dans la vie intellectuelle française jusqu'en 1940.	1909

Date	France	Europe
	24 juillet. Clemenceau est remplacé à la présidence du Conseil par Aristide Briand, qui sera l'inspirateur de la politique étrangère française au cours des vingt années suivantes.	
1910		

MONDE	ARTS ET SCIENCES	DATE
	Après *Croc-Blanc*, l'Américain Jack London publie un roman autobiographique, *Martin Eden*. **Les Ballets russes de Serge de Diaghilev remportent un prodigieux succès au théâtre du Châtelet, à Paris. Au cours des vingt années suivantes, de nombreux artistes vont graviter autour de cette compagnie révolutionnaire : Baslav Nijinski, Serge Lifar, George Balanchine, Picasso, Matisse, Braque, Igor Stravinski, Serge Prokofiev, Erik Satie, Francis Poulenc…** **Louis Blériot effectue la première traversée de la Manche entre Calais et Douvres.** Pionnier de l'industrie aéronautique, il fabriquera le célèbre Spad que piloteront les as de la Première Guerre mondiale. L'Américain Leo Baekeland invente la première résine de synthèse, baptisée « bakélite ».	
6 avril. L'Américain Robert Peary atteint le pôle Nord.		
Regroupement au sein de l'Afrique-equatoriale française (A.E.F.) du Gabon, du Moyen-Congo, de l'Oubangui-Chari (future Centrafrique) et du Tchad.	**L'art abstrait, qui va dominer la peinture du XXe siècle, apparaît pour la première fois dans une aquarelle du Russe Vassily Kandinsky.**	1910

DATE	FRANCE	EUROPE
		7 mai. Georges V succède à son père Edouard VII sur le trône de Grande-Bretagne et d'Irlande.
1911		

MONDE	**ARTS ET SCIENCES**	**DATE**
	Les premiers studios de cinéma s'installent à Hollywood.	
Novembre 1910. Début de la révolution mexicaine, dans laquelle s'illustrent deux chefs représentatifs des aspirations populaires : l'Indien Emiliano Zapata au sud et Pancho Villa au nord. La guerre civile ne s'apaisera qu'en 1919.		
	L'Américain Hiram Bingham découvre le Machu Picchu, la cité des Incas que les conquérants espagnols n'avaient jamais réussi à localiser. Le Britannique Ernest Rutherford énonce la théorie de la structure de l'atome.	1911
Juillet. Après l'incident de Tanger, le Maroc est l'objet d'une seconde crise franco-allemande lorsque Guillaume II envoie la canonnière *Panther* à Agadir sous le prétexte affiché de protéger les ressortissants du Reich. Cette crise sera réglée par la convention du 4 novembre, qui voit l'Allemagne abandonner le Maroc à la France en échange d'un accès au Congo.		
29 septembre 1911. L'Italie, désireuse d'agrandir son empire colonial, déclare la guerre à la Turquie et s'empare dès le mois suivant de Tripoli.		

DATE	FRANCE	EUROPE
1912		

Monde	**Arts et Sciences**	**Date**
10 octobre. Une révolution éclate dans la vallée du Yangzi. Elle provoque la chute de la dynastie des Qing et du régime impérial. Ces événements ont entre autres conséquences la division de la Mongolie (la Mongolie extérieure revendique son indépendance, tandis que la Mongolie intérieure demeure fidèle à Pékin) et, dès 1912, la révolte des Tibétains, qui chassent les Chinois de Lhassa avec le soutien des Britanniques.		
14 décembre. Le Norvégien Roald Amundsen parvient au pôle Sud, devançant l'Anglais Robert Scott d'un peu plus d'un mois.		
29 décembre. Sun Yat-sen, le chef du Guomindang, devient président de la république chinoise. Il est remplacé dès l'année suivante par Yuan Shikai, qui rassemble autour de lui les différentes forces politiques.		
	Le Praguois Franz Kafka rédige *la Métamorphose*, nouvelle qui ne sera publiée que quatre ans plus tard. *Pierrot lunaire* attire l'attention du public sur les recherches atonales du compositeur autrichien Arnold Schönberg, qui conduiront au début des années 1920 au dodécaphonisme ou musique sérielle.	1912
30 mars. Après avoir obtenu l'accord de l'Allemagne, la France		

Date	France	Europe
		18 octobre. Profitant de la défaite des Turcs face à l'Italie, la Serbie, le Monténégro, la Bulgarie et la Grèce engagent la première guerre balkanique dans le but de les chasser d'Europe. Les opérations tournent aussitôt à l'avantage des coalisés.
1913		

MONDE	ARTS ET SCIENCES	DATE
instaure son protectorat sur le Maroc par la convention de Fès. En avril, Lyautey est nommé résident général (il le restera jusqu'en 1925) et chargé de soumettre les tribus berbères de l'intérieur (cette tâche ne sera achevée qu'en 1934). En novembre, la France confie la région du Rif et l'extrême-Sud marocain à l'Espagne. 14 avril. Le naufrage du paquebot *Titanic*, coulé par un iceberg au large de Terre-Neuve, fait plus de 1 500 victimes. 15 octobre. Pour avoir les mains libres dans les Balkans, la Turquie conclut la paix d'Ouchy avec l'Italie et lui abandonne la Tripolitaine et la Cyrénaïque.		
	Guillaume Apollinaire mêle symbolisme érudit et recherche d'un nouvel art poétique dans *Alcools*. Alain-Fournier, qui mourra l'année suivante près de Verdun, publie *le Grand Meaulnes*. L'Américain Elmer McCollum donne le coup d'envoi des recher-	1913

Date	France	Europe
	17 janvier. Raymond Poincaré, l'un des pivots du système politique français, est élu à la présidence de la République.	
		30 mai. Par le traité de Londres, la Turquie renonce à la Crète et à l'ensemble de ses possessions européennes, hormis la région des Détroits.
		29 juin. La deuxième guerre balkanique oppose la Bulgarie à ses alliés. Ceux-ci reçoivent le soutien de la Roumanie et contraignent la Bulgarie à renoncer à une partie de ses conquêtes par le traité de Bucarest (10 août).
	7 août. Pour compenser l'écart démographique avec l'Allemagne (40 millions d'habitants contre 66), la durée du service militaire, qui avait été ramenée à deux ans en 1905, repasse à trois ans.	

Monde	Arts et Sciences	Date
	ches sur les vitamines en isolant la vitamine A. Le psychiatre suisse Carl Gustav Jung rompt avec son maître Sigmund Freud et élabore une nouvelle méthode, la psychologie analytique, dont la notion fondamentale est l'inconscient collectif. Roland Garros effectue la première traversée aérienne de la Méditerranée entre Saint-Raphaël et Bizerte.	

Date	France	Europe
1914		
		28 juin. L'archiduc François-Ferdinand, héritier de la couronne d'Autriche-Hongrie, est assassiné à Sarajevo par un étudiant bosniaque. Par le jeu des alliances, cet attentat va déclencher la Première Guerre mondiale.
		28 juillet. Soutenue par l'Allemagne, l'Autriche-Hongrie déclare la guerre à la Serbie.
	31 juillet. Dans l'atmosphère d'exaltation qui précède la guerre, Jean Jaurès est assassiné par le nationaliste Raoul Villain.	
		1er août. L'Allemagne déclare la guerre à la Russie.
	3 août. En France comme dans les autres pays belligérants, la solidarité qui unissait la S.F.I.O. aux autres partis membres de la IIe Internationale vole en éclats au profit de l'Union sacrée : toutes les composantes de l'échiquier politique participent au gouvernement.	3 août. L'Allemagne déclare la guerre à la France.
		4 août. Les troupes allemandes ayant violé la neutralité belge, la

MONDE	ARTS ET SCIENCES	DATE
	L'Américain Edgar Rice Burroughs crée un nouveau mythe avec *Tarzan seigneur de la jungle.* Ce surhomme deviendra un personnage de bandes dessinées en 1929, puis un héros de cinéma.	1914
3 août. Alors que la guerre éclate en Europe, le canal de Panama est inauguré.		

Date	France	Europe
		Grande-Bretagne entre à son tour dans le conflit.
	5 août. Les billets de banque ne sont plus convertibles en or. Après plus d'un siècle de stabilité, le franc subit une forte dépréciation.	
		19-24 août. Bataille des frontières. Appliquant le plan von Schlieffen qui prévoit l'écrasement de l'armée française avant de se retourner contre la Russie, les Allemands pénètrent en Lorraine et dans les Ardennes.
		26 août. Sur le front oriental, Hindenburg et Ludendorff arrêtent les Russes à Tannenberg.
		Début septembre. Les Allemands dépassent Senlis et atteignent Meaux, à une quarantaine de kilomètres de Paris.
		13 septembre. La victoire de Joffre et Gallieni sur la Marne réduit à néant les objectifs du plan von Schlieffen et par là-même les espoirs d'une guerre courte.
		Septembre-octobre. Course à la mer : les Allemands d'un côté, les Français, les Anglais et les Belges de l'autre, tentent mutuellement de se déborder par le nord.

Monde	Arts et Sciences	Date
31 octobre. L'Empire ottoman entre en guerre aux côtés de l'Allemagne et de l'Autriche.		

DATE	FRANCE	EUROPE
		Novembre. Les deux camps s'enterrent face à face depuis la Flandre jusqu'à la frontière suisse. A la guerre de mouvement succède la guerre de position ou d'usure, qui va s'éterniser jusqu'en 1918.
1915		17 février. L'offensive alliée en Champagne ne débouche sur aucun résultat tangible. De nouvelles attaques seront portées en Artois en mai-juin et en septembre-octobre, sans plus de succès.
		22 avril. Les Allemands utilisent pour la première fois des gaz de combat près de la ville belge d'Ypres (celle-ci donnera son nom à l'ypérite ou gaz moutarde en 1917).
		25 avril. Les Alliés débarquent sur la presqu'île de Gallipoli. L'objectif de l'expédition des Dardanelles, organisée par Winston Churchill est de s'emparer d'Istanbul afin de

Monde	Arts et Sciences	Date
		1915
24 avril. La liquidation de l'intelligentsia arménienne d'Istanbul est le point de départ du premier génocide du XXe siècle, avec son cortège de déportations massives et de tueries systématiques. A la faveur de la Première Guerre mondiale, les Turcs vont massacrer environ 1,5 million d'Arméniens, c'est-à-dire les deux tiers de ceux qui vivaient dans l'Empire ottoman.		

Date	France	Europe
		tendre la main aux Russes. Mais la résistance acharnée des Turcs amène Britanniques et Français à se replier sur Salonique en octobre. 23 mai. L'Italie, qui avait jusque-là préservé sa neutralité, entre en guerre aux côtés des Alliés. 5 octobre. La Bulgarie entre en guerre aux côtés de l'Allemagne et de l'Autriche.
1916		21 février. Dans l'espoir de percer les défenses françaises, l'Allemagne engage la plus sanglante bataille de la guerre à Verdun. Les offensives se succèdent jusqu'en août, sans parvenir à entamer la résistance des troupes de Pétain et

MONDE	ARTS ET SCIENCES	DATE
	En peignant les horreurs de la Première Guerre mondiale dans *le Feu*, Henri Barbusse inaugure un genre littéraire dans lequel s'illustreront Ernst Jünger, Roland Dorgelès, Maurice Genevoix, Céline, Erich Maria Remarque ou Roger Vercel. Le mouvement dada, qui annonce le surréalisme, naît à Zurich sous l'impulsion du Roumain Tristan Tzara. Un an après *Naissance d'une nation*, le cinéaste américain David W. Griffith tourne *Intolérance*. **Après avoir énoncé la théorie de la relativité restreinte en 1905, Albert Einstein publie la théorie de la relativité générale.**	1916

Date	France	Europe
		Nivelle, qui lancent une série de contre-attaques d'octobre jusqu'à la mi-décembre. 24 avril. Le lundi de Pâques, les Républicains irlandais déclenchent une insurrection à Dublin. La révolte est noyée dans le sang et suivie d'une vague d'exécutions. 31 mai. Bataille navale du Jutland. Bien que la flotte britannique subisse des pertes plus lourdes, la flotte de haute mer allemande n'osera plus sortir de ses ports et abandonnera la conduite de la guerre navale aux sous-marins. 1er juillet. Les Alliés lancent l'offensive de la Somme, qui s'achève en octobre sans résultat notable. 27 août. L'entrée en guerre de la Roumanie aux côtés des Alliés vient conforter les victoires remportées par les Russes en Galicie et en Bucovine au cours de l'été. 21 novembre. La mort de François-Joseph, au pouvoir depuis 1848, marque un tournant dans l'histoire de l'Autriche-Hongrie, qui n'a plus que deux ans à vivre.
1917		

Monde	Arts et Sciences	Date
	Apparition du mot « jazz » dans la presse new-yorkaise. Cette forme de musique est née de la rencontre de musiciens noirs et « créoles » de la Nouvelle-Orléans autour	1917

Date	France	Europe
		1er février. Guillaume II ordonne la guerre sous-marine à outrance afin de couper les lignes de ravitaillement des Alliés. **8 mars. Début de la révolution de Février à Saint-Petersbourg (les Russes n'adopteront le calendrier grégorien qu'en février 1918). L'alliance des ouvriers et des soldats mutinés provoque l'abdication de Nicolas II le 15 mars et la formation d'un gouvernement provisoire qui entend poursuivre la guerre.** Avril. L'offensive alliée du Chemin des Dames se solde par une défaite sanglante. 18 avril. A peine rentré en Russie avec l'autorisation des Allemands, Lénine refuse toute collaboration avec le gouvernement provisoire et prône la prise du pouvoir par les soviets (conseils ouvriers). Mai. Révoltés par les centaines de milliers de morts de Verdun, de la

Monde	Arts et Sciences	Date
	de 1900. Le premier enregistrement est réalisé la même année par un orchestre composé de Blancs, l'Original Dixieland Jass Band.	
2 avril. L'intensification de la guerre sous-marine provoque l'entrée en guerre des Etats-Unis, qui joueront un rôle déterminant dans les derniers mois du conflit.		

DATE	FRANCE	EUROPE
		Somme et du Chemin des Dames, de nombreux soldats se mutinent sur le front français. Le 15 mai, le général Pétain remplace Nivelle comme commandant en chef et abandonne une stratégie fondée sur des attaques aussi meurtrières qu'inutiles.
		25 octobre. Désastre de Caporetto : les Austro-Allemands enfoncent le front italien en Slovénie.
		6 novembre. Lénine, chef incontesté des bolcheviks, et Trotski, président du soviet de Petrograd, déclenchent la révolution d'Octobre. La prise du palais d'Hiver débouche sur l'arrestation du gouvernement provisoire de Kerenski. A Moscou, les soviets l'emportent le 15 novembre.
	16 novembre. Georges Clemenceau redevient président du Conseil avec un programme qu'il résume lui-même en un mot : la guerre. Disposant dans les faits des pleins pouvoirs, il s'attaque vigoureusement au défaitisme et aux hommes politiques, tels Malvy ou Caillaux, qui envisagent une paix de compromis.	
		15 décembre. Le gouvernement bolchévique signe l'armistice de Brest-Litovsk avec l'Allemagne.
1918		

MONDE	ARTS ET SCIENCES	DATE
8 janvier. Le président des Etats-Unis Woodrow Wilson énonce les		1918

Date	France	Europe
		21 mars. N'ayant plus à combattre que sur un seul front, Ludendorff tente de percer en Picardie avant l'arrivée massive des renforts américains. D'autres tentatives auront lieu dans les Flandres (avril), sur la Marne (mai) et en Champagne (juillet). **18 juillet. Foch, généralissime des armées alliées depuis le 26 mars, lance une contre-offensive en s'appuyant sur les 16 divisions américaines du général Pershing. Les troupes ressortent enfin des tranchées après trois ans et demi de guerre d'usure.** Octobre. Début de l'épidémie de grippe espagnole, qui va faire des centaines de milliers de victimes en Europe. 3 novembre. A la suite des succès de Franchet d'Esperey dans les Balkans et de la victoire italienne de Vittorio-Veneto, l'Autriche signe l'armistice de Padoue. **9 novembre. La république est proclamée à Berlin après l'abdication de Guillaume II.**

Monde	Arts et Sciences	Date
« quatorze points » qui doivent inspirer les traités de paix et assurer selon lui la sécurité mondiale : respect des aspirations nationales, contrôle des armements et création d'un arbitre international, la Société des Nations.		

Date	France	Europe
	11 novembre. La France victorieuse récupère l'Alsace-Lorraine, mais le bilan de la guerre est terrible : 1,4 million de morts, des centaines de milliers d'invalides, les régions du Nord-Est dévastées, la situation financière préoccupante.	11 novembre. L'armistice de Rethondes met fin aux hostilités. Avec 8 millions de morts, le bilan de la Première Guerre mondiale dépasse largement tous les conflits de l'histoire de l'humanité.
1919		15 janvier. La révolution spartakiste (communiste), qui a éclaté au lendemain de l'armistice, est écrasée à Berlin. Ses chefs, Rosa Luxemburg et Karl Liebknecht, sont exécutés sommairement. 6 février. Une assemblée nationale constituante est élue en Allemagne. Le 11 février, réunie à Weimar, elle élit Friedrich Ebert à la présidence. C'est le début de la République de Weimar, qui durera jusqu'en 1933.

Monde	Arts et Sciences	Date
	Six ans après *Du côté de chez Swann*, Marcel Proust remporte le prix Goncourt avec *A l'ombre des jeunes filles en fleurs*, deuxième volume de l'une des œuvres capitales du XXe siècle, *A la recherche du temps perdu*. Walter Gropius fonde à Weimar le Bauhaus, école allemande d'architecture et d'arts appliqués. Fermée en 1933 par les nazis, elle renaîtra à Chicago en 1937 sous le nom de New Bauhaus.	1919
4 mars. A Moscou, fondation la IIIe Internationale ou Komintern,		

Date	France	Europe
		21 mars. Le parti communiste de Bela Kun s'empare du pouvoir en Hongrie. Mais une invasion roumaine permet à la contre-révolution, dont l'homme fort est l'amiral Horthy, de renverser la République des Conseils dès le mois d'août. 23 mars. L'ancien socialiste Benito Mussolini fonde les Faisceaux italiens de combat, qui deviendront le parti national fasciste en novembre 1921. **28 juin. Le traité de Versailles restitue l'Alsace-Lorraine à la France et impose de très lourdes indemnités à l'Allemagne. L'intransigeance de Clemenceau contribue à nourrir l'esprit de revanche dans une opinion allemande qui n'acceptera jamais le « Diktat » de Versailles.**

MONDE	ARTS ET SCIENCES	DATE
destinée à regrouper les partis communistes du monde entier. Farouchement opposée à la IIe Internationale (socialiste), qui, selon elle, a fait faillite en 1914, elle va constituer un instrument efficace dans les mains de Lénine puis de ses successeurs.		
28 juin 1919. Le traité de Versailles organise le partage de l'empire colonial allemand entre les vainqueurs. La France obtient la plus grande partie du Togo et du Cameroun. Le reste est attribué à la Grande-Bretagne, qui reçoit le Sud-Ouest africain (actuelle Namibie), le nord-est de la Nouvelle-Guinée et des îles du Pacifique; elle partage également le Tanganyka avec la Belgique. En outre, la S.D.N. répartira l'année suivante les dépouilles de l'Empire ottoman entre les deux grandes puis-		

Date	France	Europe
		17 juillet. Tandis qu'une guerre civile oppose l'Armée rouge commandée par Trotski aux armées blanches contre-révolutionnaires, Lénine fait massacrer Nicolas II et sa famille à Ekaterinbourg.
		10 septembre. Le traité de Saint-Germain-en-Laye (complété par le traité de Trianon du 4 juin 1920) consacre le démantèlement de l'Empire austro-hongrois et la naissance (ou renaissance) de plusieurs Etats indépendants : Pologne, Tchécoslovaquie, royaume des Serbes, Croates et Slovènes, qui prendra le nom de Yougoslavie en 1929.
	30 novembre. Le Bloc national remporte les élections législatives et constitue la « Chambre bleu hori-	

Monde	Arts et Sciences	Date
sances coloniales : la France recevra des mandats sur le Liban et la Syrie ; la Grande-Bretagne sur l'Iraq, puis sur la Transjordanie et la Palestine.		
19 novembre. Le Sénat américain refuse de ratifier le traité de Versailles et par conséquent d'adhérer à la S.D.N. (malgré le rôle déterminant du président Wilson dans sa fondation). Ce repli isolationniste s'accompagne d'un regain de puritanisme avec le vote d'un amendement instituant la prohibition des boissons alcoolisées.		

Date	France	Europe
	zon». Cette majorité de droite, décidée à faire appliquer dans toute sa rigueur le traité de Versailles, a pour mot d'ordre : « L'Allemagne paiera. »	
1920		
	17 janvier. Les deux Assemblées, ingrates, écartent la candidature de Clemenceau à la présidence de la République et lui préfèrent Paul Deschanel. Ce dernier devra quitter l'Elysée sept mois plus tard du fait de graves troubles mentaux.	
		24 avril. La Pologne envahit l'Ukraine, mais la contre-attaque de l'Armée rouge est foudroyante. La Russie soviétique espère exporter la Révolution par les armes dans toute l'Europe centrale et orientale.
		24 juillet. Une mission franco-britannique commandée par le général Weygand vient prêter main-forte aux Polonais, qui arrêtent la progression de l'Armée russe en août-septembre et la contraignent

Monde	Arts et Sciences	Date
	Agatha Christie crée le personnage d'Hercule Poirot.	1920
10 janvier. Naissance officielle de la Société des Nations (S.D.N.), conformément aux clauses du traité de Versailles. Sa mission consiste à garantir la paix et la sécurité internationales. Mais elle pâtit dès le début de la non-participation des Etats-Unis.		

DATE	FRANCE	EUROPE
		à signer l'armistice de Riga le 12 octobre.
		Novembre. Les derniers combattants des armées blanches de Wrangel évacuent la Crimée. La guerre civile russe s'achève par la victoire des Soviets, qui vont bientôt normaliser leurs relations avec les puissances européennes.
	30 décembre. Le congrès de Tours de la SFIO s'achève par une scission entre les socialistes et les partisans de l'adhésion à la IIIe Internationale, qui fondent le parti communiste français. Cette division du mouvement ouvrier entre réformateurs et révolutionnaires provoquera l'éclatement de la C.G.T., les communistes se regroupant en 1922 dans la Confédération générale du travail unitaire (C.G.T.U.).	
1921		

Monde	Arts et Sciences	Date
10 août. Le traité de Sèvres démantèle l'Empire ottoman et le réduit à l'état de pays vassal des grandes puissances. Mais déjà le pouvoir est passé des mains du sultan Mehmed VI dans celles du général Mustafa Kemal, qui s'efforce de bâtir un nouvel Etat turc en Anatolie.		
	Le philosophe autrichien Ludwig Wittgenstein publie le seul ouvrage qui sera édité de son vivant : *Tractatus logico-philosophicus.* Deux biologistes français mettent au point une méthode de vaccina-	1921

Date	France	Europe
		16 mars. Quelques semaines après la révolte des marins et des ouvriers de Cronstadt, Lénine met un terme au communisme de guerre et aux réquisitions : c'est le lancement de la NEP (Nouvelle Politique economique), conçue comme une pause de quelques années dans le processus de collectivisation.
		6 décembre. Au terme de trois ans d'affrontements sanglants, le traité de Londres reconnaît l'indépendance de l'Irlande. Seul l'Ulster, peuplé d'une majorité de protestants, demeure partie intégrante du Royaume-Uni.
1922		

Monde	Arts et Sciences	Date
	tion contre la tuberculose : le vaccin bilié Calmette-Guérin (B.C.G.).	
21 juillet. Au Maroc, Abd-el Krim remporte la victoire d'Anoual sur les Espagnols. La guerre du Rif s'étendra aux territoires contrôlés par la France à partir de 1924.		
	L'Irlandais James Joyce publie à Paris *Ulysse*, roman qui marque une rupture avec les formes narratives traditionnelles en privilégiant le monologue intérieur et les jeux de langage. *Nanouk l'Esquimau*, de l'Américain Robert Flaherty, marque la naissance du documentaire cinématographique. **L'égyptologue britannique Howard Carter et son mécène Lord Carna-**	1922

Date	France	Europe
	15 janvier. L'ex-président de la République Raymond Poincaré devient président du Conseil. Partisan de la manière forte avec l'Allemagne, il décide l'année suivante, de concert avec le gouvernement belge, d'occuper la Ruhr afin de se payer en nature.	
	22 février. Exécution d'Henri Désiré Landru, dont les meurtres en série ont fasciné l'opinion française depuis son arrestation en avril 1919.	
		26 mai. Lénine est foudroyé par une attaque d'hémiplégie. Si la gravité de son état est dissimulée jusqu'à sa mort, le 21 janvier 1924, une troïka formée de Staline, Zinoviev et Kamenev entreprend de marginaliser son dauphin désigné, Léon Trotski.
		24 octobre. 40 000 Chemises noires entament la Marche sur Rome et contraignent Victor-Emmanuel III à confier les pleins pouvoirs à Mussolini le 29.

Monde	Arts et Sciences	Date
	von mettent au jour le prodigieux trésor funéraire de Toutankhamon dans la vallée des Rois.	
Mars. En Inde, arrestation de Gandhi, qui s'est imposé à la tête du mouvement nationaliste par ses campagnes de boycott et de désobéissance civile.		

DATE	FRANCE	EUROPE
		30 décembre. Création de l'Union des républiques socialistes soviétiques (U.R.S.S.).
1923		11 janvier. L'Allemagne rechignant à verser les réparations prévues par le traité de Versailles, le président du Conseil Raymond Poincaré ordonne à l'armée française d'occuper la Ruhr. Celle-ci ne sera entièrement évacuée qu'en juillet 1925. Cette occupation entraîne une inflation galopante, qui ruine des millions d'Allemands et apporte de l'eau au moulin des partis nationalistes.
		8 novembre. Adolf Hitler, qui dirige depuis 1921 le NSDAP (parti ouvrier allemand national-socialiste, abrégé en « nazi »), organise un coup d'Etat à Munich. Ce putsch raté lui vaut un an d'emprisonnement, durant lequel il dicte *Mein Kampf* à son secrétaire Rudolf Hess.
1924		

Monde	Arts et Sciences	Date
	Le romancier italien Italo Svevo marie humour et théorie psychanalytique dans *la Conscience de Zéno.*	1923
24 juillet. Le traité de Lausanne entérine la victoire de Mustafa Kemal sur l'armée grecque. Il annule le traité de Sèvres de 1920 et constitue l'acte de naissance de la Turquie moderne.		
	André Breton publie le premier ***Manifeste du surréalisme*** **et crée**	1924

DATE	FRANCE	EUROPE
	11 mai. Les élections législatives voient la victoire du Cartel des gauches. La présidence du Conseil échoie au radical-socialiste Edouard Herriot, qui va devenir le pivot de la politique française en s'alliant tantôt avec la SFIO, tantôt avec le centre-droit. Profitant du plan Dawes, qui assure à la France des garanties financières, la nouvelle majorité engage une politique de rapprochement avec l'Allemagne qui aboutit rapidement à l'évacuation de la Ruhr.	
		10 juin. Assassinat du député socialiste Giacomo Matteotti, qui dénonçait la fraude électorale organisée par les fascistes. Les tensions engendrées par ce meurtre conduisent à un durcissement du régime mussolinien, qui s'engage en jan-

Monde	Arts et Sciences	Date
	ainsi un mouvement qui attirera de nombreux peintres, sculpteurs, cinéastes et écrivains de premier plan : Dali, Magritte, Max Ernst, Klee, Miro, Man Ray, Masson, Giacometti, Bunuel, Aragon, Soupault, Eluard, Desnos... Thomas Mann publie son roman le plus ambitieux, *la Montagne magique.* George Gershwin marie le jazz à la musique classique européenne dans *Rhapsody in blue.* L'Italien Puricelli construit la première autoroute entre Milan et Varèse.	

Date	France	Europe
		vier 1925 dans la construction d'un Etat totalitaire.
1925		
		12 mai. Le maréchal von Hindenburg est élu président de la République allemande.
1926		

MONDE	ARTS ET SCIENCES	DATE
	Louis Armstrong compose l'un des morceaux les plus fameux de toute l'histoire du jazz : *Saint Louis Blues.* Publication de *Gatsby le Magnifique* de Francis Scott Fitzgerald, de *Mrs Dalloway* de Virginia Woolf, de *Manhattan Transfer* de John Dos Passos. Le septième art s'enrichit de deux de ses plus grands classiques : *le Cuirassé Potemkine* de Sergueï Eisenstein et *la Ruée vers l'or* de Charlie Chaplin.	1925
12 mars. Mort de Sun Yat-sen. Le général Tchang Kaï-chek lui succède à la tête du Guomindang.		
17 décembre. A la suite d'un coup d'Etat militaire, Reza Khan est proclamé roi d'Iran sous le nom de Reza Chah Ier. Il fonde ainsi la dynastie des Pahlavi, qui règnera jusqu'au départ en exil de son fils, Mohamad Reza Chah, en 1979.		
	Tandis que Buster Keaton tourne l'un des sommets du burlesque, *le Mécano de la « General »*, Rudolph Valentino triomphe dans *le Fils du cheikh.*	1926

Date	France	Europe
	23 juillet. Les difficultés financières du Cartel des gauches entraînent un retournement d'alliances et la constitution d'un gouvernement d'Union nationale dirigé par Poincaré. Celui-ci va demeurer président du Conseil pendant trois ans (longévité exceptionnelle) et favoriser le redressement économique.	
1927	Début de la construction d'un ensemble d'ouvrages militaires destinés à protéger la frontière nord-est du pays. André Maginot, ministre de la Guerre de 1929 à 1932, donnera son nom à cette ligne de fortifications.	

Monde	**Arts et Sciences**	**Date**
	L'Ecossais John Baird met au point la première télévision.	
Mai. La reddition d'Abd-el Krim met fin à la guerre du Rif.		
25 décembre. A la mort de son père Yoshihito, Hirohito devient empereur du Japon. Son règne, baptisé ère Showa (« paix rayonnante »), se prolongera jusqu'en 1989.		
	Hermann Hesse s'inspire de la vie de Nietzsche dans *le Loup des steppes.* Le philosophe Martin Heidegger publie son ouvrage majeur, *Etre et Temps.* Alors que *le Chanteur de jazz* marque la naissance du cinéma parlant, Abel Gance achève son monumental *Napoléon.* Les premiers Oscars sont décernés à Hollywood. Charles Lindbergh accomplit la première traversée de l'Atlantique en trente-trois heures et demie à bord du *Spirit of Saint Louis.*	1927

DATE	FRANCE	EUROPE
	Novembre. Fondation des Croix-de-Feu. Cette ligue d'anciens combattants prendra une place prépondérante dans l'opposition de droite antiparlementaire à partir de 1931 – date à laquelle le lieutenant-colonel de La Rocque accèdera à sa présidence.	
		Décembre. En URSS, Staline fait exclure du parti ses principaux rivaux, Zinoviev, Kamenev et Trotski. Les deux premiers seront victimes des purges en 1936 ; le troisième sera assassiné à Mexico en 1940.
1928		27 avril. Deux ans après le coup d'Etat militaire qui a renversé le régime parlementaire au Portugal, Antonio de Oliveira Salazar est nommé ministre des Finances. Il deviendra président du Conseil en 1932 et exercera un pouvoir sans partage jusqu'en 1968.

Monde	Arts et Sciences	Date
Avril. L'insurrection ouvrière de Shanghaï accélère la rupture entre les communistes et le Guomindang de Tchang Kaï-chek, qui massacre ses anciens alliés. Les survivants, dirigés par Mao Zedong, se réfugient dans les montagnes du Hunan.		
	Jean Giono publie son premier roman, *Colline*. Création du *Boléro* de Ravel à l'Opéra de Paris par les Ballets d'Ida Rubinstein.	1928

DATE	FRANCE	EUROPE
	29 avril. Les élections législatives confirment la domination de la droite modérée. Celle-ci exerce le pouvoir jusqu'en 1932, Raymond Poincaré, Aristide Briand, André Tardieu et Pierre Laval se succédant à la présidence du Conseil.	
	24 juin. Le franc Poincaré, stabilisé à 20 % de sa valeur d'avant-guerre, fait de la France un refuge pour les capitaux internationaux.	
		1er octobre. Staline lance le premier plan quinquennal, dont l'axe prioritaire est le développement de l'industrie lourde.
1929		

Monde	Arts et Sciences	Date
Juin. Tchang Kaï-chek prend Pékin, réprime les généraux rebelles et réunifie la Chine.		
	Georges Simenon crée le personnage du commissaire Maigret, dont la carrière se prolongera jusqu'en 1972. Trois ans après *le Soleil se lève aussi*, Ernest Hemingway devient le porte-parole de la « génération perdue » avec *l'Adieu aux armes*. Son compatriote William Faulkner publie *le Bruit et la Fureur*. Tintin et Milou s'embarquent à Bruxelles pour le pays des Soviets. Grâce à Hergé, ils poursuivront leurs aventures jusqu'en 1976. **Le Britannique Alexander Fleming découvre la pénicilline, mais ses travaux ne déboucheront sur la production d'antibiotiques qu'en 1943.**	1929

Date	France	Europe
		11 février. Mussolini signe les accords du Latran, qui règlent un long contentieux entre l'Italie et le Saint-Siège, et qui créent le plus petit Etat souverain du monde : le Vatican. Avril. Staline élimine l'opposition « de droite » incarnée par Boukharine et Rykov. Il gouverne désormais l'URSS en maître absolu.
1930		**Janvier. Pour procéder à la collectivisation totale de l'agriculture, Staline lance un vaste programme de « dékoulakisation », qui va se traduire par la déportation et la mort de millions de paysans aisés.**

MONDE	ARTS ET SCIENCES	DATE
24 octobre. Black Thursday (« jeudi noir ») à Wall Street. L'effondrement de la Bourse de New York provoque une série de faillites bancaires qui se traduit rapidement par une baisse de la production industrielle et par une montée du chômage (celui-ci affectera 13 millions d'Américains en 1933). Au cours des années suivantes, cette crise économique d'une gravité sans précédent devient mondiale.		
	Avec *le Faucon maltais,* Dashiell Hammett crée le roman noir – genre littéraire auquel Raymond Chandler donnera ses lettres de noblesse en 1939 (*le Grand Sommeil*). Le surréalisme gagne le cinéma avec *l'Age d'or* de Luis Bunuel et Salvador Dali. Marlene Dietrich triomphe dans *l'Ange bleu* de Josef von Sternberg. **Le chef d'orchestre Duke Ellington, vedette du Cotton Club à Harlem, compose *Mood Indigo.*** L'Américain Clyde Tombaugh	1930

DATE	FRANCE	EUROPE
1931	La crise économique qui affecte l'Amérique depuis le krach de Wall Street exerce ses premiers effets en France avec deux ans de retard.	
		12 avril. La victoire écrasante des républicains aux élections municipales entraîne le départ en exil du roi d'Espagne Alphonse XIII. Le 14, la république est proclamée.

Monde	Arts et Sciences	Date
	découvre par hasard la planète Pluton.	
12 mars. Pour protester contre le refus de Londres d'accorder à l'Inde un statut de dominion, Gandhi entame sa marche à la mer. Il atteint son objectif le 6 avril et remporte ainsi une victoire symbolique contre le monopole du sel instauré par les Britanniques. Mais si l'indépendance apparaît de plus en plus inéluctable, déjà se profile la future partition du pays entre hindous et musulmans.		
24 octobre. Au Brésil, l'effondrement du prix du café et du caoutchouc amène Getulio Vargas au pouvoir. Celui-ci établit un régime dictatorial qui va durer jusqu'en 1945 (il occupera de nouveau la présidence de 1951 à 1954).		
	Fritz Lang tourne *M le Maudit.* Edifié en un an, l'Empire State Building domine Manhattan du haut de ses 381 mètres.	1931
18 septembre. Les Japonais envahissent la Mandchourie. Ils en font en mars 1932 un Etat vassal rebaptisé Mandchoukouo.		

DATE	FRANCE	EUROPE
1932	8 mai. Un faible déplacement de voix aux élections législatives donne la majorité au parti radical-socialiste et à la S.F.I.O. Un climat délétère va bientôt se développer sur fond de faillites et d'augmentation du chômage : l'instabilité ministérielle chronique s'accompagne de collusions entre le personnel politique et les milieux d'affaires.	
		6 novembre. Alors que l'Allemagne, frappée de plein fouet par

Monde	Arts et Sciences	Date
11 décembre. Le Parlement britannique vote le statut de Westminster, qui transforme l'Empire colonial en Commonwealth. Le Canada, l'Union sud-africaine, l'Australie et la Nouvelle-Zélande sont désormais des Etats indépendants et ne sont plus liés au Royaume-Uni que par un libre serment d'allégeance à la couronne. En 1935, l'Inde obtiendra quant à elle une réelle autonomie, première étape vers l'indépendance.		
	Disciple de Rabelais, Louis-Ferdinand Céline impose une nouvelle manière d'écrire la langue française dans *Voyage au bout de la nuit.* En 1936, il poussera encore plus loin ses recherches stylistiques dans *Mort à crédit.* Joseph Roth évoque le destin de l'Autriche dans *la Marche de Radetzky.* Le Britannique James Chadwick reconnaît la nature du neutron.	1932

Date	France	Europe
		la crise économique, compte 6 millions de chômeurs, les élections législatives marquent une poussée des nazis : le renforcement du parti communiste au détriment de la sociale-démocratie a conduit vers eux de nombreux électeurs.
1933		**30 janvier. Le président von Hindenbourg appelle Adolf Hitler à la chancellerie. La droite allemande, totalement aveugle sur la nature du parti nazi, compte l'utiliser pour résoudre la crise politique.** 27 février. A Berlin, les nazis organisent l'incendie du Reichstag et font porter la responsabilité de l'attentat sur les communistes.

MONDE	ARTS ET SCIENCES	DATE
	André Malraux évoque l'échec de la révolution chinoise dans *la Condition humaine.* Aux Etats-Unis, la crise économique favorise le cinéma comique : *Laurel et Hardy au Far West, la Soupe au canard* des Marx Brothers.	1933
Mars. Elu président des Etats-Unis en novembre 1932, le démocrate Franklin Delano Roosevelt lance le New Deal (« nouvelle donne »), fondé sur l'intervention autoritaire de l'Etat dans la vie économique : sauvetage du système bancaire, dévaluation du dollar, résorption du chômage, augmentation des salaires. En fait,		

DATE	FRANCE	EUROPE
		24 mars. Le Reichstag vote les pleins pouvoirs à Hitler. C'est l'acte de décès de la république de Weimar et l'acte de naissance du IIIe Reich, censé durer mille ans. En quelques semaines, toutes les libertés sont supprimées et la persécution des Juifs et des opposants s'organise.
	Décembre. L'affaire Stavisky ébranle la République. Les accointances parlementaires de cet escroc de haut vol exacerbent le débat politique ; ses origines juives nourrissent l'antisémitisme ; son assassinat déguisé en suicide (9 janvier 1934) scandalise l'opinion.	
1934		
	6 février. L'affaire Stavisky et la mutation du préfet de police, Chiappe, favorable à l'extrême-droite, poussent l'Action française et différents mouvements antidémocratiques à marcher sur le Palais-Bourbon. Cette manifesta-	

Monde	Arts et Sciences	Date
seule la Seconde Guerre mondiale permettra aux Etats-Unis de retrouver une croissance durable.		
Janvier. Nommé chef d'état-major, le colonel Fulgencio Batista devient l'homme fort de Cuba. Il exercera d'abord le pouvoir dans l'ombre, avant d'occuper la présidence de 1940 à 1944, puis de 1952 à 1958.	**Irène et Frédéric Joliot-Curie découvrent la radioactivité artificielle. La même année, le physicien italien Enrico Fermi engage des expériences sur la fission de l'atome qui conduiront à la mise au point des premières bombes atomiques.**	1934

DATE	FRANCE	EUROPE
	tion se solde par une vingtaine de morts et plus de 2 000 blessés. Elle a pour effet immédiat la démission du président du Conseil, Edouard Daladier, et la constitution d'un gouvernement d'Union nationale présidé par Gaston Doumergue.	
	9 et 12 février. La conséquence majeure du 6 février est le rapprochement entre socialistes et communistes, qui défilent ensemble pour la première fois depuis la scission de 1920.	
		30 juin. Durant la « Nuit des longs couteaux », Hitler élimine son opposition interne, à commencer par son vieux compagnon Ernst Röhm, le chef des S.A.
	27 juillet. Rompant avec la politique sectaire « classe contre classe » qui a permis à Hitler de s'emparer du pouvoir en Allemagne, le communiste Maurice Thorez signe un pacte d'unité d'action antifasciste avec la SFIO. En octobre, cette alliance s'étend aux radicaux et	

Monde	Arts et Sciences	Date
2 mars. En Tunisie, Habib Bourguiba rompt avec le Destour, parti traditionnaliste, pour fonder le Néo-Destour, dont l'objectif est la fondation d'une république moderne. Il va subir de nombreuses années de détention avant de conduire son pays à l'indépendance.		

Date	France	Europe
	conduit ainsi à la formation du Front populaire.	
1935		
1936		20 janvier. Edouard VIII succède à son père George V. Le 11 décembre,

Monde	Arts et Sciences	Date
15 octobre. Début de la Longue Marche. Pour échapper aux troupes du Guomindang, Mao Zedong et ses partisans fuient leurs bases méridionales et parcourent 12 000 kilomètres à pied, avant de s'établir en octobre 1935 dans la région septentrionale du Shaanxi.		
	L'Ecossais Robert Watson-Watt met au point le premier radar aérien, invention qui jouera un rôle majeur durant la Seconde Guerre mondiale. Le statisticien américain George H. Gallup crée le premier institut de sondages.	1935
3 octobre. Mussolini lance ses troupes à la conquête de l'Ethiopie. Malgré la résistance acharnée du négus Hailé Sélassié, l'emploi des chars et de l'aviation donne la victoire aux Italiens en mai 1936.		
	Autant en emporte le vent, de Margaret Mitchell, remporte un succès phénoménal, tout comme l'adaptation cinématographique de Victor Fleming en 1939. Billie Holiday, la plus grande chanteuse de l'histoire du jazz, enregistre *Billie's Blues.*	1936

DATE	FRANCE	EUROPE
		pour pouvoir épouser une divorcée, il abdique en faveur de son frère George VI.
		16 février. La victoire du *Frente popular* aux élections législatives porte la tension à son comble dans une Espagne en proie à des violences politiques chroniques.
		7 mars. Après avoir engagé un programme de réarmement intensif au mépris du traité de Versailles, Hitler réoccupe la Rhénanie, cette zone démilitarisée de 50 kilomètres de largeur qui s'étendait de la frontière suisse à la frontière néerlandaise.
	3 mai. La très nette victoire du Front populaire aux élections législatives provoque un vaste mouvement de grèves sur le tas et d'occupations d'usines dans une ambiance de liesse populaire.	
	4 juin. Léon Blum forme un gouvernement composé de socialistes et de radicaux, avec le soutien des communistes à la Chambre.	
	8 juin. Le patronat et la C.G.T. signent les accords Matignon, qui s'accompagnent de lois sociales instituant la semaine de 40 heures et les congés payés.	
	28 juin. Ancien dirigeant du parti communiste, Jacques Doriot fonde	

MONDE	ARTS ET SCIENCES	DATE

Date	France	Europe
	le parti populaire français (P.P.F.) en s'inspirant des modèles italien et allemand.	
		17 juillet. Quatre jours après l'assassinat du leader de droite Calvo Sotelo, le général Franco déclenche un *pronunciamento* à la tête des troupes marocaines. C'est le début de la guerre civile.
		Août. Début des procès de Moscou. Les grandes purges, qui se poursuivent jusqu'en 1938, décapitent le parti communiste et l'Armée rouge. Parallèlement, des millions de personnes sont déportées dans les camps sibériens.
		1er novembre. Constitution de l'axe Berlin-Rome. L'hostilité de la S.D.N. à la guerre d'Ethiopie pousse Mussolini à rompre son alliance avec les démocraties et à se rapprocher d'Hitler.
1937		

MONDE	ARTS ET SCIENCES	DATE
	Répondant à une commande du gouvernement espagnol, Pablo Picasso évoque l'horreur du bombardement de Guernica par l'aviation allemande dans une toile monumentale. H. P. Lovecraft, le plus grand écrivain fantastique depuis Edgar Poe, meurt sans avoir publié aucun volume de son vivant. John Steinbeck publie *Des souris et des hommes. Les Raisins de la colère* suivront deux ans plus tard.	1937

Date	France	Europe
		26 avril. La destruction de la ville basque de Guernica par les bombardiers de la légion Condor est le parfait symbole de l'intervention étrangère dans la guerre d'Espagne : Allemands et Italiens aux côtés des franquistes, Russes et brigades internationales dans le camp républicain. Le pilonnage aérien des populations civiles préfigure lui aussi la Seconde Guerre mondiale.
	21 juin. Les fractures apparues au sein du Front populaire contraignent Léon Blum à démissionner : certaines composantes de la gauche lui reprochent la pause dans les réformes qu'il a décrétée au mois de mars et surtout sa politique de non-intervention en Espagne.	
	31 août. Les cinq compagnies ferroviaires privées et les deux réseaux d'Etat sont regroupés au sein d'une	

MONDE	ARTS ET SCIENCES	DATE
	Jean Renoir dénonce l'absurdité de la guerre dans *la Grande Illusion.* **Walt Disney tourne le plus célèbre de tous les dessins animés, *Blanche-Neige et les Sept Nains.*** Une chanteuse des rues de 22 ans triomphe au music-hall : Edith Piaf.	
7 juillet. Les Japonais envahissent la Chine et s'emparent de Pékin à la fin du mois. C'est le début de la guerre sino-japonaise, qui ne s'achèvera qu'en 1945.		

DATE	FRANCE	EUROPE
	entreprise unique : la Société nationale des chemins de fer français (SNCF).	
1938		
		12 mars. Rendu confiant par la passivité des grandes puissances, Hitler annexe l'Autriche : c'est l'Anschluss.
	14 mars. Le second cabinet Blum, qui dure moins d'un mois, constitue l'épilogue du Front populaire. La politique intérieure française est désormais étroitement subordonnée à l'évolution de la situation internationale.	
	10 avril. Le radical Edouard Daladier redevient président du Conseil ; il le restera près de deux ans.	
		30 septembre. Accords de Munich. Une fois de plus, le Britannique Chamberlain et le Français Daladier cèdent aux exigences de Hitler afin d'éviter la guerre : la Tchécoslovaquie est amputée de ses territoires germanophones, la région des Sudètes.

Monde	Arts et Sciences	Date
	Jean-Paul Sartre publie *la Nausée.* Count Basie compose *Swingin'the Blues.* Joe Shuster et Jerry Siegel créent un nouveau personnage de bande dessinée : *Superman.* La firme américaine Du Pont de Nemours commercialise les premiers bas de Nylon (polyamide-6,6).	1938

Date	France	Europe
	1er octobre. De retour de Munich, Daladier est accueilli triomphalement au Bourget. Le surlendemain, la Chambre ratifie les accords de Munich à l'unanimité, moins les communistes.	
		10 novembre. « Nuit de cristal » : Goebbels organise un gigantesque pogrom qui annonce clairement le sort réservé aux Juifs à très court terme.
1939		15 mars. Rompant les accords de Munich, Hitler occupe Prague, établit son protectorat sur la Bohême-Moravie et fait de la Slovaquie un Etat indépendant.
		30 mars. Valence tombe aux mains des franquistes deux jours après Madrid. La guerre d'Espagne, dont le bilan s'élève à plus d'un million de victimes, se clôt par une nouvelle victoire des dictatures en Europe.
		7 avril. Les troupes italiennes envahissent l'Albanie, dont Victor-Emmanuel III est proclamé roi.
		23 août. Signature du pacte germano-soviétique. Très méfiant à l'égard de la France et de la Grande-Bretagne après leur reculade à Munich, Staline décide de

MONDE	ARTS ET SCIENCES	DATE
	En Allemagne, premier vol d'un appareil Heinkel à réaction.	1939

DATE	FRANCE	EUROPE
		gagner du temps en concluant un accord de non-agression avec l'Allemagne nazie. Celui-ci comporte un protocole secret prévoyant un partage de vastes territoires allant des pays baltes à la Bessarabie en passant par la Finlande et la Pologne. L'URSS en profite pour annexer 23 millions d'habitants.
		1er septembre. La Wehrmacht envahit la Pologne dans le but de réoccuper le corridor de Dantzig, qui sépare la Prusse orientale du reste du pays. C'est le début de la Seconde Guerre mondiale.
		3 septembre. La Grande-Bretagne et la France déclarent la guerre à l'Allemagne.
	26 septembre. Un mois après la conclusion du pacte germano-soviétique, qu'il refuse de désavouer, le parti communiste est dissous. De nombreux dirigeants sont arrêtés tandis que Thorez se réfugie en URSS pour échapper à la mobilisation.	
		6 octobre. Reddition des dernières unités polonaises.
		30 novembre. Les troupes soviétiques envahissent la Finlande.
1940		

Monde	Arts et Sciences	Date
	La guerre ne nuit pas à la littérature : *Le Désert des Tartares* de	1940

Date	France	Europe
		Mars. Staline organise les massacres de Katyn : 4 500 officiers polonais prisonniers des Soviétiques sont abattus.
	21 mars. Paul Reynaud remplace Daladier à la présidence du Conseil. Il accueille le maréchal Pétain dans son gouvernement le 18 mai, et le général de Gaulle le 6 juin en tant que sous-secrétaire d'Etat à la Guerre.	
	Mai. A partir de la rupture du front dans les Ardennes, des millions de Français fuient en direction du sud-ouest : c'est l'Exode.	Mai. Début de la construction du camp d'Auschwitz.
		10 mai. La « drôle de guerre » est brutalement interrompue par une offensive allemande en Belgique et aux Pays-Bas.
		10 mai. Winston Churchill devient Premier ministre. Il va incarner pendant quatre ans la résistance des Britanniques face à la puissance nazie.

Monde	**Arts et Sciences**	**Date**
	Dino Buzzati, *la Puissance et la Gloire* de Graham Greene, *le cœur est un chasseur solitaire* de Carson McCullers. Des enfants découvrent par hasard la grotte de Lascaux, en Dordogne. Quarante ans après avoir mis en évidence les groupes sanguins, Karl Landsteiner découvre le facteur Rhésus.	

Date	France	Europe
		13 mai. Les divisions blindées de Guderian enfoncent le front français à Sedan.
		4 juin. Fin de la bataille de Dunkerque, qui a permis aux Britanniques de réembarquer leur corps expéditionnaire.
		10 juin. L'Italie déclare la guerre à la France.
	16 juin. Pétain remplace Reynaud à la présidence du Conseil et demande l'armistice.	
		17 juin. Le maréchal Pétain appelle à cesser le combat.
	18 juin. Le général de Gaulle lance l'appel du 18 juin sur les ondes de la BBC ; il exhorte les Français à refuser l'armistice et à continuer la guerre à partir de l'empire colonial. C'est l'acte de naissance de la France libre.	
	22 juin. L'armistice est signé avec l'Allemagne au même endroit que celui du 11 novembre 1918 : à Rethondes.	
	28 juin. Charles de Gaulle est reconnu par Churchill comme « chef de tous les Français libres ».	

Monde	Arts et Sciences	Date
3 juillet. La marine britannique détruit une escadre française à Mers el-Kébir, près d'Oran, afin qu'elle		

Date	France	Europe
	10 juillet. L'Assemblée nationale réunie à Vichy vote les pleins pouvoirs au maréchal Pétain à une très large majorité. Le lendemain, la IIIe République disparaît au profit de l'Etat français. Mais Vichy n'exerce vraiment son autorité que sur un tiers de la France, le reste du territoire étant occupé par les Allemands (l'Alsace-Lorraine a été annexée).	
		13 août. Début de la bataille d'Angleterre. La victoire de la Royal Air Force sur la Luftwaffe, patente dès la mi-septembre, rend impossible un débarquement allemand en Grande-Bretagne.
	30 octobre. Un mois après la promulgation d'un statut des Juifs en zone occupée, Vichy prend des mesures similaires en zone libre : interdiction d'exercer certaines	

Monde	Arts et Sciences	Date
ne puisse pas tomber aux mains des Allemands.		
25 septembre. A Dakar, les forces vichystes repoussent le général de Gaulle, qui tentait de rallier l'Afrique-Occidentale française. En revanche, le Tchad a déjà rejoint la France libre, et l'Afrique-Equatoriale française suit son exemple.		
4 octobre. Profitant de la défaite de la France, les Japonais envahissent le Tonkin.		

Date	France	Europe
	professions, dont les emplois publics ; internement des Juifs étrangers. 24 octobre. Préparée par le vice-président du Conseil Pierre Laval, l'entrevue de Pétain et de Hitler à Montoire marque le début de la Collaboration. 13 décembre. Jugé trop favorable aux Allemands, Laval est arrêté. Après l'intermède Flandin, il est remplacé le 9 février 1941 par l'amiral Darlan, qui assumera la vice-présidence du Conseil jusqu'au 18 avril 1942.	
1941		6 avril. Hitler lance une offensive dans les Balkans. En moins de deux

Monde	Arts et Sciences	Date
	Orson Welles révolutionne le septième art avec *Citizen Kane.* Les Américains Glenn Seaborg et E. M. McMillan découvrent le plutonium. En Grande-Bretagne, premier vol d'un avion équipé d'un turboréacteur Rolls-Royce. **Les premiers téléviseurs apparaissent dans les foyers américains.**	1941
14 février. Pour enrayer la débâcle des Italiens face aux Britanniques, Rommel débarque en Libye à la tête de l'Afrikakorps. Il va remporter une série de victoires qui l'amènera aux portes du Caire durant l'été 1942.		

DATE	FRANCE	EUROPE
		mois, la Wehrmacht prend le contrôle de la Yougoslavie, de la Grèce et de la Crète.
		22 juin. Opération Barbarossa : cent vingt-neuf ans après la Grande Armée, la Wehrmacht attaque l'URSS par surprise. Elle conquiert rapidement l'Ukraine, assiège Leningrad et approche de Moscou. Mais, une fois de plus, l'hiver déjoue tout espoir de victoire rapide.
	Juillet. A la suite de l'invasion de l'URSS, le parti communiste s'engage pleinement dans la Résistance et crée l'organisation militaire des Francs-Tireurs et Partisans (F.T.P.), qui va jouer un rôle essentiel dans l'organisation des maquis.	

MONDE	ARTS ET SCIENCES	DATE
7 décembre. Les Japonais lancent une attaque surprise sur la base américaine de Pearl Harbor, à Hawaii, et provoquent ainsi l'entrée en guerre des Etats-Unis. 8 décembre. Les Japonais débarquent en Malaisie. C'est le début d'une série de conquêtes effectuées en quelques mois : archipels du Pacifique occidental, Philippines, Indonésie, Nouvelle-Guinée. 10 décembre. L'Allemagne et l'Italie déclarent la guerre aux Etats-Unis (en revanche, le Japon et l'URSS respecteront le pacte de		

DATE	FRANCE	EUROPE
1942		20 janvier. Les dirigeants nazis réunis à Wannsee organisent la « solution finale du problème juif ». C'est le coup d'envoi de l'extermination systématique des Juifs d'Europe avec des méthodes industrielles, et selon un rythme qui ne cessera d'augmenter au fil des défaites de l'Allemagne. L'Holocauste, également nommé Shoah (« anéantissement »), sera le génocide le plus atroce d'un siècle pourtant riche en tueries collectives.
	18 avril. Pétain renvoie Darlan et rappelle Laval à la tête du gouvernement. Ce dernier, qui « croit à la victoire de l'Allemagne », engage une politique de collaboration totale avec l'occupant nazi.	

Monde	Arts et Sciences	Date
non-agression qu'ils ont signé le 14 avril 1941 jusqu'au 8 août 1945).		
	Publication de *l'Etranger* d'Albert Camus.	1942
8 mai. La victoire alliée dans la mer de Corail empêche les Japonais de débarquer en Australie.		
5 juin. La bataille navale de Midway tourne à l'avantage des Américains, qui coulent 4 porte-avions ennemis. L'expansion japonaise dans le Pacifique est endiguée.		

DATE	FRANCE	EUROPE
	14 juillet. La France libre prend le nom de France combattante : c'est la première étape dans l'unification de toutes les formes de résistance, en métropole comme à l'extérieur.	
	16 juillet. La rafle du Vél'd'Hiv illustre le rôle joué par Vichy dans la solution finale : la police parisienne participe à l'arrestation et à la déportation de 13 000 Juifs, dont plusieurs milliers d'enfants.	
		19 août. L'offensive allemande lancée en juin dans le Sud de l'URSS est couronnée de succès : après avoir conquis la Crimée et pris Rostov, la Wehrmacht atteint les faubourgs de Stalingrad.
		13 septembre. Le maréchal von Paulus lance une attaque contre le verrou du dispositif soviétique : Stalingrad, où va se dérouler la plus grande bataille du conflit (l'équivalent de Verdun pour la Première Guerre mondiale).

Monde	Arts et Sciences	Date
11 juin. Bataille de Bir Hakeim. Le succès tactique des Français libres face à l'Afrikakorps revêt une grande importance symbolique.		
7 août. Débarquement des Américains à Guadalcanal, dans l'archipel des Salomon. Des combats très âpres vont les y opposer aux Japonais pendant six mois.		

DATE	FRANCE	EUROPE
	11 novembre. A la suite du débarquement allié en Algérie et au Maroc, la Wehrmacht envahit la zone libre.	
	27 novembre. La flotte de Toulon se saborde pour ne pas tomber aux mains des Allemands.	
1943		
	30 janvier. Joseph Darnand crée la Milice, destinée à seconder la Gestapo dans la lutte contre la Résistance.	
	2 février. L'instauration du Service du travail obligatoire (S.T.O.)	**2 février. Pris à revers, von Paulus doit capituler dans Stalingrad.**

Monde	Arts et Sciences	Date
23 octobre. A El-Alamein, en Egypte, le Britannique Montgomery lance une contre-offensive qui aboutira en mai 1943 au départ des derniers Allemands d'Afrique du Nord. 8 novembre. Opération Torch : les Alliés débarquent au Maroc et en Algérie.		
	Antoine de Saint-Exupéry publie *le Petit Prince* à New York, un an avant de disparaître en Méditerranée. Humphrey Bogart et Ingrid Bergman jouent dans *Casablanca* de Michael Curtiz. L'architecte Frank Lloyd Wright dessine la spirale du musée Guggenheim de New York, qui sera construite entre 1956 et 1959.	1943

DATE	FRANCE	EUROPE
	encourage les jeunes réfractaires à rejoindre les maquis.	**Cette défaite qui met fin à l'invincibilité allemande est généralement considérée comme le tournant de la guerre.**
	27 mai. Jean Moulin, représentant du général de Gaulle en France occupée, crée le Conseil national de la Résistance, qui rassemble les principaux réseaux. Il est arrêté le 21 juin à Caluire, près de Lyon, et remplacé par Georges Bidault.	
		10 juillet. Tandis que l'Armée rouge déclenche une offensive générale, le débarquement allié en Sicile ouvre un nouveau front.
		25 juillet. L'arrestation de Mussolini (il sera délivré par Skorzeny le 12 septembre) et la formation du gouvernement Badoglio conduisent à la conclusion d'un armistice le 8 septembre. L'Italie déclare même la guerre à l'Allemagne le 10 octobre.
		1er octobre. Les Alliés, qui ont pris pied dans le sud de la Botte en septembre, s'emparent de Naples.
	9 novembre. A Alger, de Gaulle évince le général Giraud et devient le seul président du Comité français de libération nationale.	

MONDE	ARTS ET SCIENCES	DATE
8 février. Les Japonais évacuent Guadalcanal : après les victoires de 1942, c'est le début du reflux.		

DATE	FRANCE	EUROPE
1944		
	1er février. L'ensemble des formations militaires de la Résistance se rassemblent au sein des Forces françaises de l'intérieur (F.F.I.).	
		12 mai. Offensive alliée contre la ligne *Gustav*, où les Allemands les bloquaient depuis cinq mois. Tandis que les Polonais attaquent le mont Cassin, les Français du général Juin percent dans les monts Aurunci et entrent dans Rome le 4 juin.
	3 juin. A Alger, le Comité français de libération nationale se transforme en Gouvernement provi-	

MONDE	ARTS ET SCIENCES	DATE
28 novembre. La conférence de Téhéran réunit pour la première fois Churchill, Roosevelt et Staline.		
	A Buenos Aires, Jorge Luis Borges publie un recueil de nouvelles, *Fictions.* Jean Dubuffet organise sa première exposition à Paris. A New York, le saxophoniste alto Charlie Parker et le pianiste Thelonious Monk créent un nouveau style de jazz, le bop ou be-bop. Marcel Carné achève le tournage du chef-d'œuvre du cinéma français, *les Enfants du paradis,* avec des dialogues de Jacques Prévert. L'Américain Oswald T. Avery démontre que l'ADN est le support de l'hérédité.	1944

DATE	FRANCE	EUROPE
	soire. C'est l'acte de naissance de la IVe République.	
		6 juin. Overlord : le débarquement allié en Normandie est la plus grande opération aéro-navale de tous les temps.
	10 juin. La division SS *Das Reich* massacre les habitants d'Oradour-sur-Glane.	
		31 juin. Après s'être heurtés pendant trois semaines à la résistance des Allemands, les Américains percent au sud d'Avranches.
		15 août. Débarquement allié en Provence. La jonction avec les troupes débarquées en Normandie a lieu le 12 septembre.
	20 août. Fin du régime de Vichy : Pétain, Laval et les autres responsables de l'Etat français fuient à Belfort, d'où ils se réfugient en septembre à Sigmaringen.	
		24 août. La 2e division blindée du général Leclerc entre dans Paris. Le général von Choltitz capitule le lendemain sans avoir exécuté

MONDE	ARTS ET SCIENCES	DATE
Juillet. Les accords de Bretton Woods, signés par 44 pays, fondent le système monétaire international sur le dollar, lui-même lié à l'or. Ils créent le Fonds monétaire international (FMI).		

DATE	**FRANCE**	**EUROPE**
		l'ordre donné par Hitler de brûler la ville.
	26 août. Le général de Gaulle descend triomphalement les Champs-Elysées.	
		3 septembre. Tandis que les Britanniques libèrent Bruxelles, l'Armée rouge entre en Hongrie.
	6 septembre. Le Gouvernement provisoire quitte Alger et s'installe à Paris.	
	5 octobre. Le droit de vote est accordé aux femmes.	
		16 décembre. Hitler lance une contre-offensive dans les Ardennes. Mais ce dernier sursaut s'achève à la mi-janvier par une défaite complète.
1945		
	16 janvier. Nationalisation des usines Renault. Cette mesure est la première d'une série de prises de contrôle par l'Etat des secteurs	

MONDE	ARTS ET SCIENCES	DATE
26 octobre. La bataille aéronavale de Leyte, dans l'archipel des Philippines, est le point culminant de la reconquête engagée par Nimitz et MacArthur. Elle se solde par la destruction de la flotte japonaise.		
	Roberto Rossellini tourne *Rome ville ouverte*, véritable manifeste du néoréalisme italien.	1945

DATE	FRANCE	EUROPE
	clés de l'économie : électricité, gaz, charbon, grandes banques de dépôt et assurances.	
		4 février. Ouverture de la conférence de Yalta, au cours de laquelle Staline, Roosevelt et Churchill préparent la fin de la guerre et prévoient la partition de l'Allemagne.
		13 et 14 février. Dresde est rasée par les bombardements alliés.
		13 avril. Les Soviétiques entrent dans Vienne.

Monde	Arts et Sciences	Date
9 mars. Les Japonais massacrent par surprise les garnisons françaises en Indochine : ils créent ainsi les conditions qui vont permettre au Viêt-minh de remplacer la puissance coloniale. 10 mars. Les bombardements américains sur Tokyo font plus de victimes civiles que n'en causera la bombe d'Hiroshima. 1er avril. Les Américains débarquent à Okinawa. 12 avril. Mort de Franklin D. Roosevelt, qui venait d'entamer son quatrième mandat présidentiel (cas unique dans l'histoire des Etats-Unis). Il est remplacé par Harry Truman.		

Date	France	Europe
		28 avril. Libération de Dachau et de Ravensbrück. Mussolini est fusillé près de Côme.
		30 avril. Hitler se suicide dans son bunker, deux jours avant la chute de Berlin.
		8 mai. La capitulation sans conditions des armées allemandes met fin à la guerre en Europe.
		17 juillet. Ouverture de la conférence de Potsdam, qui réunit Staline, Truman et Churchill (ce dernier est remplacé le 28 par le nouveau Premier ministre travailliste, Clement Attlee). Dans le prolongement de Yalta, les Alliés reconnaissent tacitement l'hégémonie soviétique en Europe de l'Est et redécoupent la Pologne : amputée de ses régions orientales

Monde	Arts et Sciences	Date
26 juin. Clôture de la conférence de San Francisco, qui donne naissance à l'Organisation des Nations unies (ONU).		
	Le 16 juillet (soit trois semaines avant Hiroshima), la première bombe atomique explose dans le désert du Nouveau-Mexique. Elle a été mise au point dans le laboratoire de Los Alamos par l'équipe du projet Manhattan, dirigée par Robert Oppenheimer.	

DATE	FRANCE	EUROPE
		au profit de l'URSS, celle-ci annexe à l'ouest des territoires peuplés d'Allemands, jusqu'à la ligne Oder-Neisse.
	15 août. La condamnation à mort de Pétain est la mesure la plus spectaculaire de l'épuration. Contrairement à Laval, il voit sa peine commuée en réclusion perpétuelle.	

MONDE	ARTS ET SCIENCES	DATE
6 août. Pour abréger la durée du conflit, mais aussi pour tester une arme nouvelle, les Américains lâchent une première bombe atomique sur Hiroshima, puis une seconde le 9 août sur Nagasaki.		
14 août. L'empereur Hirohito annonce à son peuple la capitulation du Japon, qui sera signée le 2 septembre. C'est la fin du plus grand conflit de l'Histoire, tant par l'ampleur des destructions que par l'énormité du bilan humain : environ 50 millions de morts.		
17 août 1945. Sukarno proclame l'indépendance de la République indonésienne et en assume la présidence. Les Pays-Bas tenteront de reconquérir par la force leur ancienne colonie, jusqu'à la conclusion d'un accord en décembre 1949.		
2 septembre. A Hanoï, le communiste Hô Chi Minh proclame l'indépendance de la République démocratique du Vietnam. Mais		

DATE	FRANCE	EUROPE
	4 octobre. Création de la Sécurité sociale.	
		20 novembre. Ouverture du procès de Nuremberg, chargé de juger les principaux dirigeants nazis. Il s'achèvera le 1er octobre 1946.
		29 novembre. Proclamation de la République de Yougoslavie, le seul pays d'Europe orientale à s'être libéré du joug nazi par ses propres forces.
1946		

Monde	Arts et Sciences	Date
la France ne reconnaît pas le nouvel Etat et charge le général Leclerc de reprendre le contrôle du pays.		
	A Marseille, Le Corbusier commence la construction d'un ensemble de logements prévus pour 1 500 personnes : la *Cité radieuse.* Le peintre américain Jackson Pollock crée l'*action painting*, illustré par les coulures et les giclures de ses *drippings.* Première édition du festival de Cannes. Un cow-boy solitaire apparaît dans la bande dessinée : *Lucky Luke*, du Belge Morris. **Une équipe de l'université de Pennsylvanie dirigée par Prosper Eckert et John Mauchly met au point le premier calculateur électronique ou ordinateur : l'Eniac utilise un système de code binaire, mais pèse 30 tonnes.**	1946

Date	France	Europe
		11 janvier. Enver Hoxha, chef de la résistance communiste, proclame la République populaire d'Albanie. Il exercera une dictature sans partage jusqu'à sa mort, en 1985.
	20 janvier. Démission du général de Gaulle, qui craint un retour aux mœurs de la IIIe République. Alors qu'il comptait revenir rapidement au pouvoir, sa « traversée du désert » durera plus de douze ans.	
		2 juin. Les Italiens se prononcent par référendum pour l'instauration de la république. La démocratie chrétienne d'Alcide De Gasperi s'impose alors comme la force politique dominante – et elle le demeurera durant près d'un demi-siècle.
		15 septembre. Proclamation de la République populaire de Bulgarie. Les communistes élimineront tous les partis d'opposition au cours de l'année suivante.

Monde	Arts et Sciences	Date
24 février. Juan Peron est élu président de la République argentine. Jusqu'à son départ en exil, en septembre 1955, il appliquera les principes du « justicialisme » : justice sociale, autoritarisme, neutralisme.		
4 juillet. Proclamation de l'indépendance des Philippines avec l'accord des Etats-Unis.		

DATE	FRANCE	EUROPE
	13 octobre. La constitution de la IVe République est adoptée par référendum.	
1947	16 janvier. Le socialiste Vincent Auriol est élu président de la République.	
	4 mai. Le président du Conseil Ramadier renvoie les ministres	

Monde	Arts et Sciences	Date
Décembre. Hô Chi Minh lance des attaques surprises contre les garnisons françaises du Tonkin : après l'échec des négociations, la guerre s'installe en Indochine. Elle va durer trente ans.		
	Boris Vian devient le porte-parole d'une nouvelle génération avec *l'Ecume des jours.* Le Britannique Malcolm Lowry publie l'œuvre d'une vie : *Au-dessous du volcan.* A l'initiative du poète René Char, Jean Vilar crée le festival d'Avignon.	1947
4 janvier. L'indépendance de la Birmanie et, un mois plus tard, celle du Sri Lanka, sont les premières étapes du démantèlement de l'empire britannique des Indes.		
3 mai. Entrée en vigueur de la nouvelle constitution japonaise, préparée par le général américain MacArthur et inspirée des institutions britanniques.		

DATE	FRANCE	EUROPE
	communistes. C'est la fin de l'alliance tripartite P.C.F.-S.F.I.O.-M.R.P. (démocrates-chrétiens) qui gouvernait la France depuis la Libération.	
	19 décembre. Les grèves très dures qui touchent la France depuis le retour des communistes dans l'opposition entraînent une scission de la CGT et la création du syndicat modéré Force ouvrière.	
		30 décembre. L'abdication du roi Michel Ier est aussitôt suivie par la proclamation de la République populaire roumaine.
1948		

Monde	**Arts et Sciences**	**Date**
15 août. La proclamation de l'indépendance de l'Inde s'accompagne d'une partition. Tandis que la majeure partie du pays passe sous l'autorité du Premier ministre Jawaharlal Nehru, les régions à majorité musulmane forment le Pakistan. Ce divorce se solde par des centaines de milliers de morts et par des millions de réfugiés.		
	Deux ans après *Sciuscia*, le néoréaliste Vittorio De Sica tourne *le Voleur de bicyclette.* **L'astrophysicien américain George Gamow énonce la théorie du Big Bang.** Ses hypothèses sur l'existence d'un rayonnement thermique témoignant de cette explosion originelle se révèleront exactes en 1965.	1948

Date	France	Europe
		Février. « Coup de Prague » : les communistes s'emparent du pouvoir en exerçant un chantage à la guerre civile sur le président Benes. La Tchécoslovaquie devient officiellement une démocratie populaire le 9 mai.
		Avril. Lancement du plan Marshall : les Etats-Unis accordent d'importants crédits aux pays d'Europe pour accélérer la reconstruction et le redémarrage économiques. Cette aide est refusée par l'ensemble des satellites de l'URSS.
		24 juin. La guerre froide, déclenchée par le « coup de Prague », franchit un nouveau palier avec le blocus des secteurs occidentaux de Berlin par les Soviétiques. Celui-ci se soldera par un échec grâce au pont aérien établi par les Américains, et les communications terrestres reprendront en mai 1949.
		29 juin. Rupture entre Moscou et Belgrade. La Yougoslavie du maré-

Monde	Arts et Sciences	Date
14 mai. A la suite de la résolution de l'ONU du 29 novembre 1947, fondation de l'Etat d'Israël. David Ben Gourion, son premier chef de gouvernement, doit aussitôt affronter une coalition rassemblant l'Egypte, la Syrie, l'Irak, la Transjordanie et le Liban. Cette première guerre israélo-arabe s'achèvera en juillet 1949.		

Date	France	Europe
		chal Tito, mise au ban du bloc stalinien, s'engage alors dans la construction d'un modèle socialiste original : l'autogestion. Décembre. En Pologne, le stalinien Boleslaw Bierut l'emporte sur le communiste « modéré », Wladyslaw Gomulka. Le pays perd toute autonomie et devient un simple satellite de l'URSS.
1949	Des mesures telles que la suppression des tickets alimentaires et du rationnement de l'essence indiquent que le pays surmonte peu à peu les difficultés résultant de la guerre.	

Monde	**Arts et Sciences**	**Date**
	Après avoir adopté la langue française, le Roumain E. M. Cioran expose son pessimisme absolu dans *Précis de décomposition.* Simone de Beauvoir rassemble les thèses féministes dans *le Deuxième Sexe.* George Orwell dénonce les différentes formes du totalitarisme dans *1984.*	1949
24 janvier. La Transjordanie annexe la Cisjordanie sous mandat britannique et prend le nom de royaume Hachémite de Jordanie. **4 avril. A Washington, naissance de l'Organisation du traité de l'Atlantique Nord (OTAN).** Les signataires du pacte sont les Etats-Unis, la Belgique, le Canada, le Danemark, la France, la Grande-Bretagne, l'Islande, l'Italie, le Luxembourg, les Pays-Bas, le Portugal et la Norvège. Ils seront rejoints par la Grèce et la Turquie en 1952, par la RFA en 1955 et par l'Espagne en 1982.		

DATE	FRANCE	EUROPE
		20 août. Proclamation de la République populaire de Hongrie. 29 août. En Grèce, la guerre civile qui fait rage depuis l'automne 1944 s'achève par la victoire des troupes gouvernementales sur la guérilla communiste retranchée dans les monts Grammos, à la frontière albanaise. **15 septembre. Naissance de la République fédérale d'Allemagne (RFA), dont Konrad Adenauer devient le premier chancelier.** 7 octobre. Fondation de la République démocratique allemande (RDA), correspondant à la zone d'occupation soviétique.

Monde	Arts et Sciences	Date
23 septembre. L'explosion de la première bombe atomique soviétique met fin au monopole des Etats-Unis : le monde entier va désormais vivre dans la peur d'une troisième guerre mondiale s'achevant en cataclysme nucléaire. 1er octobre. A Pékin, Mao Zedong proclame la République populaire de Chine. Le parti communiste, soutenu par l'URSS, a fini par l'emporter sur le Guomindang de Tchang Kaï-chek, qui se replie en décembre sur l'île de Taiwan (Formose).		

Date	France	Europe
1950		
1951		

Monde	Arts et Sciences	Date
	La Cantatrice chauve d'Eugène Ionesco connaît un échec retentissant, mais donne naissance au théâtre de l'absurde. Ray Bradbury donne une version poétique des grands thèmes de la science-fiction dans *Chroniques martiennes.*	1950
9 février. Joseph McCarthy, sénateur républicain du Wisconsin, lance une croisade anticommuniste (la « chasse aux sorcières ») dont les cibles privilégiées sont Hollywood, les universités, la presse et l'administration fédérale. **25 juin. L'invasion de la Corée du Sud par l'armée nord-coréenne déclenche un conflit international.** Le commandement des troupes américaines est confié au général MacArthur, qui doit se retirer au sud du 38e parallèle au mois de novembre, du fait de l'entrée en lice de 300 000 soldats chinois. 7 octobre. L'armée chinoise envahit le Tibet, considéré par Pékin comme une simple province.		
	J. D. Salinger marie humour désabusé et romantisme adolescent dans *l'Attrape-cœur.* Marguerite Yourcenar ressuscite le monde antique dans *les Mémoires d'Hadrien,* tandis que Julien Gracq évoque un pays imaginaire dans *le Rivage des Syrtes.*	1951

Date	France	Europe
	8 mars. Antoine Pinay devient président du Conseil. En neuf mois de pouvoir, il jugule l'inflation et rétablit les finances publiques grâce à l'emprunt qui porte son nom – et qui lui vaudra une popularité durable dans les classes moyennes.	
		18 avril. La France, la RFA, l'Italie, la Belgique, les Pays-Bas et le Luxembourg s'unissent au sein de la Communauté européenne du charbon et de l'acier (C.E.C.A.), qui constitue une première étape dans la construction européenne. Ses principaux artisans ont été Robert Schuman et Jean Monnet.
		16 juillet. En Belgique, Baudouin Ier succède à son père Léopold III. Il règnera jusqu'en 1993.
1952		Elisabeth II, âgée de 25 ans, succède à son père Georges VI sur le trône de Grande-Bretagne.

Monde	Arts et Sciences	Date
	Sidney Bechet enregistre *Petite fleur* et *Dans les rues d'Antibes.* Stanley Donen tourne l'un des chefs-d'œuvre de la comédie musicale, *Chantons sous la pluie.* Georges Brassens débute avec *le Gorille.* La société américaine IBM met au point sa première calculatrice automatique (ordinateur).	1952
23 février. Gamal Abdel Nasser et le mouvement clandestin des officiers libres prennent le pouvoir en Egypte. Nasser deviendra Premier ministre en novembre 1954, puis président de la République en juin 1956.		

Date	France	Europe
1953		5 mars. Mort de Joseph Staline. Une direction collégiale lui succède à la tête du parti : Malenkov, Beria, Boulganine, Molotov, Kaganovitch et Nikita Khrouchtchev. Ce dernier va successivement éliminer tous ses rivaux et imposer une politique de détente dans les relations internationales.
	23 décembre. Election de René Coty à la présidence de la République.	

MONDE	ARTS ET SCIENCES	DATE
11 août. Hussein de Jordanie entame un règne qui va durer près d'un demi-siècle. 4 novembre. Le républicain Dwight Eisenhower est élu président des Etats-Unis. Il sera reconduit pour un second mandat en 1956.		
	Les Gommes d'Alain Robbe-Grillet tient lieu de manifeste au Nouveau Roman, école littéraire à laquelle on peut rattacher Nathalie Sarraute, Claude Simon, Michel Butor et Robert Pinget. Création, en langue française, d'*En attendant Godot*, de l'Irlandais Samuel Beckett.	1953
27 juillet. Les Américains n'ayant pas voulu d'un conflit généralisé avec la Chine, la guerre de Corée se conclut par un retour au *statu quo ante* : le Nord et le Sud sont séparés par le 38e parallèle.		

Date	France	Europe
1954	17 juin. Pierre Mendès France devient président du Conseil, poste qu'il conserve jusqu'en février 1955. Son ministère de centre gauche est marqué par la signature des accords de Genève, qui mettent fin à la guerre d'Indochine, mais il ne survit pas au déclenchement de l'insurrection algérienne, le 1er novembre.	

MONDE	ARTS ET SCIENCES	DATE
	JRR Tolkien s'inspire des contes de fées et des romans de la Table ronde dans sa trilogie, *le Seigneur des anneaux.* ***Rock around the clock*** **de Bill Haley et *That's all right mama* d'Elvis Presley marquent la naissance du rock'n roll. Loin de se limiter au domaine musical, celui-ci va exercer une influence déterminante sur l'évolution des sociétés occidentales.** Akira Kurosawa tourne un western japonais, *les Sept Samourais.* Les premiers transistors (radios) sont commercialisés aux Etats-Unis.	1954
7 mai. Le corps expéditionnaire français subit un véritable désastre à Dien Bien Phu.		
21 juillet. Les accords de Genève instaurent le cessez-le-feu en Indochine. Le Vietnam est divisé en deux zones de part et d'autre du 17e parallèle : le Vietminh d'Hô Chi Minh s'empare du		

Date	France	Europe
1955		En réaction à l'entrée de la RFA dans l'OTAN, l'URSS signe le pacte de Varsovie avec l'Albanie, la Bulgarie, la Hongrie, la Pologne, la RDA, la Roumanie et la Tchécoslovaquie. Cette alliance militaire permettra à plusieurs reprises d'étouffer des insurrections dans les démocraties populaires.

Monde	Arts et Sciences	Date
Nord et établit sa capitale à Hanoï. Ces accords, bien loin de mettre fin à la guerre d'Indochine, représentent plutôt un passage de relais entre la France et les Etats-Unis.		
1er novembre. Encouragé par le retrait des Français d'Indochine, le FLN (Front de libération nationale) déclenche une insurrection en Kabylie et dans les Aurès. C'est le début de la guerre d'Algérie.		
	Dans *Tristes tropiques*, Claude Lévi-Strauss abandonne le ton détaché de l'anthropologue pour dénoncer le sort réservé par le monde moderne aux peuples primitifs. Vladimir Nabokov fait scandale avec *Lolita*, impitoyable satire du mode de vie américain dans laquelle il raconte les amours d'un homme d'âge mûr avec une « nymphette ». Lancement de la première centrale nucléaire à Calder Hall (Grande-Bretagne). Celle de Marcoule (France) est mise en service l'année suivante.	1955
18 avril. Ouverture de la conférence de Bandung (Indonésie), qui rassemble 29 pays d'Afrique et d'Asie. Elle prône l'accélération de la décolonisation et l'organisation politique du tiers monde.		

Date	France	Europe
1956	2 janvier. A la surprise générale, les élections législatives donnent 52 députés à l'Union de défense des commerçants et artisans (U.D.C.A.), dirigée par Pierre Poujade. Cependant, le poujadisme ne sera qu'un feu de paille, vite étouffé par les succès de la Ve République. 30 janvier. Guy Mollet devient président du Conseil. Son ministère survit jusqu'au 21 mai 1957 (record de longévité pour la IVe République). Hormis la signature du traité de Rome instituant la CEE, son action est dominée par la mise en œuvre de la décolonisation et plus encore par la guerre d'Algérie.	
		14 février. Ouverture du XXe congrès du parti communiste de l'URSS, qui adopte la politique de coexistence pacifique avec l'Occident. En lisant aux délégués son rapport secret sur les excès du culte de la personnalité et sur les crimes de Staline, Khrouchtchev amorce la déstalinisation, mais jette aussi le trouble dans l'esprit de nombreux partisans de l'URSS à travers le monde.

Monde	Arts et Sciences	Date
	Sortie du *Septième Sceau*, du Suédois Ingmar Bergman. **Le médecin américain Gregory G. Pincus met au point la première « pilule » contraceptive.**	1956

DATE	FRANCE	EUROPE
		20 octobre. A la suite d'émeutes ouvrières réclamant la fin des persécutions religieuses, l'URSS réhabilite Wladyslaw Gomulka, le replace à la tête du parti polonais et accepte une certaine libéralisation du régime. 4 novembre. Les troupes soviétiques entrent dans Budapest pour écraser l'insurrection nationale encouragée par la déstalinisation et par l'exemple polonais. La répression de la « révolution hongroise » amène au pouvoir Janos Kadar.

Monde	Arts et Sciences	Date
2 mars. La France reconnaît l'indépendance du Maroc, qui devient un royaume l'année suivante sous l'égide de Mohammed V. 20 mars. La France reconnaît l'indépendance de la Tunisie. Habib Bourguiba fait proclamer la république le 25 juillet 1957 et devient son premier président. 26 juillet. La nationalisation du canal de Suez par le colonel Nasser déclenche une expédition franco-anglo-israélienne. Mais les Etats-Unis et l'URSS imposent le cessez-le-feu en novembre. Nasser devient alors le héros du monde arabe et plus généralement du tiers monde. 2 décembre. Fidel Castro débarque à Cuba. Avec quelques fidèles,		

DATE	FRANCE	EUROPE
1957		25 mars. Le traité de Rome institue la Communauté économique européenne, également appelée Marché commun ou Europe des Six, qui regroupe les membres de la C.E.C.A. : France, RFA, Italie, Pays-Bas, Belgique et Luxembourg.
1958		27 mars. Nikita Khrouchtchev, qui dirigeait déjà le parti communiste depuis 1953, remplace Boulganine à la tête de l'Etat.

Monde	Arts et Sciences	Date
parmi lesquels Ernesto Che Guevara, il prend le maquis dans la Sierra Maesta contre les troupes de Batista.		
Janvier. La bataille d'Alger, remportée par les parachutistes de Massu et Bigeard, illustre le paradoxe de la guerre d'Algérie : les succès militaires français ne peuvent enrayer les victoires politiques et diplomatiques du FLN.	Jack Kerouac, chef de file de la Beat Generation, publie *Sur la route*. Le prince sicilien Giuseppe Tomasi di Lampedusa achève *le Guépard*, qui sera publié l'année suivante à titre posthume et adapté au cinéma par Luchino Visconti en 1963.	1957
	4 octobre. Les Soviétiques inaugurent la conquête de l'espace avec le lancement du premier satellite artificiel, baptisé Spoutnik.	
1er février. Nasser fonde la République arabe unie, regroupant l'Egypte et la Syrie, puis le Yémen. Cette tentative d'unification tournera court dès 1961.		1958
Mai. Après l'échec de la campagne des Cent-Fleurs l'année précédente,		

DATE	FRANCE	EUROPE
	13 mai. L'incapacité de la IVe République à résoudre la crise algérienne entraîne les émeutes d'Alger et la formation d'un Comité de salut public dirigé par le général Massu. Le 14, celui-ci en appelle au général de Gaulle, qui se déclare « prêt à assumer les pouvoirs de la République ». 1er juin. Le général de Gaulle remplace Pierre Pfimlin à la présidence du Conseil et reçoit les pleins pouvoirs pour régler la crise algérienne et rédiger une nouvelle constitution. Au terme de douze années de « traversée du désert », c'est le « retour aux affaires » du seul homme politique français capable d'éviter l'éclatement d'une guerre civile. 4 octobre. La promulgation de la nouvelle constitution, adoptée par référendum le 28 septembre, marque officiellement la fin de la IVe République et le début de la Ve.	
1959		

Monde	Arts et Sciences	Date
Mao Zedong lance le Grand Bond en Avant, destiné à rattraper en quinze ans le niveau industriel de la Grande-Bretagne. Cette politique volontariste se soldera par un nouveau fiasco.		
1er janvier. Fidel Castro prend le pouvoir à Cuba, établit un régime	*Les Quatre Cents Coups* de François Truffaut et *A bout de souffle* de	1959

Date	France	Europe
	8 janvier. Charles de Gaulle, élu le 21 décembre précédent, succède à René Coty à la présidence de la République et nomme Michel Debré au poste de Premier ministre.	
1960	1er janvier. Le ministre des Finances Antoine Pinay institue le franc lourd ou nouveau franc, dont la valeur est le centuple de l'ancien franc.	
	24 janvier. La décision prise par de Gaulle de s'engager dans la voie de l'autodétermination entraîne les « journées des barricades » à Alger.	

MONDE	ARTS ET SCIENCES	DATE
dictatorial et amorce très vite un rapprochement avec l'URSS.	Jean-Luc Godard annoncent le renouveau du cinéma français : la Nouvelle Vague. René Goscinny et Albert Uderzo créent le plus illustre Gaulois de la bande dessinée : *Astérix.* Inauguration du pont de Tancarville, ouvrage de plus 1 400 mètres de long reliant les deux rives de la Seine.	
17 mars. Le XIVe dalaï-lama fuit le Tibet en proie à la répression chinoise et se réfugie en Inde.		
Au terme d'un processus amorcé par la loi-cadre du 16 juin 1956, Madagascar et les pays anciennement regroupés au sein de l'A.-E. F. et de l'A.-O. F. accèdent à l'indépendance. Il en est de même pour le Congo belge et pour les anciennes colonies britanniques (le Ghana est indépendant en 1957, le Nigeria en 1960, la Sierra Leone et le Tanganyka (future Tanzanie) en 1961, le Kenya, la Zambie et le Malawi en 1963, la Gambie en 1965).	Conçue par l'architecte Oscar Niemeyer, la ville nouvelle de Brasilia devient la capitale du Brésil. Andy Warhol (*Dick Tracy*) et Roy Lichtenstein lancent une nouvelle école artistique : le Pop Art. **Alfred Hitchcock remporte l'un de ses plus grands succès avec *Psychose.*** **Six ans après *la Strada,* Federico Fellini réalise *La Dolce Vita.***	1960

DATE	FRANCE	EUROPE
	13 février. La première bombe atomique française explose à Reggane, dans le Sahara algérien.	
1961		
	22 avril. Les généraux Salan, Challe, Jouhaud et Zeller déclenchent le putsch d'Alger. De Gaulle en vient facilement à bout grâce à son appel aux soldats du contingent, mais cet épisode accélère la radicalisation d'une partie de la communauté	

MONDE	ARTS ET SCIENCES	DATE
Juillet. L'URSS rappelle les experts qui travaillaient sur plusieurs centaines de projets industriels chinois : c'est la rupture sino-soviétique et la scission du bloc communiste.		
8 novembre. Le démocrate John F. Kennedy l'emporte sur le républicain Richard Nixon à l'élection présidentielle américaine.		
26 février. Hassan II succède à son père Mohammed V à la tête du royaume du Maroc.		1961
	12 avril. Le Soviétique Iouri Gagarine est le premier homme dans l'espace : il effectue une révolution autour de la Terre à bord de Vostock 1.	
19 avril. Echec du débarquement de la baie des Cochons organisé par les Etats-Unis. Le 1er mai, Fidel Castro fait de Cuba une république socialiste.		

DATE	FRANCE	EUROPE
	européenne d'Algérie. L'Organisation armée secrète (O.A.S.), fondée en février 1961, organise des campagnes d'attentats meurtriers en Algérie comme en métropole.	
		13 août. Les Soviétiques commencent à édifier le mur de Berlin pour empêcher la fuite vers l'Ouest des ressortissants de la RDA. Cet ouvrage de béton va devenir le symbole du rideau de fer qui coupe l'Europe en deux.
		9 décembre. L'Albanie rompt ses relations diplomatiques avec l'URSS et se rapproche de la Chine. Pendant trente ans, le pays va vivre en quasi-autarcie.
1962		

Monde	Arts et Sciences	Date
	Les autorités soviétiques autorisent la publication d'*Une journée d'Ivan Denissovitch.* Alexandre Soljenitsyne entame ainsi une œuvre qui dénonce un univers concentrationnaire, le Goulag, tout à fait comparable aux camps nazis. Au fil des années, il va semer le doute chez les sympathisants de l'URSS et saper le prestige moral du communisme international. Originaires de Manchester, les Beatles enregistrent leur premier disque, tandis que les Rolling Stones se forment à Londres. Après les pionniers américains, ces deux groupes anglais vont faire triompher le rock'n'roll dans le monde entier.	1962

Date	France	Europe
	8 avril. Un référendum approuve les accords d'Evian qui font de l'Algérie un Etat indépendant.	
	14 avril. La question algérienne étant réglée, Georges Pompidou remplace Michel Debré au poste de Premier ministre.	
	22 août. La vague d'attentats perpétrés par l'OAS en métropole culmine avec la tentative d'assassinat du général de Gaulle au Petit-Clamart, organisée par le lieutenant-colonel Bastien-Thiry.	
		Septembre. Le voyage triomphal du général de Gaulle en RFA et ses discussions avec le chancelier Adenauer scellent la réconciliation franco-allemande.

Monde	Arts et Sciences	Date
18 mars. La guerre d'Algérie s'achève avec la signature des accords d'Evian, qui débouchent sur l'indépendance (3 juillet), mais aussi sur l'exode massif des pieds-noirs : plus d'1 million de personnes sont rapatriées en métropole.		
Septembre. L'installation de missiles soviétiques à Cuba provoque une crise internationale. Sous la pression des Etats-Unis et de leurs alliés, Khrouchtchev accepte de démanteler ses bases de fusées le 26 octobre. Cet incident majeur, au cours duquel les grandes puissances ont compris qu'une guerre nucléaire pouvait éclater à la suite d'une escalade incontrôlée, va les encourager à renforcer la coexistence pacifique.		

DATE	FRANCE	EUROPE
	28 octobre. Un référendum approuve l'élection du président de la République au suffrage universel. Ainsi se met en place la pièce maîtresse de la constitution de la Ve république.	
1963		
1964		

Monde	**Arts et Sciences**	**Date**
11 octobre. Jean XXIII ouvre le concile de Vatican II, dont la dernière session s'achèvera en décembre 1965, sous le pontificat de Paul VI. Ses maîtres mots sont l'œcuménisme et l'adaptation de l'Eglise au monde moderne.		
	14 décembre. La sonde spatiale américaine Mariner 2 survole Vénus. Deux ans plus tard, Mariner 4 survolera Mars.	
30 août. Pour éviter le renouvellement d'une crise aussi aiguë que celle de Cuba, un « téléphone rouge » relie désormais la Maison-Blanche au Kremlin.		1963
22 novembre. Kennedy est assassiné à Dallas dans des circonstances énigmatiques. Il est remplacé par le vice-président Lyndon B. Johnson, qui sera reconduit en novembre 1964.		
	Après un long séjour en Amérique, Luis Bunuel entame la dernière partie de sa carrière en France avec *le Journal d'une femme de chambre.*	1964

Date	France	Europe
		14 octobre. Khrouchtchev est limogé pour « aventurisme ». Leonid Brejnev le remplace à la tête du Parti, Alexis Kossyguine à la tête du Conseil des ministres.
1965		
	29 octobre. L'enlèvement en plein Paris et la disparition mystérieuse de Mehdi Ben Barka, le leader de l'opposition marocaine, provoquent l'un des plus grands scandales de l'histoire de la Ve République.	

Monde	Arts et Sciences	Date
27 janvier. La France reconnaît la Chine populaire, qui rompt ainsi l'isolement dont elle était l'objet depuis 1949.		
Juin. L'arrivée au Viêt Nam du général William Westmoreland marque le début de l'engagement américain. De quelques milliers de « conseillers », les effectifs vont passer à plus de 120 000 hommes durant l'été 1965 et à près de 600 000 en 1968. Très vite, le Laos et le Cambodge sont happés par la guerre.		
	En disséquant un fait divers tragique dans *De sang froid*, l'Américain Truman Capote crée un genre littéraire nouveau, le *non-fiction novel* ou roman-vérité.	1965
19 juin. Le président algérien Ahmed Ben Bella est renversé par le colonel Houari Boumediene, qui restera au pouvoir jusqu'en décembre 1978.		

Date	France	Europe
	19 décembre. Après avoir été mis en ballotage au premier tour, de Gaulle l'emporte largement sur François Mitterrand au second tour de l'élection présidentielle.	
1966		
	7 mars. Ardent défenseur de l'indépendance nationale, de Gaulle décide de se retirer du commandement intégré de l'OTAN – tout en restant un allié fidèle des Etats-Unis.	

Monde	Arts et Sciences	Date
25 novembre. Le général Mobutu s'empare du pouvoir au Congo-Kinshasa (qui prendra le nom de Zaïre en 1971).		
31 décembre. Un coup d'Etat porte Jean Bedel Bokassa au pouvoir en République centrafricaine.		
	Jacques Brel abandonne la scène et se retire aux îles Marquises.	1966
19 janvier. Deux ans après la mort de son père Nehru, Indira Gandhi devient Premier ministre de l'Inde.		
	3 février. Après une série d'échecs, la sonde soviétique Luna 9 se pose en douceur sur l'océan des Tempêtes et transmet des images de la Lune.	
Mai. Début de la Révolution culturelle en Chine. Mao Zedong et son dauphin Lin Biao lancent les jeunes « gardes rouges » à l'assaut		

Date	France	Europe
1967	12 mars. Face à une montée de l'opposition incarnée par le centriste Jean Lecanuet et par François Mitterrand, la majorité gaulliste l'emporte d'extrême justesse aux élections législatives.	

MONDE	ARTS ET SCIENCES	DATE
des derniers vestiges du capitalisme et des cadres tentés par le « révisionnisme ». Cette initiative, qui va provoquer plusieurs millions de morts, est en fait un moyen d'abattre l'aile modérée du parti communiste, incarnée par Liu Shaoqi et Deng Xiaoping.		
	Le Colombien Gabriel Garcia Marquez mêle réalisme et fantastique dans l'un des ouvrages les plus caractéristiques de la littérature latino-américaine : *Cent ans de solitude.* Une nouvelle génération musicale apparaît aux Etats-Unis : Jimi Hendrix, Janis Joplin, les Doors et le Velvet Underground de Lou Reed enregistrent leur premier disque. Après avoir débuté en Pologne, Roman Polanski réalise *le Bal des vampires* en Grande-Bretagne. Il poursuivra sa carrière aux Etats-Unis et en France. L'Italien Hugo Pratt crée un nouveau héros de bande dessinée : *Corto Maltese.* **Le chirurgien sud-africain Christian Barnard pratique la première greffe de cœur sur un patient humain.**	1967

Date	France	Europe
		21 avril. Dans un contexte de tension politique exacerbée par la crise de Chypre (revendiquée par la Grèce et par la Turquie), une junte militaire prend le pouvoir à Athènes. Le colonel Georges Papadhopoulos s'impose au cours des mois suivants comme l'homme fort de la dictature.

Monde	**Arts et Sciences**	**Date**
30 mai. Le Biafra, région orientale du Nigeria, fait sécession. La guerre qui s'ensuit, et qui s'achèvera par la réunification en janvier 1970, provoque une effroyable famine. **5-10 juin. Israël écrase les forces égyptiennes, jordaniennes, syriennes et irakiennes au cours de la guerre des Six-Jours. Ses victoires lui permettent d'occuper le Sinaï, la bande de Gaza, la Cisjordanie (y compris Jérusalem) et le plateau du Golan. Mais le départ en exil de nombreux Palestiniens va renforcer les mouvements de résistance adeptes des méthodes terroristes.** 24 juillet. « Vive le Québec libre ! » s'exclame de Gaulle à Montréal. Cette prise de position fracassante va encourager le mouvement indépendantiste et favoriser l'accession à l'égalité des Canadiens francophones. 2 décembre. Omar Bongo devient président du Gabon.		

Date	France	Europe
		9 décembre. Nicolae Ceausescu cumule les fonctions de chef du parti communiste et de chef de l'Etat roumain. Tout en menant une politique extérieure relativement indépendante vis-à-vis de Moscou, il va instaurer l'une des dictatures les plus féroces du bloc communiste.
1968		**5 janvier. Alexander Dubcek devient premier secrétaire du parti communiste tchécoslovaque et lance un programme audacieux de libéralisation, dans le but de fonder un « socialisme à visage humain ». C'est le début du printemps de Prague.**

Monde	Arts et Sciences	Date
	Albert Cohen publie l'un des romans d'amour les plus originaux du XXe siècle : *Belle du seigneur.* A 23 ans, Patrick Modiano entame une carrière de romancier avec *Place de l'Etoile.* L'Américain Stanley Kubrick renouvelle le film de science-fiction avec *2001, l'Odyssée de l'espace.*	1968
30 janvier. Les communistes viêtnamiens lancent l'offensive du Têt. Celle-ci se solde par une défaite, mais l'âpreté des combats amène les Américains à douter de l'issue de la guerre et à engager des négociations de paix. 4 avril. Assassinat du pasteur Martin Luther King, qui incarnait le combat non violent pour l'émancipation des Noirs américains.		

Date	France	Europe
	2 mai. La fermeture de la faculté de Nanterre, et le lendemain celle de la Sorbonne, sont les prémices d'une révolte étudiante qui gagne rapidement presque toute la France. 13 mai. Profitant de la crise du pouvoir, les syndicats ouvriers lancent une grève générale : on comptera bientôt 10 millions de grévistes et de très nombreuses occupations d'usines. 27 mai. Malgré d'importantes concessions gouvernementales, les accords de Grenelle ne parviennent pas à enrayer le mouvement de contestation. 28 mai. Lors d'un meeting au stade Charléty, Mitterrand et Mendès France se déclarent prêts à assumer le pouvoir. 30 mai. Au lendemain d'un voyage énigmatique à Baden-Baden, où il a rencontré le général Massu, de Gaulle dissout la Chambre des députés, tandis qu'une énorme manifestation gaulliste défile sur les Champs-Elysées. La plupart des grévistes reprennent le travail au cours des jours suivants. 30 juin. La majorité gaulliste remporte très largement les élections législatives.	

Monde	Arts et Sciences	Date

DATE	FRANCE	EUROPE
	21 juillet. Maurice Couve de Murville remplace Georges Pompidou au poste de Premier ministre.	
		20 août. Craignant que la Tchécoslovaquie ne s'émancipe de la tutelle soviétique, les troupes du pacte de Varsovie envahissent le pays. La répression est confiée à Gustav Husak. 17 septembre. Une hémorragie cérébrale contraint Salazar à abandonner le pouvoir qu'il exerçait depuis quarante ans. Il est remplacé à la tête du Portugal par Marcelo Caetano.
1969		

MONDE	ARTS ET SCIENCES	DATE
Novembre. Le républicain Richard Nixon est élu président des Etats-Unis. Il sera reconduit en 1972.		
	Tandis que le festival de Woodstock, dans l'Etat de New York, réunit des centaines de milliers de *hippies*, Dennis Hopper réalise le film emblématique d'une génération : *Easy Rider*. Digne héritier du burlesque d'avant-guerre, Woody Allen réalise et interprète son premier film, *Prends l'oseille et tire-toi*. Jean-Pierre Melville évoque les grandes heures de la Résistance dans *l'Armée des ombres*. Les Britanniques R.G. Edwards et P.C. Steptoe réussissent la fécondation *in vitro* d'un ovule humain. Ces deux médecins seront à l'ori-	1969

Date	France	Europe
	27 avril. Le référendum sur la réforme du Sénat et sur la création des régions s'étant transformé en un véritable plébiscite pour ou contre de Gaulle, la victoire des « non » entraîne la démission du Général (celui-ci meurt l'année suivante, le 9 novembre 1970).	
	15 juin. Le gaulliste Georges Pompidou remporte l'élection présidentielle face au centriste Alain Poher, président du Sénat et président de la République par intérim. Le 20, il nomme Jacques Chaban-Delmas Premier ministre.	
		12-15 août. En Irlande du Nord, des policiers protestants tuent 8 catholiques et en blessent plusieurs centaines. Ces événements radicalisent les deux camps, les protestants « orangistes » et l'IRA (Armée républicaine irlandaise). C'est le début d'une guerre civile larvée, qui va durer trente ans.

MONDE	ARTS ET SCIENCES	DATE
	gine de la naissance du premier bébé-éprouvette en 1978. **Lancé en 1961, le programme d'exploration lunaire américain connaît son apothéose avec Apollo 11 : le 20 juillet à 20 h 17 min et 42 sec, Neil Armstrong pose le pied dans la mer de la Tranquillité. Il est suivi par son compagnon Edwin Aldrich. Cinq autres missions du même type se succèderont jusqu'en décembre 1972.**	

Date	France	Europe
		21 octobre. Le social-démocrate Willy Brandt devient chancelier en RFA. Il engage une politique d'ouverture à l'Est (Ostpolitik), qui aboutira à la reconnaissance mutuelle des deux Allemagnes le 21 décembre 1972.
1970		
		15-19 décembre. Les émeutes sanglantes qui éclatent à Gdansk et dans d'autres villes polonaises conduisent au remplacement de Gomulka par Edward Gierek.

Monde	Arts et Sciences	Date
1er septembre. Un coup d'Etat militaire porte le colonel Muammar al-Kadhafi au pouvoir en Libye.		
	Michel Tournier évoque les délires et l'effondrement du IIIe Reich dans *le Roi des aulnes.* Arthur Penn donne une image nouvelle des guerres indiennes dans *Little Big Man.* Premier vol d'essai du Concorde à Mach 2. L'exploitation commerciale débutera en 1976.	1970
19 septembre. Le roi Hussein entreprend de chasser les fedayin palestiniens de Jordanie (« septembre noir »). Les combats se poursuivent jusqu'à l'été 1971.		
28 septembre. Mort de Nasser, qui est remplacé à la tête de l'Egypte par Anouar el-Sadate.		

Date	France	Europe
1971	13 juin. Le congrès d'Epinay, qui organise la renaissance du parti socialiste, élit François Mitterrand au poste de premier secrétaire. Celui-ci dispose désormais de l'instrument nécessaire à la conquête du pouvoir.	

MONDE	ARTS ET SCIENCES	DATE
	Luchino Visconti adapte au cinéma *Mort à Venise*, de Thomas Mann. Le Britannique John Boorman réalise *Délivrance* aux Etats-Unis. Steven Spielberg s'impose dès son premier film, réalisé à l'âge de 23 ans : *Duel*. L'Italien Renzo Piano et le Britannique Richard Rogers dirigent les travaux du Centre Pompidou, qui sera inauguré en 1977. Les Soviétiques lancent la première station spatiale habitée, Saliout 1. Le Britannique G. N. Hountsfield et l'Américain A. McLeod Cormack inventent le scanner.	1971
25 janvier. Idi Amin Dada s'empare du pouvoir en Ouganda. Jusqu'à l'intervention de la Tanzanie en 1979, il exerce une dictature aussi ubuesque que sanglante.		
26 mars. Le cheikh Mujibur Rahman proclame l'indépendance du Bangladesh (Pakistan-Oriental). Celle-ci devient effective en décembre grâce au soutien militaire de l'Inde face aux forces pakistanaises.		

Date	France	Europe
1972	27 juin. Le parti communiste et le parti socialiste signent un programme commun de gouvernement, auquel se rallient bientôt les radicaux de gauche. Pour la première fois depuis le lendemain de la Seconde Guerre mondiale, l'Union de la gauche se reconstitue. 7 juillet. Le renforcement de la gauche, qui représente désormais une menace électorale, conduit Pompidou à former un gouvernement plus combatif et à en confier la direction à Pierre Messmer.	
1973		**1er janvier. Georges Pompidou ayant levé dès 1969 le veto du général de Gaulle, la Grande-Bretagne adhère à la CEE en même temps que le Danemak et l'Irlande : l'Europe des Six devient l'Europe des Neuf.**
	11 mars. Malgré une forte poussée de la gauche aux élections législa-	

Monde	Arts et Sciences	Date
	Francis Ford Coppola devient l'un des nouveaux maîtres de Hollywood grâce au *Parrain.*	1972
Février. Le voyage du président Nixon en Chine scelle un renversement d'alliance : l'URSS est désormais prise entre deux feux.		
	Federico Fellini mêle ses rêves et ses souvenirs d'enfance dans *Amarcord.* Apparition des premiers micro-ordinateurs.	1973
27 janvier 1973. Les accords de Paris consacrent le retrait américain du Viêt Nam, mais l'armée sud-vietnamienne continue à résister.		

DATE	FRANCE	EUROPE
	tives, les gaullistes et leurs alliés conservent la majorité.	
		10 décembre. Le vice-président du gouvernement espagnol Carrero Blanco meurt dans un attentat de l'ETA (Euskadi ta Askatasuna). Cette organisation indépendantiste basque née en 1959 dans le contexte de la lutte antifranquiste poursuivra ses actions terroristes une fois la démocratie rétablie.

MONDE	ARTS ET SCIENCES	DATE
11 septembre. Au Chili, le général Augusto Pinochet déclenche un coup d'Etat militaire contre le président Salvador Allende et établit un régime dictatorial. 6 octobre. La Syrie et l'Egypte lancent la guerre du Kippour avec le soutien de l'Irak, de la Jordanie, de l'Algérie et du Maroc. Israël remporte une nouvelle victoire, mais au prix de pertes humaines beaucoup plus lourdes qu'en 1967. 17 octobre. Pour soutenir les nations arabes engagées dans la guerre du Kippour, 11 membres de l'Organisation des pays exportateurs de pétrole lancent un embargo contre les alliés d'Israël. L'ensemble des membres de l'OPEP décident alors unilatéralement de quadrupler le prix du brut en janvier 1974 : c'est le premier « choc pétrolier ».		

DATE	FRANCE	EUROPE
1974	Le premier choc pétrolier touche la France de plein fouet. Il va bientôt sonner le glas des « Trente Glorieuses », autrement dit des trois décennies de croissance rapide qui ont suivi la Libération, et favoriser une politique d'indépendance énergétique axée sur le nucléaire.	
	2 avril. Georges Pompidou succombe à une maladie qu'il tenait secrète depuis 1972.	
		25 avril. « Révolution des œillets » au Portugal. Un coup d'Etat militaire renverse Caeteno et amène au pouvoir le général de Spinola. Après une période de transition durant laquelle s'opposent officiers d'extrême-gauche et nostalgiques de l'ancien régime, les institutions démocratiques s'enracineront solidement en 1976.
	19 mai. Valéry Giscard d'Estaing, représentant de la droite libérale, est élu président de la République face à François Mitterrand. Il nomme le gaulliste Jacques Chirac au poste de Premier ministre et engage une politique de réformes.	
		23 juillet. La crise chypriote, qui avait amené les militaires grecs au

MONDE	ARTS ET SCIENCES	DATE
	Alexandre Soljenitsyne est expulsé d'URSS et déchu de sa citoyenneté. En faisant un martyr de l'auteur du *Premier Cercle*, cette décision contribue à isoler encore un peu plus le régime soviétique. **Découverte en Ethiopie des ossements de Lucy : cet *Australopithecus afarensis*, ancêtre immédiat de l'espèce humaine, vivait il y a un peu plus de 3 millions d'années.** Le Français Roland Moreno invente la carte à puce.	1974

Date	France	Europe
		pouvoir, les oblige à se retirer et à rappeler d'exil Constantin Caramanlis. Celui-ci rétablit aussitôt les institutions démocratiques.
1975		
	17 janvier. Simone Veil fait voter une loi sur l'interruption volontaire de grossesse. Cette mesure s'inscrit dans une volonté de « modernisation », déjà illustrée par l'instauration du droit de vote à 18 ans (juillet 1974).	

MONDE	ARTS ET SCIENCES	DATE
8 août. Le scandale du Watergate oblige le président Nixon à démissionner. Il est remplacé par le vice-président Gerald Ford.		
12 septembre. A Addis-Abeba, l'armée dépose le Négus Haïlé Sélassié et instaure un régime socialiste.		
	Milos Forman, cinéaste tchèque exilé aux Etats-Unis, adapte à l'écran un roman de Ken Kesey, *Vol au-dessus d'un nid de coucous.*	1975
Avril. Des affrontements éclatent entre phalanges chrétiennes et réfugiés palestiniens : c'est le début de la guerre du Liban, qui va durer jusqu'en 1991.		
17 avril. Les Khmers rouges entrent dans Pnom Penh. Pol Pot et Khieu Samphan vident alors les villes de leurs habitants et organisent un massacre systématique des classes moyennes. Ce génocide,		

Date	France	Europe
	28 août. Deux gendarmes sont tués par des indépendantistes corses à Aléria. Cet événement marque le début d'une vague de revendications et d'attentats qui ne trouvera aucune solution au cours des vingt-cinq années suivantes. Novembre. Le nombre de chômeurs atteint 1 million.	

MONDE	ARTS ET SCIENCES	DATE
l'un des plus terribles du siècle (peut-être 2,5 millions de victimes sur une population de 6 millions d'habitants), ne prendra fin que grâce à l'invasion vietnamienne de 1978. 30 avril. La guerre du Viêt Nam se termine avec l'entrée des communistes dans Saigon, rebaptisée Hô Chi Minh-Ville. Le pays, dévasté par trente ans de combats, est réunifié sous l'autorité de Hanoi. 25 juin. Un an après la révolution des œillets au Portugal, le Mozambique obtient l'indépendance. 11 novembre. Comme le Mozambique, l'Angola accède à l'indépendance. Mais une guerre civile a déjà éclaté entre les différents mouvements nationalistes. Tandis que les Etats-Unis, le Zaïre et l'Afrique du Sud soutiennent les modérés, des troupes cubaines débarquent pour combattre aux côtés du M.P.L.A.		

DATE	FRANCE	EUROPE
		20 novembre. Mort du général Franco. Son successeur désigné, Juan Carlos de Bourbon, devient roi d'Espagne le surlendemain et assure une transition pacifique vers la démocratie.
1976		8 juillet. En Espagne, formation du gouvernement d'Adolfo Suarez, qui lance un vaste programme de démocratisation comprenant l'octroi de l'autonomie aux provinces.
	25 août. Démission du Premier ministre Jacques Chirac. Son successeur, Raymond Barre, est chargé d'enrayer la dégradation de la situa-	

Monde	Arts et Sciences	Date
	L'enfer new-yorkais et la rédemption sont les deux thèmes de *Taxi Driver*, de Martin Scorsese. Brian De Palma assume l'héritage d'Alfred Hitchcock dans *Carrie*. Près d'un an après leur lancement, les sondes américaines Viking 1 et 2 se posent sur Mars. Elles permettent de conclure à l'absence de toute vie sur le sol martien.	1976
24 mars. En Argentine, la junte militaire du général Videla renverse la présidente Isabel Peron et réprime brutalement les groupes révolutionnaires. 16 juin. Début des émeutes anti-apartheid à Soweto, la banlieue noire de Johannesbourg.		

DATE	FRANCE	EUROPE
	tion économique résultant de la hausse du prix du pétrole.	
	5 décembre. Le parti gaulliste se réorganise sous le nom de RPR (Rassemblement pour la République) et se fixe pour priorité de porter Jacques Chirac à la présidence de la République.	
1977		
	20 mars. Les élections municipales confirment la poussée de la gauche. La victoire de Chirac à Paris contre un candidat giscardien aggrave	

MONDE	ARTS ET SCIENCES	DATE
9 septembre. Mao Zedong meurt neuf mois après Zhou Enlai. Son épouse Jiang Quing et les trois autres dirigeants gauchistes de la « bande des Quatre » sont arrêtés le 6 octobre.		
2 novembre. Le démocrate Jimmy Carter est élu président des Etats-Unis.		
	Avec *la Guerre des étoiles,* George Lucas crée un nouveau mythe populaire. Créé en 1957 par des ingénieurs de l'armée américaine, l'Internet regroupe plusieurs réseaux civils.	1977
Février. Le colonel Mengistu prend le pouvoir à Addis-Abeba avec le soutien de l'URSS et de Cuba. Jusqu'à son départ en 1991, il va imposer une dictature sanglante en Ethiopie et combattre la Somalie et l'Erythrée.		

DATE	FRANCE	EUROPE
	quant à elle le divorce entre les deux composantes de la droite.	
		5 septembre. L'enlèvement et l'assassinat de Hans-Martin Schleyer, président du patronat allemand, sont l'action la plus spectaculaire de la bande Baader-Meinhof. Les trois chefs historiques de ce groupe terroriste manipulé par la RDA sont retrouvés morts dans leur cellule le 18 octobre.
1978		
	1er février. Pour faire contrepoids au RPR, giscardiens et centristes se rassemblent au sein d'un nouveau parti, l'UDF (Union pour la démocratie française).	

Monde	Arts et Sciences	Date
Juillet. Retour aux affaires de Deng Xiaoping. Jusqu'à sa mort en 1997, il détiendra la réalité du pouvoir à travers une série de prête-noms et inspirera une politique conciliant dictature du parti communiste et libéralisation de l'économie.		
	Grand spécialiste des tours de force littéraires, Georges Perec raconte la vie d'un immeuble parisien dans *la vie mode d'emploi.* Naissance en Grande-Bretagne de Louisa Brown, le premier bébé-éprouvette. Quatre ans plus tard, la petite Amandine verra le jour en France.	1978

DATE	FRANCE	EUROPE
		16 mars. En Italie, les Brigades rouges enlèvent et assassinent Aldo Moro, le président de la Démocratie chrétienne.
	19 mars. Malgré les progrès de la gauche, la droite l'emporte aux élections législatives. Raymond Barre peut donc poursuivre sa politique d'austérité et de rénovation des structures de l'économie française.	
1979		

Monde	Arts et Sciences	Date
17 septembre. Anouar el-Sadate et Menahem Beguin signent les accords de Camp David, qui préparent le traité de paix israélo-égyptien du 26 mars 1979.		
16 octobre. Le Polonais Karol Wojtyla succède à Jean-Paul Ier, dont le pontificat n'a duré qu'un mois. Premier pape non-italien depuis quatre siècles et demi, Jean-Paul II va jouer un rôle essentiel dans l'effondrement du communisme européen.		
	Le romancier américain William Styron publie *le Choix de Sophie.* Année faste pour Hollywood avec *Apocalypse Now* de Francis Ford Coppola, *Alien* de Ridley Scott et *Manhattan* de Woody Allen.	1979
27 mars. Deuxième choc pétrolier : l'OPEP procède à une nouvelle augmentation du prix du brut.		

Date	France	Europe
		3 mai. La victoire des conservateurs aux élections législatives amènent Margaret Thatcher au pouvoir. La « dame de fer » met en œuvre une politique fondée sur le libéralisme économique et sur la fermeté à l'égard de l'IRA, des syndicats et des partenaires européens de la Grande-Bretagne. 10 juillet. Les premières élections à l'Assemblée européenne donnent une majorité de centre droit. Simone Veil en est élue présidente le 17 juillet
	10 octobre. *Le Canard enchaîné* accuse Giscard d'avoir reçu des diamants du président centrafricain Bokassa. Cette affaire, habilement exploitée par la gauche et relayée par la mort suspecte de plusieurs personnalités proches du pouvoir, crée une atmosphère empoisonnée dans la période précédant l'élection présidentielle de 1981.	

Monde	Arts et Sciences	Date
1er avril. Instauration d'une république islamique en Iran trois mois après le départ du chah et le retour d'exil de l'ayatollah Khomeyni.		
17 juillet. Au Nicaragua, les sandinistes renversent le dictateur Tachito Somoza et instaurent un régime qui se rapproche de Cuba et de l'URSS à partir de 1981.		

DATE	FRANCE	EUROPE
1980		Février. Parties des chantiers navals de Gdansk, des grèves gagnent toute la Pologne.

Monde	**Arts et Sciences**	**Date**
4 novembre. Cinquante-deux Américains sont pris en otages à Téhéran par des partisans de Khomeyni. La crise se dénouera par leur libération en janvier 1981.		
22 décembre. L'URSS intervient militairement en Afghanistan pour soutenir le régime communiste arrivé au pouvoir l'année précédente. C'est le début d'une guerre de dix ans qui va susciter la réprobation internationale.		
	24 décembre. Premier tir de la fusée Ariane depuis le centre spatial de Kourou, en Guyane. **La société IBM lance le premier PC (*personal computer*, c'est-à-dire « ordinateur personnel »).**	
	Le sémiologue italien Umberto Eco connaît un succès mondial avec son roman médiéval, *le Nom de la Rose.* L'Américain David Lynch réalise *Elephant Man.* L'O.M.S. (Organisation mondiale de la santé) annonce l'éradication totale de la variole.	1980
18 avril. Indépendance de la Rhodésie du Sud, qui prend le nom de Zimbabwe.		

DATE	FRANCE	EUROPE
		22 septembre. Plusieurs dizaines de syndicats libres se rassemblent au sein de Solidarnosc (Solidarité), qui reçoit le soutien de l'Eglise polonaise et qui accueille des millions d'adhérents. Son principal dirigeant, Lech Walesa, va puissamment contribuer à faire éclater le bloc communiste.
1981		1er janvier. La Grèce entre dans la CEE, qui compte désormais 10 membres.
	10 mai. L'élection de François Mitterrand marque un tournant	

MONDE	ARTS ET SCIENCES	DATE
22 septembre. Un an après son accession au pouvoir en Irak, Saddam Hussein lance son armée à l'assaut de l'Iran dans le but de récupérer la région traversée par le Chatt al-Arab. Cette guerre, aussi stérile que meurtrière, s'achèvera en août 1988.		
4 novembre. Election à la présidence des Etats-Unis du républicain Ronald Reagan (il sera reconduit en 1984). Ses idées maîtresses sont le libéralisme économique et le refus de toute complaisance à l'égard du bloc communiste.		
31 décembre. Leopold Sedar Senghor, président du Sénégal depuis 1960, cède son poste à Abdou Diouf.		
	Des médecins américains et français établissent une relation entre plusieurs cas de pneumocystose apparus depuis l'automne 1980 : c'est le début de l'épidémie de sida (syndrome d'immunodéficience acquise). **La navette spatiale américaine Columbia effectue son premier vol expérimental.** Inauguration du premier tronçon de la ligne de TGV (train à grande vitesse) Paris-Lyon.	1981

Date	France	Europe
	décisif dans l'histoire de la Ve République. Non seulement les socialistes reviennent au pouvoir après vingt-trois ans d'absence, mais le gouvernement formé par Pierre Mauroy comporte quatre ministres communistes, ce qui ne s'était pas vu depuis mai 1947. 21 juin. Les élections qui suivent la dissolution de l'Assemblée nationale donnent une large majorité à la gauche, qui prend en quelques mois une série de mesures radicales : amnistie pour plus 6 000 détenus, régularisation de 300 000 immigrés clandestins, augmentation des salaires et des prestations familiales, retraite à 60 ans, cinquième semaine de congés payés, semaine de 39 heures, création d'un impôt sur les grandes fortunes. 18 septembre. L'abolition de la peine de mort est l'une des mesures les plus symboliques de « l'état de grâce » qui caractérise les débuts du septennat.	
		13 décembre. Nouveau maître de la Pologne, le général Jaruzelski proclame l'« état de guerre ». Solidarnosc est dissoute, Walesa incar-

Monde	Arts et Sciences	Date
6 octobre. Anouar al-Sadate est assassiné par un commando islamiste. Le vice-président Hosni Moubarak le remplace à la tête de l'Egypte.		

Date	France	Europe
		céré et plusieurs dizaines d'ouvriers abattus. La résistance se réorganise alors dans la clandestinité.
	19 décembre. Adoption d'une loi de décentralisation qui renforce considérablement le pouvoir des régions.	
1982		
	13 février. Promulgation de la loi sur les nationalisations, qui aboutit à la prise de contrôle par l'Etat de la plupart des grandes banques, du secteur sidérurgique et de nombreux groupes industriels.	

Monde	Arts et Sciences	Date
	Première greffe réussie du cœur artificiel mis au point par l'Américain Robert Jarvik. Mise en vente des premiers CD (compact disk) inventés par les sociétés Phillips et Sony.	1982
2 avril. L'armée argentine s'empare par surprise des îles Malouines (ou Falkland), ce qui déclenche une guerre avec la Grande-Bretagne. Sous l'impulsion de Mme Thatcher, les troupes britanniques achèvent la reconquête de l'archipel le 14 juin.		
6 juin. L'armée israélienne envahit le sud du Liban pour en chasser les forces palestiniennes dirigées par le chef de l'OLP, Yasser Arafat. Cette occupation ne prendra fin qu'en mai 2000.		

DATE	FRANCE	EUROPE
		1er octobre. Le chrétien-démocrate Helmut Kohl devient chancelier. Il se maintiendra au pouvoir jusqu'en 1998 et sera le grand artisan de la réunification allemande. 28 octobre. Victoire du parti socialiste aux élections législatives espagnoles. Felipe Gonzalez devient Premier ministre, poste qu'il conservera jusqu'en 1996. 10 novembre. Mort de Leonid Brejnev. Il est remplacé à la tête de l'URSS par l'ancien chef du KGB, Iouri Andropov.
1983		

MONDE	ARTS ET SCIENCES	DATE
16-18 septembre. L'armée israélienne laisse les milices chrétiennes libanaises massacrer des centaines de réfugiés palestiniens dans les camps de Sabra et Chatila.		
	Emergence d'un nouveau genre musical issu des quartiers noirs de New York : le hip-hop ou rap. **Une équipe de l'Institut Pasteur dirigée par Luc Montagnier identifie le virus du sida. Cette découverte va permettre sa description en 1985 et la mise au point d'un test de dépistage des anticorps anti-VIH (virus de l'immunodéficience humaine).** La société Apple commercialise la souris informatique.	1983
23 mars. Ronald Reagan annonce son projet de « guerre des étoiles » :		

Date	**France**	**Europe**
	25 mars. Le lancement d'un plan de rigueur traduit un changement de cap gouvernemental rendu nécessaire par une série de dévaluations, par la montée du chômage, qui dépasse les 2 millions, et par les succès de la droite lors des élections partielles et lors des municipales des 6 et 13 mars. Cette nouvelle politique va entraîner des licenciements massifs dans les secteurs les plus déprimés : chantiers navals, mines, sidérurgie. 5 avril. L'expulsion de 47 ressortissants soviétiques soupçonnés d'espionnage est une manière de rassurer les alliés de la France, inquiets de la présence de communistes au gouvernement.	
1984		Mort de Iouri Andropov, qui est remplacé par un autre vétéran du Politburo, Constantin Tchernenko.

Monde	Arts et Sciences	Date
il souhaite établir un « bouclier spatial » au-dessus des Etats-Unis. Cette rupture de l'équilibre des forces révèle le retard technologique de l'URSS et accélère son effondrement.		
31 octobre. La défaite de l'Argentine dans la guerre des Malouines ramène les civils au pouvoir après sept ans de dictature militaire : Raúl Alfonsin est élu à la présidence.		
	Grande figure de l'intelligentsia parisienne depuis les années 1950, Marguerite Duras remporte un	1984

Date	France	Europe
	17 juin. Les élections européennes voient l'émergence du Front national de Jean-Marie Le Pen. Ce parti d'extrême-droite, qui recueillera jusqu'à 15 % des suffrages aux cours des quinze années suivantes, trouble le jeu politique traditionnel : la droite modérée est désormais prise en tenailles entre la gauche et le FN, un peu comme les socialistes l'étaient autrefois entre gaullistes et communistes. 12 juillet. L'ampleur des manifestations organisées par les défenseurs de l'école privée oblige François Mitterrand à retirer le projet de loi Savary de réforme de l'enseignement. 17 juillet. Démission de Pierre Mauroy. Laurent Fabius forme un gouvernement sans la participation des communistes et poursuit la politique de réalisme économique adoptée l'année précédente.	

MONDE	ARTS ET SCIENCES	DATE
	succès populaire retentissant avec *l'Amant.* Le cinéaste allemand Wim Wenders réalise *Paris Texas.*	
31 octobre. Indira Gandhi est assassinée par ses gardes du corps sikhs. Son fils Rajiv lui succède à la tête du gouvernement indien (il connaîtra le même sort en 1991).		

DATE	FRANCE	EUROPE
1985		10 mars. La mort de Constantin Tchernenko entraîne l'accession au pouvoir de Mikhaïl Gorbatchev. Celui-ci tentera de sauver le régime soviétique grâce à une politique de réforme (*perestroïka*) et de transparence (*glasnost*), mais il ne pourra ralentir ni l'éclatement du bloc communiste ni l'effondrement de l'URSS.
	10 juillet. Des agents français coulent le *Rainbow Warrior*, appartenant au mouvement écologiste Greenpeace, dans le port d'Auckland. Ce sabotage provoque une crise politique majeure.	
1986		1er janvier. L'Espagne et le Portugal entrent dans la CEE, qui compte désormais 12 membres.

Monde	Arts et Sciences	Date
	L'Allemand Patrick Süskind ressuscite la France du XVIIIe siècle dans *le Parfum.* Christo, « empaqueteur » américain d'origine bulgare, « emballe » le Pont-Neuf à Paris. Il récidivera en 1995 avec le Reichstag à Berlin.	1985
19-21 novembre. La première rencontre Reagan-Gorbatchev à Genève ouvre une ère de détente entre les deux superpuissances.		
	Comme Cioran, Ionesco ou Beckett avant lui, le romancier d'origine tchèque Milan Kundera abandonne sa langue maternelle pour écrire *l'Art du roman* en français.	1986

Date	France	Europe
	16 mars. La victoire de la droite aux élections législatives amène François Mitterrand à nommer Jacques Chirac Premier ministre. C'est le début de la première cohabitation. Le nouveau gouvernement met en œuvre une politique de privatisation en s'inspirant des exemples anglais et américain.	
		25 avril. L'explosion du réacteur n° 4 de Tchernobyl est le plus grave accident jamais survenu dans une centrale nucléaire. Non seulement il se solde par de nombreuses victimes (à terme, sans doute plusieurs dizaines de milliers), mais il révèle le degré de délabrement des infrastructures soviétiques.

Monde	Arts et Sciences	Date
25 février. Chute du président philippin Ferdinand Marcos après vingt et un ans de pouvoir. Soutenue par les Etats-Unis, Cory Aquino lui succède.		
15 avril. L'aviation américaine bombarde la Libye en représailles contre les attentats terroristes organisés par le colonel Kadhafi.		
25 novembre. Révélation du scandale de l'Irangate : la CIA a autorisé des ventes d'armes à l'Iran afin d'obtenir la libération des otages du Liban et de financer la lutte des contras contre le gouvernement sandiniste au Nicaragua.		

Date	France	Europe
1987		
1988		

Monde	**Arts et Sciences**	**Date**
	Tom Wolfe, l'inventeur du « nouveau journalisme », publie *le Bûcher des vanités*, où il tente de peindre à la manière de Balzac la société new-yorkaise des années Reagan. Inauguration de l'Institut du monde arabe, édifié à Paris, au bord de la Seine, par l'architecte Jean Nouvel. Le cinéaste espagnol Pedro Almodóvar s'impose sur la scène internationale avec *Femmes au bord de la crise de nerfs*.	1987
19 octobre. Krach de Wall Street : l'indice Dow Jones perd près d'un quart de sa valeur. Il faudra un an pour effacer les conséquences de cette chute des valeurs boursières, la plus grave depuis 1929. 7 novembre. Après trente ans de pouvoir, le président tunisien Habib Bourguiba est destitué pour « incapacité » et remplacé par Zine el-Abidine ben Ali. 9 décembre. Les Palestiniens lancent l'Intifada (guerre des pierres) dans les territoires occupés par Israël.		
	Inauguration de la Pyramide du Louvre, œuvre de l'Américain d'origine chinoise, Ieoh Ming Pei. Luc Besson devient l'un des maîtres du cinéma grand public avec *le Grand Bleu*.	1988

DATE	FRANCE	EUROPE
	8 mai. La lutte feutrée qui oppose les deux têtes de l'exécutif depuis deux ans tourne à l'avantage de François Mitterrand. Réélu président de la République, il dissout l'Assemblée nationale et confie à Michel Rocard le soin de former un nouveau gouvernement. 12 juin. La gauche remporte les élections législatives. 26 juin. Signature des accords de Matignon par Jacques Lafleur et Jean-Marie Tjibaou, représentant respectivement les caldoches et les Kanaks. Rejetant la violence, les deux communautés envisagent une évolution pacifique du statut de la Nouvelle-Calédonie.	
		Novembre. Après des émeutes en Azerbaïdjan, l'agitation nationaliste gagne les pays Baltes.
1989		

Monde	Arts et Sciences	Date
8 août. Fin des combats entre l'Iran et l'Irak.		
8 novembre. Le vice-président républicain George Bush est élu à la présidence des Etats-Unis.		
	Le Britannique Stephen Frears adapte au cinéma *les Liaisons dangereuses* de Choderlos de Laclos. La sonde américaine Voyager 2 survole Neptune.	1989

DATE	FRANCE	EUROPE
		18 juin. Après une rencontre entre le général Jaruzelski et Lech Walesa, des élections libres sont organisées.
		27 juin. Première brèche dans le rideau de fer : les Hongrois ouvrent leur frontière avec l'Autriche.
		18 août. Tadeusz Mazowiecki, l'un des dirigeants de Solidarnosc,

Monde	Arts et Sciences	Date
7 janvier. Mort d'Hirohito, qui régnait sur le Japon depuis 1926. Il est remplacé par son fils Akihito. 14 février. L'ayatollah Khomeyni promulgue une *fatwa* condamnant à mort l'écrivain britannique d'origine indienne, Salman Rushdie, pour avoir blasphémé contre l'islam dans son roman *les Versets sataniques.* **3-4 juin. Le « printemps de Pékin », qui a vu des foules d'étudiants manifester pour la démocratie, s'achève par le massacre de la place Tienanmen. La répression organisée par Li Peng fait des milliers de victimes.** **14 août. La démission de Pieter Botha et son remplacement par Frederik De Klerk ouvrent une ère nouvelle en Afrique du Sud. Dès le début de l'année suivante, l'ANC (African National Congress) est légalisé et Nelson Mandela libéré.**		

Date	France	Europe
		forme un nouveau gouvernement polonais. C'est la première fois depuis quarante ans qu'un non-communiste devient Premier ministre en Europe orientale. 18 octobre. L'exode massif d'Allemands de l'Est *via* la Hongrie amène Erich Honecker à démissionner. 9 novembre. Une foule immense d'Allemands de l'Est franchit le mur de Berlin. Cette manifestation pacifique revêt une très grande importance symbolique : la mort du communisme européen se produit à l'endroit même où le nazisme avait péri quarante-quatre ans plus tôt. 17 novembre. Début de la « révolution de velours » en Tchécoslovaquie. Des manifestations organisées par Vaclav Havel et par l'ancien dirigeant du printemps de Prague, Alexandre Dubcek, provoquent la chute du régime communiste et l'ouverture des frontières. 16 décembre. Une révolution sanglante éclate en Roumanie et

MONDE	ARTS ET SCIENCES	DATE
14 décembre. Au Chili, on assiste à une transition pacifique vers la démocratie : le démocrate-chrétien Patrice Aylwin est élu à la présidence, tandis que le général Pinochet demeure commandant en chef.		

DATE	FRANCE	EUROPE
		provoque la chute de Nicolae Ceausescu. Celui-ci est exécuté sommairement le 25 décembre et remplacé par Ion Iliescu.
		29 décembre. Vaclav Havel est élu président de République tchécoslovaque.
1990		

MONDE	ARTS ET SCIENCES	DATE
20 décembre. L'armée américaine intervient au Panama pour capturer le général Manuel Noriega, ancien agent de la CIA accusé de trafic de drogue.		
	Disciple d'Alfred Hitchcock, Jonathan Demme fait trembler des millions de spectateurs avec *le Silence des agneaux*. **Le projet international Génome humain se fixe pour objectif l'identification de l'ensemble des gènes de l'ADN.** La navette américaine Discovery place le téléscope spatial Hubble en orbite autour de la Terre.	1990
25 février. Violetta Chamorro remporte l'élection présidentielle contre le sandiniste Daniel Ortega : c'est la fin de la dictature communiste au Nicaragua. **2 août. Le président irakien Saddam Hussein lance ses troupes à l'assaut du Koweit. L'annexion d'un des plus grands pays producteurs de pétrole provoque une crise internationale majeure. Les**		

Date	France	Europe
		3 octobre. L'autodissolution de la RDA conduit à la réunification allemande sous la direction du chancelier Kohl. Novembre. L'exode massif de ses ressortissants amène le gouvernement albanais à autoriser le multipartisme et à entamer une déstalinisation. 22 novembre. Margaret Thatcher démissionne après onze années de pouvoir. Elle est remplacée par un autre conservateur, John Major.
1991		

MONDE	ARTS ET SCIENCES	DATE
Etats-Unis et leurs alliés (essentiellement la Grande-Bretagne et la France) concentrent des forces militaires en Arabie saoudite dans le cadre de l'opération « Bouclier du désert ».		
	Début des travaux de la Bibliothèque nationale de France sous la direction de Dominique Perrault. Elle sera progressivement mise en service entre décembre 1996 et octobre 1998. Exploration d'une grotte sous-marine découverte six ans plus tôt dans les Bouches-du-Rhône par Henri Cosquer. **La création du www (World Wide Web, autrement dit « toile couvrant le monde entier ») permet au grand public d'accéder facilement aux sites de l'Internet.**	1991

DATE	FRANCE	EUROPE
	16 mai. Après la démission de Michel Rocard, Edith Cresson est la première femme à accéder au poste de Premier ministre.	
		25 juin. La Slovénie et la Croatie proclament leur indépendance : c'est l'éclatement de la Yougoslavie et le début de la guerre civile.
		18 juillet. Les hostilités prennent fin en Slovénie alors que des combats meurtriers opposent Serbes et Croates jusqu'au mois de décembre.

Monde	**Arts et Sciences**	**Date**
16 janvier. Début de l'opération « Tempête du désert » visant à libérer le Koweït. Des bombardements d'une ampleur inédite à ce jour détruisent l'armée irakienne. **24 février. Après six semaines de pilonnage aérien, les forces alliées déclenchent une offensive terrestre qui ne rencontre aucune résistance. La guerre du Golfe s'achève le 28 par la déroute de l'Iraq.** Mais George Bush refuse de renverser Saddam Hussein afin de maintenir un équilibre régional entre l'Iran et l'Iraq. 22 mai. Le traité de Damas, qui s'accompagne du désarmement des milices, met fin à la guerre du Liban et place le pays sous la tutelle de la Syrie.		

Date	France	Europe
		18 août. Les « conservateurs » du parti communiste déclenchent un putsch à Moscou dans l'espoir d'enrayer l'éclatement de l'URSS. Cette tentative se solde par un échec le 21 août grâce à la résistance animée par Boris Eltsine, président de la fédération de Russie. 6 septembre. Leningrad reprend le nom de Saint-Petersbourg. 21 décembre. Les présidents de 11 des 15 anciennes républiques soviétiques, désormais indépendantes, se réunissent à Alma-Ata pour entériner la disparition de l'URSS. 25 décembre. Mikhaïl Gorbatchev démissionne, tandis que le drapeau russe remplace le drapeau rouge sur le Kremlin.

Monde	Arts et Sciences	Date
26 décembre. Le FIS (Front islamique du salut) remporte le premier tour des élections législatives algériennes. Craignant l'instauration d'un Etat islamiste, l'armée suspend le second tour, instaure l'état d'urgence et provoque la démission du président Chadli Bendjedid le 11 janvier 1992. C'est le début d'une guerre civile qui va coûter la vie à des dizaines de milliers de personnes.		

DATE	FRANCE	EUROPE
1992		
		17 février. L'arrestation du socialiste Mario Chiesa en flagrant délit de corruption marque le début de l'opération *Mani pulite* (Mains propres). En deux ans, le juge Antonio Di Pietro et ses collègues vont décapiter la classe politique italienne, en particulier la Démocratie chrétienne et le parti socialiste.
	2 avril. Edith Cresson est remplacée par Pierre Bérégovoy. Celui-ci ne parvient pas à redresser la situation économique ni à restaurer l'image d'un parti socialiste très affaibli par une série de scandales politico-financiers : Carrefour du Développement, Triangle, Péchiney, Urba-Gracco.	
		4 avril. Premiers affrontements entre les trois composantes de la Bosnie-Herzégovine : musulmans, Serbes et Croates. Encouragés par Belgrade, les Serbes de Bosnie assiègent Sarajevo et mettent en place une politique d'« épuration ethnique ».
		27 avril. La Serbie et le Monténégro constituent la République fédérale de Yougoslavie.
	20 septembre. Les Français ratifient par référendum le traité de	

MONDE	ARTS ET SCIENCES	DATE
	L'érotisme triomphe à Hollywood avec *Basic Instinct* de Paul Verhoeven.	1992

Date	France	Europe
	Maastricht, qui marque une nouvelle étape dans la construction européenne.	
1993	1er janvier. Le France compte plus de 3 millions de chômeurs.	1er janvier. La CEE adopte le nom d'Union européenne. Partition de la Tchécoslovaquie, qui donne naissance à deux Etats : la République tchèque et la Slovaquie.
	28 mars. Conformément aux prévisions, la droite remporte une très large victoire aux élections législatives. François Mitterrand charge Edouard Balladur de former un gouvernement, ouvrant ainsi la deuxième cohabitation. Le nouveau Premier ministre a pour double mission de procéder à une nouvelle vague de privatisations et de préparer l'accession à la présidence de Jacques Chirac. Mais au bout de quelques mois, il commence à songer à briguer lui-même la magistrature suprême.	

Monde	Arts et Sciences	Date
3 novembre. Le démocrate Bill Clinton est élu président des Etats-Unis (il sera reconduit en novembre 1996).		
		1993
27 mars. Secrétaire général du parti communiste chinois, Jiang Zemin devient également président de la République populaire de Chine. Le nouveau maître de la Chine garde le cap inauguré par Deng Xiaoping après la mort de Mao.		

DATE	FRANCE	EUROPE
		31 juillet. Mort du roi des Belges Baudouin Ier. Son frère Albert II lui succède. Août. Les affrontements qui opposent l'armée russe aux groupes islamistes tchétchènes dégénèrent en guerre ouverte.
1994		

Monde	Arts et Sciences	Date
13 septembre. Yasser Arafat et Yitzhak Rabin ratifient à Washington les accords d'Oslo qui organisent l'autonomie progressive de la bande de Gaza et de certains secteurs de Cisjordanie.		
7 décembre. Mort de Félix Houphouët-Boigny, président de la Côte d'Ivoire depuis 1960. Henri Konan Bédié lui succède.		
1er janvier. Entrée en vigueur de l'ALENA (Accord de libre-échange nord-américain) regroupant le Canada, les Etats-Unis et le Mexique.	Abandonnant provisoirement les films à effets spéciaux, Steven Spielberg évoque un épisode de l'Holocauste dans *la Liste de Schindler*. La violence stylisée de Quentin Tarantino triomphe dans *Pulp Fiction*. Découverte de la grotte Chauvet en Ardèche : ce sanctuaire d'une extraordinaire richesse artistique remonte à environ 30 000 ans avant notre ère. La sonde européenne Ulysse survole le pôle Sud du Soleil.	1994
5 avril. La mort du président rwandais Habyarimana déclenche une guerre civile atroce entre les		

Date	France	Europe
	7 avril. Un an après Pierre Bérégovoy, François de Grossouvre se donne la mort à l'Elysée. Ces suicides de personnalités très proches de François Mitterrand viennent s'ajouter aux révélations sur son passé vichyste, pour conférer à la fin de ce second septennat une ambiance délétère.	
		6 mai. La reine Elisabeth II et le président Mitterrand inaugurent le tunnel sous la Manche : pour la première fois depuis 7500 ans, l'Angleterre n'est plus une île.
1995		**1er janvier. L'Autriche, la Finlande et la Suède entrent dans l'Union européenne, qui compte désormais 15 membres.**
	7 mai. Après avoir éliminé son ancien compagnon Edouard Balladur au premier tour, Jacques Chi-	

Monde	Arts et Sciences	Date
deux grandes ethnies du pays. Le massacre de plus d'un million de Tutsi anglophones par les Hutu francophones constitue le dernier grand génocide du XXe siècle.		
10 mai. En Afrique du Sud, l'ANC remporte les premières élections ouvertes au Noirs. Nelson Mandela accède à la présidence et assure une transition en douceur vers un régime multiracial.		
	Inauguration du pont de Normandie, pont à haubans reliant Honfleur au Havre. Le lancement du système d'exploitation Windows 95 renforce l'hégémonie mondiale de la société Microsoft, créée en 1975 par Bill Gates.	1995

DATE	FRANCE	EUROPE
	rac l'emporte sur Lionel Jospin au second tour de l'élection présidentielle. Il nomme Alain Juppé Premier ministre.	
	13 juin. Jacques Chirac annonce la reprise des essais nucléaires à Mururoa, déclenchant ainsi des campagnes de protestations dans le monde entier.	
		21 novembre. Les accords de Dayton mettent fin à la guerre de Bosnie-Herzégovine et créent deux Etats indépendants : la fédération croato-bosniaque et la République serbe de Bosnie.
	24 novembre. La volonté de réformer le système de retraite des fonctionnaires manifestée par Alain Juppé se heurte à une grève des transports qui paralyse le pays pendant près d'un mois.	
1996		

Monde	Arts et Sciences	Date
5 novembre. L'assassinat du Premier ministre Yitzhak Rabin par un extrémiste juif donne un coup d'arrêt au processus de paix israélo-palestinien.		
	Bertrand Tavernier évoque la Grande Guerre dans *Capitaine Conan*, d'après le roman de Roger Vercel, tandis que Marie Perennou et Claude Nuridsany réalisent le film le plus spectaculaire jamais consacré aux insectes : *Microcosmos*. Au terme de deux ans d'expériences	1996

DATE	FRANCE	EUROPE
		3 mars. Victoire électorale de la droite espagnole : José Maria Aznar succède à Felipe Gonzalez (il sera reconduit en avril 2000).
		3 juillet. Réélu à la tête de la Russie, Boris Eltsine est le premier président issu du suffrage universel.
		13 août. L'arrestation du pédophile Marc Dutroux révèle le délabrement de l'appareil d'Etat belge, miné par le divorce de plus en plus affirmé entre Wallons et Flamands. Le 20 octobre, une « marche blanche » réunit à Bruxelles plusieurs centaines de milliers de manifestants indignés.
1997		

MONDE	ARTS ET SCIENCES	DATE
	concluantes, la communauté scientifique internationale reconnaît l'efficacité de la trithérapie (association de trois médicaments antirétroviraux, dont l'AZT) dans la lutte contre le sida.	
Mars. Partis du Rwanda, les combats ethniques s'étendent au Zaïre, qui est bientôt ravagé par la guerre civile.		
	James Cameron obtient le plus grand succès commercial de l'histoire du cinéma avec *Titanic*. **Naissance de Dolly, la première brebis clonée à partir d'une cellule adulte par l'équipe du biologiste écossais Ian Wilmut.**	1997

Date	France	Europe
		1er mai. Après dix-huit ans de pouvoir conservateur, le travailliste Tony Blair remporte les élections législatives. Mais il demeure fidèle au libéralisme économique instauré par Mme Thatcher.
	1er juin. Les élections législatives consécutives à la dissolution de l'Assemblée nationale sont loin de répondre aux espoirs de Jacques Chirac : la gauche remporte une nette victoire qui entraîne une troisième cohabitation. Le nouveau Premier ministre, Lionel Jospin, met en œuvre une politique fondée sur la lutte contre le chômage et sur le passage aux 35 heures de travail hebdomadaires.	
1998		

Monde	Arts et Sciences	Date
17 mai. Après le départ de Mobutu, qui dirigeait le Zaïre depuis trente-deux ans, Laurent-Désiré Kabila s'empare de Kinshasha. Il obtient les pleins pouvoirs le 28 mai et redonne au pays son ancien nom de Congo.		
1er juillet. Conformément aux accords de 1984, la Grande-Bretagne rétrocède Hongkong à la Chine.		
	Michel Houellebecq tire le sombre bilan de trente ans de révolution sexuelle dans *les Particules élémentaires.* L'Italien Roberto Benigni mêle le	1998

DATE	FRANCE	EUROPE
		Juillet. L'armée serbe lance une offensive dans la province autonome du Kosovo afin de reprendre le contrôle des territoires occupés par les *albanophones* de l'UCK. 27 octobre. Victoire électorale du SPD en Allemagne. Gerhardt Schröder remplace Helmut Kohl à la chancellerie.
1999		**1er janvier. Les pays membres de l'UE, à l'exception de la Grande-Bretagne, du Danemark, de la Suède et de la Grèce, adoptent une monnaie unique, l'euro. La mise en circulation des billets est fixée au 1er janvier 2002.** **24 mars. L'OTAN déclenche les premières frappes aériennes contre les forces serbes présentes au Kosovo, avant d'étendre ses bombardements à l'ensemble des infrastructures militaires et économiques de Serbie.** On assiste à un exode massif des musulmans vers le Monténégro, l'Albanie et la Macédoine.

Monde	Arts et Sciences	Date
	rire et les larmes à la manière de Charlie Chaplin dans *la Vie est belle,* consacré à l'Holocauste. Arrêt définitif de la centrale nucléaire Superphénix de Creys-Malville au terme de douze années de fonctionnement cahotique.	
		1999
27 avril. Abdelaziz Bouteflika est élu président de la République al-		

DATE	FRANCE	EUROPE
		10 juin. Tandis que l'armée serbe commence à évacuer le Kosovo, l'OTAN interrompt ses opérations après soixante-dix-neuf jours de pilonnage intensif. C'est la fin de la guerre du Kosovo, qui se conclut par un nouveau recul du président Milosevic.
	12 décembre. trente-deux ans après le *Torrey Canyon*, vingt et un ans après l'*Amoco Cadiz*, le pétrolier *Erika* fait naufrage au large des côtes françaises et provoque une marée noire d'une ampleur catastrophique.	
2000		**1er janvier. Le lendemain de la démission de Boris Eltsine, Vladimir Poutine devient président par intérim.** **6 février. L'armée russe entre dans Groznyï, capitale de la Tchétchénie. Cette victoire, qui marque un tournant dans la guerre, contribue à l'élection triomphale de Vladimir Poutine à la tête de la Russie le 26 mars.**

Monde	Arts et Sciences	Date
gérienne. L'armée ayant anéanti la plus grande partie des groupes islamistes, il s'efforce d'engager une politique de réconciliation nationale.		
20 décembre. Le Portugal restitue Macao à la Chine.		
		2000
19 mars 2000. Abdoulaye Wade est élu à la tête du Sénégal contre le président sortant Abdou Diouf.		

DATE	FRANCE	EUROPE
		5 octobre. Après treize ans de pouvoir et quatre guerres perdues, le président serbe Slobodan Milosevic est renversé par une insurrection populaire.

MONDE	ARTS ET SCIENCES	DATE
12 juin. Plus d'un demi-siècle après la partition du pays, les dirigeants sud-coréens et nord-coréens rouvrent le dialogue. Septembre. Le processus de paix israélo-palestinien est brutalement interrompu par une nouvelle Intifada. 7 novembre. Les élections américaines débouchent sur un imbroglio politico-juridique qui n'est résolu qu'en décembre. Le républicain George W. Bush devient président des États-Unis.		

Impression réalisée sur CAMERON par

BUSSIÈRE CAMEDAN IMPRIMERIES

GROUPE CPI

à Saint-Amand-Montrond (Cher)
en avril 2001

Edition exclusivement réservée
aux adhérents du Club
Le Grand Livre du Mois
15, rue des Sablons
75116 Paris

N° d'impression : 2735-005508/4.
Dépôt légal : avril 2001.

Imprimé en France